スタンダード
品質管理

岩崎 学・西郷 浩・田栗 正章・中西 寛子 共編

仁科 健・川村 大伸・石井 成 共著

培風館

シリーズ編者 (五十音順)

岩崎　学　(成蹊大学教授・横浜市立大学教授)

西郷　浩　(早稲田大学教授)

田栗正章　(千葉大学名誉教授)

中西寛子　(成蹊大学名誉教授)

本書の無断複写は，著作権法上での例外を除き，禁じられています。
本書を複写される場合は，その都度当社の許諾を得てください。

刊行にあたって

　現在の高度情報化社会を維持し，さらに発展させるためには，大学教育の果たす役割はきわめて大きい．大学で何を学ぶかの選択，そして学んだ内容を学生が身につけたことの客観的な評価が，これまでにも増して重要な鍵となる．いわゆる大学教育の質保証である．そのため，各教育分野において，大学の教育課程編成上の参照基準策定の動きが加速している．

　統計学分野でも，応用統計学会，日本計算機統計学会，日本計量生物学会，日本行動計量学会，日本統計学会，日本分類学会の6学会からなる統計関連学会連合の理事会および統計教育推進委員会の協力により，他分野に先駆ける形で，2010年8月に「統計学分野の教育課程編成上の参照基準」が公表された (参照基準第1版)．統計学は，学問分野横断的に共通する内容を含むと同時に，各学問分野独自の考え方あるいは手法を有している．そのため参照基準第1版では，大学基礎課程に加え，経済学，工学など8分野に分けて参照基準が策定された．その後，データを取り巻く環境の急激な発展とそれにともなう統計学への大いなる期待に応えるため，日本学術会議，統計関連学会連合，および統計教育大学間連携ネットワークの協力のもと，参照基準の第2版が2016年5月に公表された．この第2版では，統計学の教育に関する原理原則を詳細に記述するとともに，個別の12分野を設け，分野ごとに参照基準が作成されている．

　しかし，参照基準をつくるだけでは，絵に描いた餅である．それを実際の大学教育において実現しなければならない．本シリーズは，参照基準第2版に準拠する形で，各分野における統計学の標準的なテキストとして刊行するものである．執筆陣も，各分野における統計教育の経験が豊富な教育者であると同時に，優れた研究者でもある人たちである．本シリーズが，大学での統計学の学習の標準的なテキストとなるのみならず，統計学に興味をもち，あるいは実際のデータ解析に携わるうえで，統計学をより深く学習しようとするすべての人たちに有益なものとなることを願っている．

　2017年3月

編者記す

まえがき

　本書は著者の一人である仁科が名古屋工業大学経営工学分野の学部・大学院・社会人教育 (工場長養成塾) において開講した講義内容，および共著者である石井，川村と協力して取り組んだ研究室での研究成果がもとになっている．

　本書は 3 部構成である．第 I 部 (第 1 章，第 2 章) は品質管理の基礎，第 II 部 (第 3 章，第 4 章) はデータ解析の基礎であり，その内容は第 III 部の事例で活用するデータ解析手法の解説である．第 III 部 (第 5 章から第 12 章) は品質管理に関連する事例であり，一部を除いて実データである．すべての事例のデータは公表できないが，＊をつけた事例のデータは培風館のご厚意により培風館のホームページにアップさせていただいた．第 II 部の例題のデータとあわせてダウンロードし，ハンズオン形式で本書を読み進めていただきたい．本書の主な解析は JMP ProR 13 (SAS Institute Inc., Cary, NC, USA) による．

　本書の "売り" は第 III 部の事例である．パソコンを手元においたアクティブラーニングの教材として使っていただくことを希望する．その際，各章の演習問題は議論のシーズになると思われる．

　執筆にあたり，多くの方のお世話になった．名古屋工業大学の馬場慶子事務員には資料整理で手をわずらわせた．事例には企業との共同研究も含まれている．また，日本品質管理学会中部支部若手研究会での議論から多くの研究テーマをいただいた．関係各位に感謝したい．

　冒頭で述べたように，本書の事例は名古屋工業大学品質管理研究室の研究成果である．本書の執筆は研究室の OB・OG なくしては考えられなかった．

　研究室 OB・OG 各位に本書を捧げたい．感謝の意を添えて．

　　2018 年 3 月

執筆者を代表して　仁科　健

目　　次

Part I　品質管理の基礎

1. 品質管理とは *2*

1.1　品質管理の概要　　2

1.2　3 つのばらつき　　4

1.3　品質の計量と統計的品質管理　　7

2. ばらつき低減の体系化 *9*

2.1　ばらつき低減のための 4 つの対策　　9

2.2　ものづくりのプロセスとばらつき低減の 4 つの対策　　18

2.3　データ解析による 4 つの対策の進め方　　24

2.4　4 つの対策からみたばらつき退治のこれから　　34

Part II　データ解析の基礎

3. 観察データの解析手法 *40*

3.1　観察データの解析手法の概要　　40

3.2　観察データの要約と可視化の基礎　　41

3.3　多次元データのサンプルの可視化　　47

3.4　多次元データの変数間のモデル化　　57

3.5　記述統計と推測統計　　67

3.6　工程のいつもの状態の可視化　　72

4. 計画データの獲得／解析／解釈 *79*

4.1　計画データの基礎　　79

4.2　計画データの獲得とモデル　　85

4.3　直交対比と直交多項式　　103

Part III　品質管理に関連する事例

5. 市場での満足感のばらつきとその構造 *108*

5.1　[事例5] 背景となる理論と事例の目的　108

5.2　データ　111

5.3　データ解析　116

6. 経営品質向上活動で得られる成果に関する因果構造 *123*

6.1　[事例6] 経営品質向上活動　123

6.2　本事例の目的　125

6.3　データ　125

6.4　データ解析　128

7. 個人差を考慮した感性品質の評価構造 *136*

7.1　[事例7–1] 一対比較法による内装樹脂の触感性の構造　136

7.2　実験概要とデータ　139

7.3　データ解析　140

7.4　[事例7–2] 黒色ゴムの接合部に対する親近性の評価　148

7.5　[事例7–3] SD法によるステアリングホイールの握り心地の評価構造　151

8. CAE における実験計画法の活用 *156*

8.1　[事例8–1] 適合問題　156

8.2　シミュレーションを用いた設計における適合因子の選定　158

8.3　適合因子の選定のためのデータ解析　159

8.4　工程設計における適合の活用　166

8.5　[事例8–2] 合わせ込み問題　166

9. 流動準備期における工程能力調査 *172*

9.1　[事例9] 量産流動期の内乱外乱によるばらつき問題の前倒し　172

9.2　実験計画と実験結果　174

9.3　データ解析　175

9.4　流動準備期におけるばらつき退治の重要性　178

10. 工程改善における要因解析 *180*

10.1　[事例10] 対象工程の概要と目的　180

10.2　データ　181

10.3　データ解析　182

11. シューハート管理図の理念とその実践 *188*

11.1　シューハート管理図の理念　188

11.2　管理図の思想を特徴づけるキーワード　190

11.3　[事例11–1, 11–2] 管理図活用上の留意点　193

目　次　　　　　　　　　　　　　　　　　　　　　　　　　　　　v

12. 因果関係のモニタリング *199*

12.1　問題の背景とその対応策　　199

12.2　[事例 12–1] フィードバック制御をもつ工程における管理図管理　　201

12.3　[事例 12–2] 系統変動をもつ工程の管理図管理　　205

索　　引... *211*

Part I

品質管理の基礎

1章

品質管理とは

1.1　品質管理の概要

　品質とは生産行為の成果 (プロダクツあるいはサービス) がもつ価値であり，品質管理とはそのばらつきを小さくすることを目的とした管理活動である．品質が良いとは生産行為の成果のばらつきが小さいことである．ここで，生産行為とは入力に対して価値を付与する行為であり，出力がもつ価値は出力を享受するものにとっての価値である．

　"品質が良い＝成果のばらつきが小さい" ことを説明する歴史的な記事がある．1980 年代はメイドインジャパンの自動車や電化製品が品質の良さで支持され，北米の市場を席巻した時代である．このとき，日本企業の品質管理活動がベンチマークとして米国産業界からキャッチアップの対象となった．米国産業界が品質問題で日米の違いとして何に着目したかというと，ばらつきの違いである．歴史的な記事とは図 1.1 である．図は，San Diego の Sony 工場と日本の Sony 工場で生産されたカラーテレビのある特性 (生産活動の成果) 値の分布を比較したものである．日本の工場における特性値のばらつきが San Diego の工場のばらつきより小さい．その後のタグチメソッドの普及，そしてシックスシグマ活動へと続く米国での品質管理の動向は，まさに日本をベンチマークしたばらつき低減を強く意識したものである．

　生産行為におけるばらつき低減を実践するために，品質管理活動では 2 つのフレーズで表現する基本的な考え方がある．一つが "後工程はお客様" である．このフレーズで説明するならば，品質管理とは，すべてのプロセスにおいて，後工程であるお客様に提供する価値のばらつきを抑えるために，自工程では何をすべきか (どのような組織づくり，どのようなしくみづくり，どのような人材育成なども含めて) を考え実行することである．すべてのプロセスとは，企画／開発／設計／製造にわたるものづくりプロセスを意味する．後工程とは，最終的にはエンドユーザーであるが，例えば設計部門であればお客様は製造部門であ

1.1 品質管理の概要

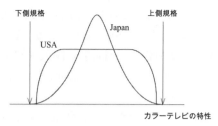

図 1.1 カラーテレビの特性の分布. San Diego の Sony 工場と日本の Sony 工場の比較 (1979 年 4 月 17 日付 朝日新聞)

り, 市場である. 製造ラインのある要素工程であれば, 次工程以降の各要素工程がお客様である. すべてのプロセスは, 後工程であるお客様にとって価値がある成果, すなわち, ばらつきの小さい成果を提供しなければならない. これが "後工程はお客様" である. 品質を中核とした経営管理の一つである **TQM** (Total Quality Management) における全部門／全員参加の管理行為の考え方はここからくる.

しかし, 後工程にとって価値があるかどうかの判断を後工程であるお客様が行ったのでは一般的にはコスト高になる. 後工程に代わり, できるだけ自分の工程 (自工程) で後工程にとっての価値を判断しなければならない. 品質管理の2つ目の考え方である "品質は工程でつくり込め" はこのことを意味する. 価値を付与する生産行為が品質管理における管理の対象となる. 詳細は 2.1 節で述べるとして, "異常" という概念と "不良" という概念があるが両者は異なる. 異常は生産行為 (工程あるいはプロセス) に対する評価であり, 不良は成果 (プロダクツ) に対する評価である. 品質管理では, プロセスを管理対象とし, プロセスを管理することによって, プロダクツがもつ価値をお客様に保証する考え方を重視する. 品質管理は, 成果である品質を管理することを意味するよりも, 成果である品質をつくり込むプロセスを管理する意味が強い. このため品質管理では要因解析を重視する. このことは, 品質管理におけるデータ解析の指向に反映されている.

PDCA (plan-do-check-act), 標準化, 改善, **2S** (整理・整頓)[1], 見える化などは品質管理でならずともよく聞くことばであり, プロセスの管理にはどれもなくてはならない管理行為である. 管理の基本はルールを決めて (標準化) その

---

1) 整理 (sorting) とは要るものと要らないものを分け, 要らないものを捨てることであり, 整頓 (setting in order) とは要るものをいつでも誰でも取り出せるよう, 順序だてて配置することである. 2S を仕事のプロセスに拡大解釈するならば, 整理は改善であり, 整頓は標準化を意味する.

ルールどおりに生産行為を行うことである．その際に 2S ができていれば，ルールどおりの生産行為 (いつもの状態) が見える化できる．もし，いつもの状態からの乖離 (問題) があったならば，2S は問題の可視化を容易にし，改善活動につながる．PDCA のサイクルが効率的かつ効果的にまわる．品質を工程でつくり込むための基本は 2S である．

ところが，プロセスの管理の健全性はお客様にはみえない．そこで，プロダクツを保証するために，どのようにしてプロセスを管理しているかをお客様に見える化することが必要である．その手段の一つが **ISO 9000 シリーズ**による品質マネジメントシステムの認証制度である．

自工程で品質をつくり込む，すなわち，できるだけ自工程で後工程であるお客様にとっての価値を判断する．品質管理の難しさはここにある．成果物がもつ価値要素は Quality (品質)，Cost (コスト)，Delivery (納期)，いわゆる QCD である．1.2 節で詳しく説明するが，品質はコスト，納期とは異なる側面をもつ．品質は最後にはお客様の手にわたって (市場に出て) からも評価の対象となる．一方，コストと納期は出荷時までに評価される．市場に出てから品質問題が発生したならば信頼問題にかかわる大事となる．また，品質問題ではなくても，他社より品質が劣っていたならば顧客離れが起こる．飯塚 (2009) は "品質の根源性" を次のように述べている．「一見すると原価や納期の問題にみえるが，その根本原因は多くの場合，品質にある．品質が達成できないから，原価上昇につながり，品質目標を達成するために手戻りが生じ，納期遅れとなる．」

1.2 3つのばらつき

1.1 節では，品質管理はばらつき低減であると説明した．ここでは，低減すべきばらつきは何であるかを述べる．準備として，ものづくりのプロセスを大ざっぱに説明しておく．ものづくりのプロセスは企画–設計–製造の連鎖である (藤本 (2001))．企画–設計–製造はそれぞれが生産行為である．もちろん 1 つの企業がすべてのプロセスを受け持つとは限らない．企画は顧客の声を商品コンセプトや製品機能に変換する生産行為である．商品企画と製品企画からなり，商品企画では誰に何をつくるかを決め，製品企画ではグレードを決める．原価企画はこの段階での管理行為である．企画の成果物は製品企画である．設計は製品企画を図面という情報に変換する生産行為である．製造は図面情報を製品に変換 (転写) する生産行為である (藤本 (2001))．企画–設計–製造の生産行為

1.2 3つのばらつき

は，お客様に価値を付与するとき，それぞれの後工程でのばらつきをつくり込んでしまう．そのばらつきを次の3つに分類する[2]．

1) 市場に出るまでのばらつき
2) 市場に出てからのばらつき
3) 市場での満足感のばらつき

製造は設計から図面を受け取る．市場に出るまでのばらつきとは，図面に提示された目標値と製造の結果の値(実現値)との乖離である．図1.2は，製造という生産行為の成果(特性)とその要因である**工程の5M1E** (Man, Machine, Material, Method, Measurement, Environment) の要因を示した特性要因図である．市場に出るまでのばらつきの原因は工程の5M1Eの要因のなかにある．工程の5M1Eがばらつくことによって結果である特性がばらつく．したがって，市場に出るまでのばらつきを抑えるには，その要因である工程の5M1Eの管理が必要である．5M1Eの要因のなかから特性のばらつきに効く原因をみつけ，もしその原因にアクションがとれるのであれば，"原因のばらつきを抑える"ことが1つの方法である．"1つの方法"と記したのは，原因がわかっていても原因にアクションがとれるとは限らないからである．そのときは別の方法によってばらつきを抑えることになる(詳しくは第2章で述べる).

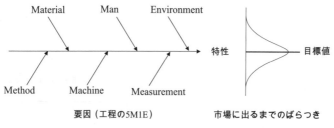

図 1.2 市場に出るまでのばらつきとその要因

市場に出てからのばらつきとは，製品がユーザーの手にわたってからの機能のばらつきである．ユーザーが手にする製品は一般には1つである．したがって，ばらつきはない．しかし，ユーザーはその製品をさまざまな環境下で使う．使用の場はばらつく．そのばらつき(外乱)が原因となり製品の機能はばらつきをもつ．例えば，洗剤の洗浄力は水質や水温によってばらつく．また，製品が耐久製品であるならば，ユーザーはその製品を何度も使用する．そうすると部品は時間とともに劣化する．劣化によって製品の機能はばらつく．要するに，市

---

2) "出荷前のバラツキ"，"出荷後のバラツキ" と表現することが多い (例えば，宮川 (2008)).

場に出てから製品の機能は時間軸と空間軸方向に必ずばらつきをもつ.

市場での満足感のばらつきの原因は顧客のニーズのばらつきであり,それは顧客の主観によるところが大きい.加藤 (2006) は,冷蔵庫がもつ多様な品質要素に対する品質意識と環境意識との関係を調査した.図 1.3 は品質要素の一つであるフロンガス対策を冷蔵庫に施したとき,その品質要素 (環境性) が "無関心品質" か "魅力的品質" か "一元的品質" か "当たり前品質"[3] かを調査した結果である.ここでは,"**狩野モデルによる品質意識調査**" とよぶことにする.事例 5 で詳しく説明するが,環境性への配慮が物理的に充足した冷蔵庫をどの程度気に入るか,逆に,環境性が配慮されていなかったならばどの程度気に入らないかのパターンを意味づけた概念である.図 1.3 は,そのパターンがユーザーによってばらついている (個人差が大きい) ことを示している.この例が市場での満足感のばらつきであり,その原因はユーザーの主観にある.

市場での満足感のばらつきを解析することは,市場での新たなニーズの発見につながる可能性がある.例えば,マジョリティが無関心品質と意識している品質要素に対してマイノリティが魅力的品質であると意識しているとしよう.そのばらつきがもつ情報には新製品開発の方向性を示唆する情報が含まれている可能性がある (→事例 5).魅力的と意識しているマイノリティのプロフィール情報から,新たな需要や新製品へのヒントを抽出するための解析が必要である.

ここで,3 つのばらつきの原因となる要因に着目すると,その違いに気づく.

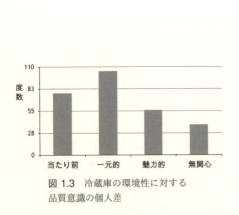

図 1.3　冷蔵庫の環境性に対する品質意識の個人差

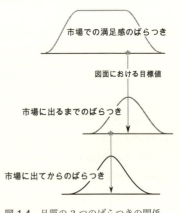

図 1.4　品質の 3 つのばらつきの関係

---

3)　本来,狩野モデル (狩野 (1984)) は "無関心品質","魅力的品質","一元的品質","当り前品質" と "逆品質" に分類している.

前述したように，市場に出るまでのばらつきの要因は工程の 5M1E である．もちろん，前述したように，ばらつきの原因となる要因がわかっていても技術的あるいは経済的な理由からアクションがとれない場合もある．しかし，要因は手の内にある場合が多いので，原因にアクションがとれる場合が少なくない．一方，市場に出てからのばらつきと市場での満足感のばらつきは，ばらつきの原因がわかっていても原因にアクションがとれない場合が多い．原因にアクションがとれない場合でも結果のばらつきを抑える方策をとらなければいけない．

図 1.4 に 3 つのばらつきの関係を示す．図より，市場に出るまでのばらつきの大きさは市場に出てからのばらつきの大きさに影響する．1.1 節で，品質の特徴として出荷時の一過性ではなく，市場に出てからの評価が問題となることを述べた．市場に出るまでのばらつきを抑えることは，市場に出てからのばらつきを抑えることにつながる．

1.3 品質の計量と統計的品質管理

再度，図 1.1 をみてほしい．日本製が米国製より品質が良いと支持されたことを述べた．図の 2 つの分布の違いが，なぜ生じたのか．日本では作業標準を遵守し，特性値が目標値[4] に一致するように生産を行う．しかし，工程の 5M1E のばらつきによって特性値がばらつきをもつ．結果として，正規分布に近似できる分布となる．一方，San Diego の工場では規格を外さないように作業が行われていた．結果として，特性値の分布はいくつかの分布の混合分布になる．日本の工場での分布が正規分布であるのに対して，San Diego の工場での分布に一様分布を仮定すると，それぞれの分布の標準偏差 $\sigma_{jp}, \sigma_{san}$ (許容差を W とする) は

$$\sigma_{jp} = \frac{W}{6}, \tag{1.1}$$

$$\sigma_{san} = \frac{W}{2\sqrt{3}} \quad (> \sigma_{jp}) \tag{1.2}$$

となる (Taguchi(1993))．日本の工場での標準偏差は San Diego のそれより小さい．したがって，北米の市場では日本製品のほうが品質が良いとの評価を得たのである．

ばらつき低減を一つの問題解決としてとらえたとき，品質管理はまさに科学

---

4) 目標値は，規格の中心であることが多い．

的方法に裏づけされた問題発見・問題解決学であるといえる。ここでいう科学的方法とは、事実であるデータに基づいた問題発見と問題解決をいう。これを品質管理では"事実による管理"とよび、**統計的品質管理** (Statistical Quality Control: 以後 SQC と記す) として体系化されている。第3章で解説する観察データによる問題発見と問題解決のための仮説の抽出、続く第4章での計画データによる仮説の検証のステップは、SQC における問題発見と問題解決の基本的なステップである。また、問題発見や仮説抽出に必要な事前情報を網羅的にひろいあげ、整理するツールが整備されている。特性要因図やパレート図などいわゆる **QC 七つ道具**[5] とその周辺のツールである。

　品質はばらつきで計量できることを述べた。ばらつきが大きいということは品質が悪い。したがって、品質管理活動はものづくりのプロセスにおけるばらつき低減の管理活動であることを述べた。しかし、単にばらつきが低減したという結果のみが品質管理の成果ではない。ばらつき低減の過程において多くの気づきを得る。それは市場動向への気づきであったり、設計上、あるいは製造上の技術的な気づきであったりである。ばらつきは気づきの宝庫である。SQC は科学的方法によって気づきを発掘するための道具であり、考え方である。

演 習 問 題

1.1 品質の良し悪しと結果特性のばらつきとの関係について述べよ。

1.2 BtoC の製品を想定し、本章にある品質の3つのばらつきの具体例を列挙せよ。必ずしも技術的な側面に言及する必要はない。

1.3 コスト、納期と比較して品質がもつ特徴をあげよ。

1.4 品質管理とデータ解析の関係について述べよ。

参 考 文 献

・飯塚悦功 (2009)：現代品質管理総論，朝倉書店.

・藤本隆宏 (2001)：生産マネジメント入門 1，日本経済新聞社.

・宮川雅巳 (2008)：SQC の基本，日本規格協会.

・加藤雅也 (2006)：環境意識が企画品質に与える影響，名古屋工業大学生産システム専攻 2005 年度修士論文.

・狩野紀昭，瀬楽信彦，高橋文夫，辻新一 (1984)：魅力的品質と当り前品質，品質，Vol.14, No.2, 39–48.

・Taguchi, G. (1993)：*Taguchi on Robust Technology Development*, ASME Press.

---

5) パレート図，特性要因図，チェックシート，グラフ，ヒストグラム，散布図，管理図を QC 七つ道具とよぶ.

2章

ばらつき低減の体系化

2.1 ばらつき低減のための4つの対策[1]

1.2節で述べた3つのばらつきを抑えるためにさまざまなアクションがとられている．結果がばらつくということはその原因がばらついているからである．すなわち，ばらつきのメカニズムは"結果"，"原因"および"因果関係"の3つの要素から成り立つ．図2.1に示すように，この3つの要素の何に対して，いつ，どのようにアクションをとるかによって，ばらつきを抑える対策は次の4つに体系化できる．4つの対策は立林(2004)[2]を参考にしたものである．

対策A：結果にアクションをとる．
対策B：原因にアクションをとる．
対策C：原因の状況をみて，その状況に応じてまえもって結果にアクションをとる．
対策D：因果関係にアクションをとる．

宮川(2000)は，原因と結果の因果関係が図2.2に示す線形であることを想定してばらつきを抑える方法を説明している．これにならい，4つの対策を説明す

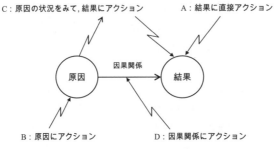

図 2.1 基本的な因果関係と 4 つの対策 (仁科 (2009))

---

1) 本節は仁科(2009)をもとに執筆した．
2) 立林(2004)は，ばらつきを抑える対策として，①ノイズの発見と除去，②出力の補正，③ノイズの影響の減衰，をあげている．

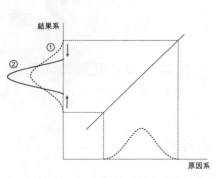

図 2.2 4つの対策を説明するための因果関係 (仁科 (2009))

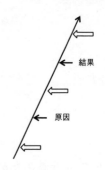

図 2.3 アクションの3つのタイミング (注:図中の白矢印はアクションのタイミングを意味する (以下同様))

る．図 2.2 に示すように，結果の分布を分布①から分布②にしたいわけである．

また，ばらつきを抑える対策を，アクションをとるタイミングの視点から分類したものが図 2.3 である．原因事象の発生と結果事象の発生に対するアクションのタイミングは図に示した 3 通り (結果事象の発生後，原因事象の発生と結果事象の発生の間，原因事象の発生前) であり，いつアクションを起こすのか，また，図 2.1 に示した 3 つの要素 (原因，因果関係，結果) の何に対してアクションを起こすのかによって "流出防止"，"再発防止"，"適応的未然防止"，"未然防止" の 4 つに分類される．以下で，前述の 4 つの対策と対応づけて説明する．

[対策 A：結果にアクションをとる]　対策 A (結果にアクション) には，全数検査のように不良品を "選別" する対策と，操作変数を用いたフィードバック制御のように，操作変数の値を変更することによって次の結果を "補正" する対策の 2 種類がある．補正は操作変数を介在して結果にアクションをとることから，結果に直接アクションをとるわけではない．対策 A の特徴は，原因がわかっていたとしても原因にはアクションをとらない，あるいは，アクションをとれないことである．原因にアクションをとらないので，アクションをとるまえの結果の分布は① (図 2.2) のままである．アクションをとるタイミングは結果を得た後である (図 2.4)．その意味で，対策 A の選別は流出防止のアクションである．

選別は工程に組み込まれた行為であり，工数が問題となることが少なくない．したがって，例えば，疵の有無が特性である場合，画像処理による疵の有無の判別など選別の自動化が望まれる．また，選別は瞬時の判定が必要となること，

2.1 ばらつき低減のための4つの対策

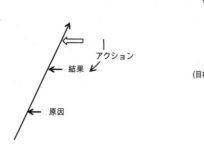 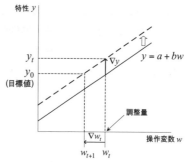

図 2.4 対策 A の選別におけるアクション　　図 2.5 対策 A の補正における操作変数と特性

さらに全数の対応が必要なことから，ばらつきを抑えることが可能な特性は限られる．

補正は，操作変数と結果である特性値の関係が，例えば図 2.5 に示すように既知であることが前提となる．図のように特性値が目標値 y_0 より ∇y だけずれていたならば操作変数を ∇w だけ変化させる[3]という調整行為を行う．したがって，調整はアクションが標準化されている．また，補正の一つであるフィードバック制御の情報は対策 B(原因にアクション) にも役立つ (→事例 12)．

[対策 B：原因にアクションをとる]　対策 B は，ばらつきの原因となる要因のばらつきを減じる対策である (図 2.6)．対策 B では，アクションをとるタイミングによって再発防止のアクションと未然防止のアクションがある．

対策 B の再発防止におけるアクションのタイミングは対策 A と同様で結果を

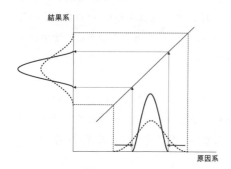 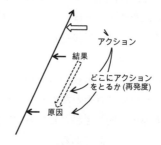

図 2.6 対策 B によるばらつきの低減 (仁科 (2009))　　図 2.7 対策 B の再発防止におけるアクションと再発度

---

3) ハンティングを避けるために実際の調整量は ∇w より小さくする．

得た後であるが，アクションの対象は時間的にさかのぼった時点でのつくり込みのプロセスの要因系である．時間的にさかのぼって根本的な原因を究明することは再発防止の実現度を表す (図 2.7)．例えば，応急処置と是正処置の例で再発防止の実現度を説明する．あるヒーターの断線が問題となった．原因はナットの緩みであることがわかった．そこで対策①としてナットを強く締結した．しかし，不具合は再発した．次の対策②ではダブルナットに設計変更を行った．しかし，また不具合が再発した．対策③として熱を遮断するアクションをとった．結果として，この不具合は是正された．これはナットが熱によって変形しナットに緩みが生じるという不具合のメカニズムをつかんだことによる成功事例である．この例のように，アクションの対象が真因に近いほど再発防止につながる対策となる．

1.1 節で不良と異常は異なることを述べた．不良とは，あるプロダクツが設計から与えられた規格値から外れることであり，プロダクツに対する評価である．一方，異常とは，プロセスがいつもの状態とは異なることであり，プロセスに対する評価である．対策 A (選別) の流出防止がプロダクツの不良への処置であるのに対して，対策 B の再発防止はプロセスの異常への処置である．

いわゆる工程改善はほとんど対策 B であり，我が国の品質管理が伝統的に大切にしているアプローチでもある．その背景の一つに品質保証の歴史的変遷がある．品質保証の考え方は，悪ければ取り替えるという補償の時代から，流出防止の立場から検査重視の時代を経て，成果である品質をつくり込むプロセスの管理を重視する時代へと変遷している．改善の対象はプロセスであり，第 1 章で述べた "品質は工程でつくり込め" はプロセスの管理の重視を説いたものである．原因にアクションをとり (原因のばらつきを抑える)，それを歯止めとし標準化することは，プロセス重視の管理の基本的な考え方である．標準化を達成できれば，以後それが原因で結果がばらつくことはない．**再発防止のアク**ションになる．

ただし，多くの要因のなかから原因を探し出すのは簡単ではない．前述した QC 七つ道具もそのためのツールであり，本書のメインテーマであるデータ解析も原因究明の道具としておおいに役に立つ．品質管理に要因解析の指向が強いのはこのためである．

原因が究明できたとしてもアクションがコスト高をまねいてしまうこともある．このとき，可能であれば次に説明する対策 C や対策 D の検討が望まれる．費用対効果，あるいは技術的困難性を考慮し，対策 A を採用する場合もある．

2.1 ばらつき低減のための 4 つの対策

例えば，半導体ウェハ製造における酸化膜の生成は気圧の影響を受ける．しかし，気圧にアクションをとるには多大な設備投資が必要である．この場合は，成膜時間を制御することによってねらいの膜厚を確保する対策 A が採用される．

対策 B と似た対策として，原因となる要素のばらつきはそのままであっても，図 2.8 に示すように平均をずらすアクションがある．この対策は結果の分布を移動させる効果がある．しかし，もともとのばらつきが大きいとその平均を移動させる効果は小さい．根本的には，ばらつきを小さくする対策が必要である．

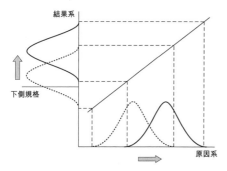

図 2.8 原因のばらつきの平均をずらす対策 (仁科 (2009))

図 2.9 対策 B の未然防止におけるアクション

対策 B による**未然防止**のアクションを図 2.9 に示す．例えば，設計段階で公差を決める行為がこのアクションである．公差を決める行為は図 2.6 における縦軸が示す結果が最重要な特性であり，そのばらつきを低減させるためには，横軸が示す原因のばらつきをどこまで抑えなくてはならないかを決めることである．一般には，厳しい公差はコスト高を生む．コストを犠牲にしてでも特性のばらつきを押さえ込む対策である．

[対策 C : 原因の状況をみて，その状況に応じてまえもって結果にアクションをとる]　対策 C は，いわゆるフィードフォワード制御に相当する．原因の状況を観察しておき，その状況下に相応しい生産条件をあらかじめ設定することである．"相応しい生産条件"とは，結果ができるだけ目標値に近くなる生産条件を意味する．図 2.10 に対策 C による結果のばらつき低減のしくみを示す．原因の要素が①の状況であれば結果の平均値が目標値になるように生産条件を①に設定する．原因の要素が②の状況であれば生産条件を②に，原因の要素が③の状況であれば生産条件を③に，それぞれ"相応しい条件"に設定する対策で

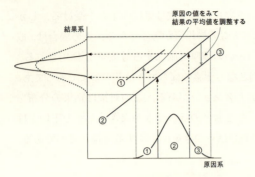

図 2.10 対策 C におけるばらつき低減の仕組み (仁科 (2009))

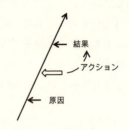

図 2.11 対策 C のアクション

ある．

　対策 C は，生産条件を変更するためのコストが発生する．特に頻度が高いアクションとなる場合，コストは無視できない．しかし，対策 B の実施が費用対効果に問題がある場合，対策 C は対策 B を補うものとして効果を発揮する．

　対策 C のアクションのタイミングを図 2.11 に示す．図に示すように，対策 C は原因が生起した後，原因を十分観察して加工前に，すなわち未然に原因の状態に応じたアクションをとる．したがって，対策 C は**適応的未然防止**といえる．

　簡単な例を示す．加工材料である鋼材の特性 B が焼き入れ後の歪みに影響していることがわかっている．しかし，鋼材は鋼材メーカーから購入しているので鋼材の特性にはアクションがとれない．図 2.12 に示す実験結果が得られたとする．横軸は焼き入れ温度 (因子 A)，縦軸は焼き入れ後の歪みであり，図 2.12 の 3 本のグラフは鋼材の特性 B (因子 B) の 3 つの水準での焼き入れ温度に対する歪みの挙動を示す．この挙動からアクションを検討するとき，エンジニアは悩むところである．歪みのばらつきも平均値も抑えるのであれば 920 ℃での操業がよい．しかし，もっと歪みのばらつきを抑えたいのであれば，B_1 のときは 900 ℃に，B_2 と B_3 のときは 920 ℃にと，相手 (鋼材の特性値) によって手 (焼き入れ温度) を変えればよい．前者の対策は操業条件が一定であるが，エネルギーコストが高くつく．一方，後者の対策は条件の変更にコストがかかる．条件の変更にかかるコストが無視できる程度であるならば後者，すなわち対策 C を選択することになる．別の例として選択勘合がある．これは，部品 A と部品 B の勘合後 (図 2.13) のクリアランスのばらつきを抑えるために，部品 A の外径が大きめ (小さめ) の場合，部品 B の内径も大きめ (小さめ) のものを選択す

2.1 ばらつき低減のための4つの対策

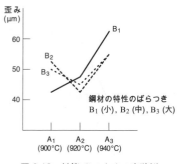

図 2.12 対策 C のための実験例

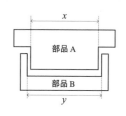

図 2.13 対策 C の例 (選択勘合)

る組み付け法である．部品 A の外径寸法を計測し (原因の状態をみて)，クリアランスが目標値になるような内径をもつ部品 B を選択 (結果にアクション) することになる．

対策 C は，製造技術の一種のノウハウともいえる．例えば，板金加工メーカーが鋼材メーカーから仕入れた鋼板は幅方向と長さ方向に均一な特性を有しているわけではない．特に，鋼板コイルの端の部分は加工性に難がある場合もある．その場合，加工メーカーとしては鋼板の特性にあわせたプレス条件を設定する．まさに製造技術のノウハウである．

将来発生することが予想される要因の変動を予測して，予測された状況に応じて，まえもって結果へのアクションを標準化しておく場合も対策 C である．例えば，流動準備期において，流動期での要因の状況によって製造条件を変更し，結果を調整する場合，条件を変更してもよい要因をあらかじめ決めておく．"モグラ叩き"の調整に陥ることを避けるためである．

IoT (Internet of Things) 時代において，原因 (一般にはものづくりの川上) に関する情報が大量に，タイムリーに，かつ精度良く獲得できる環境下では，対策 C によるばらつき低減がよりクローズアップされることが考えられる．

[対策 D：因果関係にアクションをとる]　対策 D は，**タグチメソッドにおけるロバスト設計**とよばれる対策である．原因はわかっていても原因にはアクションをとらない (あるいはとれない) で，因果関係を変えることによって結果のばらつきを小さくする対策である．図 2.14 に対策 D の構造を示す．図に示すように，原因と結果の関係の傾きを小さくすることによって，原因のばらつきにアクションをとることなしに結果のばらつきを抑えている．対策 D のアクションのタイミングを図 2.15 に示す．将来生起するであろう制御できない原因を事

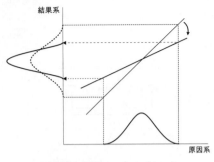

図 2.14 対策 D によるばらつき
低減 (仁科 (2009))

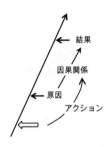

図 2.15 対策 D におけるアクション

前に想定し,因果関係にアクションをとるのが対策 D である.したがって,対策 D は未然防止の対策である.

因果関係へのアクションには,対象とする事前に想定できる原因が外乱である場合と内乱である場合への 2 通りの対応がある.外乱とは気温のように対象とするシステムに含まれない要素のばらつきであり,内乱はシステム内の要素のばらつきを意味する.もちろん,内乱は外乱によって誘発される場合もある.原因として外乱を想定した対策か,内乱を想定した対策かである.原因に外乱を想定した場合,図 2.16 に示すように,外乱の特性への影響が小さくなる (傾きが小さくなる) 制御可能 (条件の選択が可能) なシステム内のパラメータとその水準を探る対策を行う.原因に内乱を想定した場合は,内乱の影響が小さくなるように,内乱を想定した要素の水準を探る (図 2.17 参照) 対策を行う.

原因に外乱を想定した場合の対策 D の事例をあげる.キャンディは気温が上がると軟らかくなる.これを抑えたい.設計者はキャンディの組成の案を 2

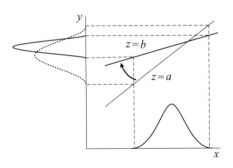

図 2.16 対策 D (原因に外乱を想定した場合)

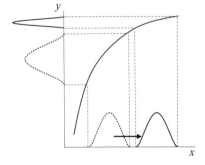

図 2.17 対策 D (原因に内乱を想定した場合)

2.1 ばらつき低減のための4つの対策

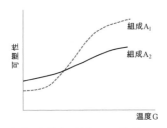

図 2.18 原因に外乱を想定した場合の対策 D の例 (キャンディの可塑性のばらつき低減)

つ (組成 A_1, A_2) と市場での温度変化を実験室で再現するために温度を 3 水準 (G_1, G_2, G_3) 取り上げ，キャンディの可塑性を調べる実験をした．図 2.18 に実験結果[4]を示す．ここで，設計者が条件を決めることができるのはキャンディの組成である．一方，温度は実験でこそ水準を設定できるものの，設計者が制御できるものではない．設計者にとってみれば制御できない，いわば外乱である．図 2.18 の結果を設計者はどのように解釈し，アクションに結びつけるか．組成を A_1 に設定したときと A_2 に設定したときの温度による可塑性のばらつきは，A_1 に比べて A_2 のほうが小さい．

次に，原因に内乱を想定した場合の対策 D の例として，半導体ウェハのフォトレジスト工程の例をあげる．フォトレジスト工程におけるレジスト成型の特性はレジスト寸法 y_2 である．レジスト寸法は前工程の特性であるレジスト膜厚 y_1 の影響を受ける (図 2.19)．レジスト寸法のばらつきが小さくなるように前工程のレジスト膜厚の目標値を決めたい．レジスト膜厚とレジスト寸法の関係を実験で求めたところ，図 2.20 のような非線形の関係があることがわかった．ここで，レジスト膜厚の目標値を非線形関係の曲率が最小となるレジスト膜厚の値に設定すれば，図のように前工程の結果であるレジスト膜厚がばらついたとしても，レジスト寸法に与える影響は緩和される．

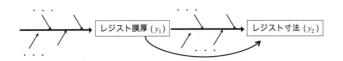

図 2.19 レジスト膜厚とレジスト寸法の因果

---

[4] この事例はタグチメソッドが初めて米国の品質管理関連の学会誌 *Journal of Quality Technology* の論文 (Kackar(1985)) に紹介されたときの一つである．

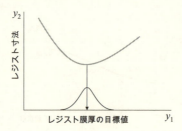

図 2.20　原因に内乱を想定した場合の対策 D の例 (レジスト寸法のばらつき低減)

2.2　ものづくりのプロセスとばらつき低減の 4 つの対策

第 1 章で述べた 3 つのばらつきを抑えるために，2.1 節で述べた 4 つの対策がどのように活用されるのかを説明する．2.1 節であげた例は製造が中心であった．ここではものづくりのプロセス (企画–設計–製造) を俯瞰した活用を考える．表 2.1 は，品質の 3 つのばらつきと，それらのばらつき低減を主に担うべきものづくりのプロセス，および，対応する対策をまとめたものである．

表 2.1　ものづくりのプロセスを俯瞰した 4 つの対策の活用

品質の 3 つのばらつき			対策 A 結果にアクション	対策 B 原因にアクション	対策 C 原因をみて結果にアクション	対策 D 因果関係にアクション
市場での満足度のばらつき		企画		○ 広告戦略	◎ マーケットセグメンテーション	
	市場に出てからのばらつき	設計		○ 公差設計	○ 寒冷地仕様	◎ ロバスト設計
	市場に出るまでのばらつき	製造	◎	◎	◎	◎

注：○は"利用する"，◎は"よく利用する"を意味する．

2.2.1　企画部門におけるばらつきの低減

市場での満足感のばらつきの原因は商品そのものがもつ物理的 (あるいは客観的) 機能の充足度とそれに対する主観的な顧客ニーズのばらつきである．このばらつき減らしの主管は企画部門である．企画には商品企画と製品企画がある．誰に何を売るのかを決めるのが商品企画であり，どのようなグレードにするかを決めるのが製品企画である[5]．原価企画を行うのもこの段階である．顧客情報から，ある新製品を企画したとする．その商品コンセプトに対する顧客

---

5) 顧客ニーズと物理特性への対応を可視化する方法として品質表がある．品質表は品質機能展開の 1 ステップである．品質機能展開に関しては大藤 (2010) が参考になる．

2.2 ものづくりのプロセスとばらつき低減の 4 つの対策　　　19

の満足感は，予測はできたとしても，その製品が市場に出てからでないと市場
での満足感はわからない．図 1.3 に一例を示したように，市場での満足感はば
らつきをもつ．企画部門としては市場に出てからの満足感のばらつきを小さく
したい．これが企画部門を責任主管とする品質管理の目的である．

　表 2.1 に示したように，企画部門が実施すべきばらつき低減の対策は対策 C と
対策 B である．市場での満足感のばらつきの原因の一つは，主観的な顧客ニー
ズのばらつきである．原因に対してアクションをとるということは顧客に訴え
ることを意味する．例えば，新製品の認知度を高めるための広告戦略がこれに
相当する．どのような媒体で，どのような時期に，どのような顧客層に，どの
ような内容で広告活動を行うかが，対策 B である．

　ただし，対策 B は新製品を開発した後での対策である．企画部門が採用すべ
き最も効果のある対策は対策 C (原因状態をみて，原因の状況に応じてまえもっ
て結果にアクション) である．"原因の状況をみて" は市場調査に対応する．"ま
えもって" はこれからの商品企画に反映させることに対応する．"原因の状況に
応じてまえもって結果にアクション" は市場のニーズに応じて，すなわち，市
場をセグメントして，各セグメントのニーズに対応した品揃えをめざした新製
品開発に対応する．あるいは，ニッチなセグメントに集中した新製品開発をめ
ざすことに対応する．すなわち，企画部門がとる対策 C は，マーケットセグメ
ンテーションである．

　企画部門の対策 C におけるデータ解析としては，"原因の状況をみる" ための
市場調査が中心となる．製造での対策 C は実験が可能であり，計画データを活
用できるが，市場調査は典型的な観察行為によるデータ獲得となる．ただし，こ
の場合 "原因の状況" とは将来の市場の動向であり，データ解析はサンプルの可
視化が主体となる．ID–POS データ，SNS のテキストデータなど量的データ，
質的データ，言語データに限らず，膨大なデータから気づきを得るためには，例
えば，2 次元上へのサンプルのポジショニングのための解析が必要となる．こ
こでのサンプルは消費者であり，デモグラフィック特性やサイコグラフィック
特性による層別から知見を得ることが解析のポイントとなる．

　製品企画の段階では，製品コンセプトを開発するための調査技法としてコン
ジョイント分析 (例えば，片平 (1987)) が用いられる．これは物理的あるいは機
能的属性を組み合わせた仮想的な製品やサービスを想定し，選好との関係を探
る計画データである．これは，ばらつきの原因を製品やサービスの物理的充足
としたものである．

2.2.2 設計部門におけるばらつきの低減

設計部門のお客様である後工程は製造であり，また，市場である．製造への設計の貢献は市場に出るまでのばらつきを抑えることである．対策Bの未然防止策が中心となる．すなわち，市場に出るまでのばらつきの原因となる工程の要素5M1Eのばらつきを，どの程度まで許容できるかという情報を製造に提供することである．また，5M1Eのばらつきが小さくなるような設計情報を製造に提供する役割がある．前者は図面に公差を含めた規格を記すことである．このとき，製造とのすり合わせが必要である．製造は工程能力情報を設計に提供し，それをもとに設計の要求する公差を実現するための生産技術・製造技術を検討しなければならない．後者に関しては次の例で説明しよう．図2.21の部品の設計を想定する．この部品は機能上，寸法Zが重要な特性である．設計者がCADのパーツライブラリーから部品cと部品dを引用して図面Bを製造に出図したとする．製造では図面どおり，部品cと部品dを製造し，それを溶接する加工を行う．しかし，設計者が寸法Zを重要な特性であると強く認識していたならば，部品aと部品bからなる図面Aを出図するであろう．もし，寸法Z，X，Yの加工精度が同じであれば，図面Bの場合のX＋Yのばらつき(分散)は図面Aの場合のZのばらつきの2倍になる．もちろん，工法が異なるので製造コストの問題もあるが，この例は，設計が市場に出るまでのばらつきをつくり込んでしまっている例である．仮に図面Bで加工し，寸法Zの精度が要求を満たさないようであれば研磨で対応することになる．研磨工程を追加することになれば，当然製造コストはアップする．

設計は市場に出てからのばらつきに対して大きな責任をもつ．市場に出てからのばらつきへの対応は対策Dが有力である．市場は設計情報では抑えることができない多くのノイズが存在し，ノイズのばらつきが原因となり結果は設計の期待値どおりにはいかない．製品の機能はばらつきをもつ．"後工程はお客

 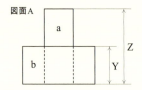 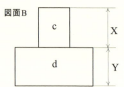

"機能上，重要な特性は寸法Z"

図2.21 設計がつくり込む製造のばらつき ((社)日本品質管理学会中部支部産学連携研究会編 (2010))

2.2 ものづくりのプロセスとばらつき低減の 4 つの対策　　21

様”，“品質は工程でつくり込め”ということは，設計部門は自工程 (設計) にお
いて後工程 (市場) でのノイズの影響を抑える役割をもつことを意味する．この
役割のための対策が対策 D である．2.1 節で示した外乱によるばらつきの低減
(図 2.16)，あるいは内乱によるばらつきの低減 (図 2.17) が設計部門のばらつき
低減の主役である．

　対策 C も設計部門によるばらつき低減に貢献する．ただし，一般には対策 D
に比べてコスト高になる．例えば，車の寒冷地仕様があげられる．エンジンオ
イルの機能は温度の影響を受ける．しかし，温度は設計者にとって制御不可能
な要因であるので，寒冷地とそうでない地域の市場でエンジンに同等な機能を
もたせるためには異なったエンジンオイルを使用せざるをえない．寒冷地仕様
のエンジンオイルはコストが高い．もし，寒冷地の気温でも寒冷地以外の地域
と同等な機能をもつエンジンオイルを開発したならば，それは対策 D である．

　設計のステップは，構想設計，基本設計，詳細設計の連鎖である．したがっ
て，構想設計にとって後工程の詳細設計はお客様である．設計過程が進むに従
い，設計情報が具体化される．例えば，構想設計段階でとりあえず最適化が行わ
れたとしても，まだ仕様の一部が決定されておらず，詳細設計段階で初めて決定
されるケースもある．仕様が完全に決まる詳細設計段階で “モグラ叩き” の設計
変更を避けるために，構想設計段階において詳細設計段階で変更してもよい設
計パラメータを選択しておく必要がある (→事例 8–1)．これは対策 C である．

2.2.3　製造部門におけるばらつきの低減

　製造部門は設計情報を製品に変換することによって価値をつくりだす．した
がって，いかにして設計の期待値どおりに，ばらつきの小さい成果を市場に送
り出すか，すなわち市場に出るまでのばらつきを抑える最終プロセスである．
ただし，市場に出るまでの品質のつくり込みは一朝一夕にはできない．製造部
門の役割はプロダクツの出力だけではない．生産ライン (プロセス) を構築する
ことも生産技術部門を含めた製造部門の役割である．生産ラインの構築にはじ
まり，流動期に至るまでばらつき低減を行う．図 2.22 は統計的工程管理のライ
フサイクルの一例を示したものである．ここで，**統計的工程管理**とは，工程変
動の低減とプロセスに対する技術力の向上，およびプロセスの改善のために統
計的技法を活用することに焦点をあてた活動である．図 2.22 の斜め方向は時間
軸である．以下に統計的工程管理の各期について説明する (仁科 (2009))．

　1)　**流動準備期**：機械能力 (machine performance) の確保　　ライン編成前

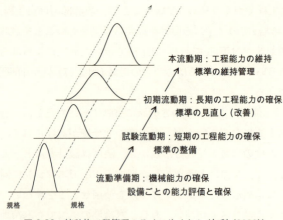

図 2.22 統計的工程管理のライフサイクル (仁科 (2009))

に，工程の 5M のうち設備 (machine) に起因する品質のばらつき (機械能力[6])を評価し，機械能力を向上させるために設備の諸条件 (設備パラメータ) の最適化を図る．

2) **試験流動期**：短期の工程能力[7]の確保　機械能力が十分な設備をライン編成し，数ロットの試験流動によって品質のばらつきを評価する．数ロットの流動による工程能力評価であるので短期の工程能力評価となる．QC 工程図，作業標準および作業指図書などを規定するとともに流動期への移行の可否を決定する．

3) **初期流動期**：長期の工程能力の確保　材料ロットの変動，オペレータによる変動や環境の長期にわたる変動を考慮した工程能力 (長期の工程能力) を把握し，工程能力の向上と早期安定化活動を進める．その過程において，必要であれば試験流動期に規定した標準類を改定する．流動期における管理標準となる "標準値" や管理手法を確定し，流動期への移行を決定する．この段階で十分な工程能力をもつ生産ラインを作り上げる．

4) **本流動期**：工程能力の維持　初期流動期に確立した工程能力を，設備の劣化，環境の変化など 5M1E の長期的変化に対して設備保全を含めた維持管理を進める．ここでの維持管理とは，初期流動期に改定，整備された標準の遵守である．

---

  6) 機械能力の一般的定義である．本書では機械能力をより広義にとらえる (→事例 9)．
  7) 工程能力とは，技術的かつ経済的に取り除くことができる結果のばらつきをすべて取り除いた後の，避けられない原因による結果のばらつきである．3.5 節で詳述する．

2.2 ものづくりのプロセスとばらつき低減の 4 つの対策　　23

統計的工程管理のライフサイクルにおいてばらつき低減の 4 つの対策を使い分ける．統計的工程管理の目標の一つは，ばらつきが小さい本流動期をできるだけ早期に実現することである．

流動準備期では，流動期 (将来) を想定したばらつき低減が必要である．すなわち，未然防止の対策である対策 D が必要とされる．流動期における工程の 5M1E の避けられないばらつきを想定し，そのばらつきを緩和する設備の条件出しを行う．ラインが編成されていないので比較的実験が容易である．アクションの対象となる要因と工程の 5M1E の避けられないばらつきをもつ要因を因子とした実験計画 (→事例 9) が有用である．

流動準備期と同様に，試験流動期においても流動期を想定したばらつき低減が必要である．試験流動期はライン編成後であることから，各工程の 5M1E の標準化を進める時期である．すなわち，市場に出るまでのばらつきの原因となる要因を定め，標準化を行う．これは対策 B が中心となる．ただし，試験流動期では，例えば，材料ロットを 2 ないし 3 ロット流すにとどまるので，短期のばらつきしか把握することができない．時間的な要因が加わると 5M1E のばらつきは大きくなるので，次の初期流動期でのばらつき低減が必要となる．標準化のなかには対策 C による適応的未然防止策，また，対策 A による流出防止策も含まれる．5M1E への変化・変更へのチェック体制などへの標準化も重要である．

初期流動期では，製品が市場に出る．また，上記にあるように時間的な要因が加わり市場に出るまでのばらつきが大きくなる．この時期では改善活動によるばらつき低減が要求される．すでに標準化された 5M1E に対して再発防止として対策 B が，また，適応的未然防止としてすでに標準化されている対策 C の見直しが実施される．すでに標準化された決まりごとの見直しをすることによって，工程能力の向上と工程の安定化を進める．

本流動期では，いわゆる維持の管理が行われる．初期流動期の最終段階で実現させた工程能力を，これまでに構築した標準化を遵守することによって維持管理 (日常管理) を進める．

4 つの対策をすべて用いる製造を対象として，4 つの対策の関係をまとめる．時系列的にみて，まず未然防止の意味から対策 D と対策 B を実施する．これらの対策を補うものが，原因に対してアクションがとれるのであれば再発防止として対策 B であり，原因に対してアクションがとれないのであれば適応的未然防止として対策 C か，あるいは，対策 A の補正である．以上の対策でも対応

できない場合，あるいは品質保証上必須の管理行為となる場合は，対策 A の選別を実施することになる．

2.3 データ解析による4つの対策の進め方

これまで述べてきた4つの対策について，それぞれの対策の進め方のポイント，進めるための要件や留意点などを解説する．キーワードとなるのが "観察データと計画データ" と "仮説生成と仮説検証" である．まず，これらのキーワードを簡単に説明しておく．(第3章と第4章におけるデータ解析の基礎においてより詳しく述べる．)

2.3.1 観察データと計画データ

データの獲得方法は2通りある．観察か実験である．観察で得たデータを観察データ，実験で得たデータを計画データ (あるいは，実験データ) という．観察データは，対象のあるがままの状態から獲得したデータであり，例えば，アンケート調査のデータや稼働中の工程からの日常データである．一方，計画データは，意図的に状態を変更して獲得したデータであり，例えば，実験室での実験結果である．

観察データと計画データでは解析のスタンスや解析結果の解釈が異なる．表2.2 は自動車の塗装工程の塗装膜厚のデータである．表 2.2(a) が観察データであり，同 (b) が計画データである．データの形式はどちらもサンプル × 変数の

表 2.2 観察データ (a) と計画データ (b) の例 (塗装工程の膜厚)

(a) 吹き付け距離	パターン幅	膜厚
40	2.0	28
40	2.5	27
35	3.3	30
28	3.5	37
30	4.8	35
28	4.0	36
⋮	⋮	⋮
34	2.5	31
37	3.5	30
23	4.7	42
35	2.0	34
30	3.9	35
28	3.5	38
30	2.9	36

(b) 吹き付け距離	パターン幅	膜厚
20	2.0	48
20	3.5	45
20	5.0	43
30	2.0	39
30	3.5	38
30	5.0	35
40	2.0	31
40	3.5	29
40	5.0	26

2.3 データ解析による 4 つの対策の進め方 25

データ行列である．観察データは，塗装ブースのオペレータが，そのときのブースの温度や湿度から吹き付けガンと自動車ボディーとの距離 (以後，吹き付け距離) とガンのノズルの調整によるパターン幅を変えている．いわゆる日常データである．一方，計画データは吹き付け距離と吹き付け幅を規則的に変えている．両ケースとも "吹き付け条件を変えている" という意味では同じ行為であるが，観察データの場合はブースの環境に準じて変えているのに対して，計画データではブースの環境とは無関係に規則的かつ意図的に変えている．観察データの解析では「結果系である膜厚がばらついている．いったい，何が原因か」という見方であるのに対し，計画データの解析では「要因の条件を意図的に変化させた．その結果，結果がどのように変わったか」という見方をする．

　問題解決の際，何が問題ですらも明確ではない場合もある．問題発見はこの段階での管理行為である．問題とは，あるべき姿と現状とのギャップである．データによってあるべき姿と現状を可視化し，その差異を発見する．その際のデータはほとんどの場合，観察データであり，そのデータ獲得のポイントは，あるべき姿と "比較ができるデータ" である．ここで，あるべき姿が演繹的に設定される場合もあれば，帰納的に設定される場合もある．演繹的とは，例えば年度方針からの方針展開によって与えられた不良の低減に対する目標値である．帰納的とは，例えばオペレーショナルな管理において，ある生産ラインのこれまでの状態をさす[8]．あるいは，中長期的に考えたとき，組織体としての "ありたい姿" からバックキャスティングをした状況と現状とのギャップを問題 (課題) として抽出する場合もある．

　問題がみえてきたならば，そしてそれが品質問題であるならば，ばらつきの (問題が発生した) 原因を探ることになる．原因がはっきりしていないので，要因のなかから原因と思われるものを絞り込むことを進めていく．その場合のデータの獲得行為は観察であり，得られたデータは観察データである．いわゆる，探偵の立場[9]で容疑者をあげて，さらに絞り込んでいく過程である．原因の疑いが強い要因 (容疑者) をあげる行為が**仮説生成**である．

　一方，要因 (容疑者) が絞り込まれたとき，あるいは絞り込まれているとき，その要因 (容疑者) が原因 (犯人) かどうか判定する行為を行う．今度は裁判官の立場で，その容疑者が有罪か無罪かの判断を下す．また，有罪であれば，罪の重さ，すなわち，その原因が結果にどの程度効いているのか (結果のばらつき

---

8) 前者を方針管理，後者を日常管理とよぶ.
9) "探偵と裁判官" の表現は奥野 (1983) による.

表 2.3 要因実験 (表 2.1(b) の書き換え：二元配置実験)

吹き付け距離＼パターン幅	2	3.5	5
20	48	45	43
30	39	38	35
40	31	29	26

対する寄与率) を求める．この場合のデータの獲得行為は実験であり，得られたデータは計画データである．このとき，有罪か無罪かの判断をする行為が**仮説検証**である．

実験はこれから生起することが想定できる原因の影響をまえもって実験室でバーチャルに実現できる．このことは，ものづくりのプロセスにおける実験の役割の重要性を示すものであり，その役割を十二分に発揮できるように実験計画を立案すべきである．

観察データと計画データの特徴をまとめておく．未然防止，あるいは適応的未然防止の対策には計画データを利用する．未然防止は将来生起する原因を対象とするので観察データを利用する場ではない．一方，再発防止策では観察データと計画データの両方を用いる．解析は圧倒的に計画データのほうが簡単である．表 2.2(b) の計画データは，表 2.3 のように書き換えることができる．このとき，表 2.3 の行平均は吹き付け距離を変えたことによる膜厚への効果であり，さらに，同じデータの列平均を計算したならば，パターン幅の効果を計算できる．このとき，意図的に条件を変えている吹き付け距離とパターン幅を "因子" とよび，その条件を "水準" とよぶ．本書では因子 A の第 i 水準を A_i と記す．またそれらの効果を**主効果**とよぶ．同じデータで 2 つの主効果が計算できる．これは 2 つの因子の計画が "直交" しているからである．表 2.2 の実験計画を 2 因子の要因実験 (二元配置実験) とよぶ．表 2.2(a) の観察データではこのような解析はできない．

2.3.2 仮説生成と仮説検証の進め方

観察データであれ計画データであれ，データをとるときは確かめたい仮説がある．仮説とは，正しいか否かを見極めたい命題のことである．ただし，混沌として仮説がまだ定かではない場合もある．観察データでは，できるだけ明確な仮説を生成する行為がデータ解析の目的となる．一般には生成する仮説は複数ある．解析の過程では，仮説の成立の確度を増すためにデータの追加を行う．

2.3 データ解析による4つの対策の進め方

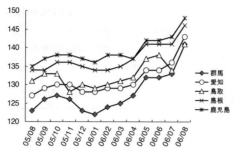

図 2.23 観察データの事例 (県別ガソリン価格)

生成した仮説をより確度の高い仮説にするためには，次に獲得すべきデータは何であるかを検討する．

ものづくりの例ではないが，わかりやすい例で観察データの解析の進め方を解説する．図 2.23 は，2005 年 8 月から 2006 年 8 月における 5 県のガソリン価格の推移を示す．このデータからガソリン価格を決めている要因を抽出したい．このときの解析プロセスを示すと

1) あるがままの状態を観察する，
2) データの挙動から何かに気づく，
3) その挙動を説明できる仮説をみつける．

図 2.23 のグラフの挙動から次の気づきがある．

a) すべての県に共通に大波のパターンがある．
b) 群馬県は価格が安い．一方，鹿児島県と島根県は価格が高い．
c) 鳥取県のみ価格低下のパターンが異なる．

これらの気づきはすべて"比較"という見方からのものである．気づきには比較が重要である．特に，c) の気づきは"鳥取県のみ"という他県との比較においてはじめて気づくことである．

上記 3 つの気づきを説明できる仮説を生成する．この行為をアブダクションという．このとき，仮説の生成は大胆であってもよい．a), b), c) の気づきを説明できる仮説をそれぞれ a′), b′), c′) とする．

a′) ドバイの原油価格がガソリン価格に影響する．
b′) 鹿児島県，島根県に共通で群馬県とは異なる何らかの特徴がガソリン価格に影響する．
c′) 2005 年 10 月から 11 月と 2006 年 6 月から 7 月に鳥取県にのみ特有な出来事がガソリン価格に影響する (もし，2 つの出来事が共通であれば，その

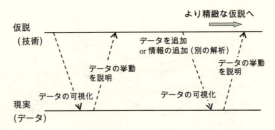

図 2.24 観察データによる仮説の確度向上のプロセス (司馬 (1987) を参考にした)

出来事が原因であるとする仮説の確度が増す).

a′) を除き，b′), c′) はかなりおぼろげな仮説である．それらの仮説をもっと明確な仮説にしたい．そのためには，さらにそれぞれの県のデータを追加することが必要となる．例えば，乗用車の保有台数，ガソリンスタンド数，ガソリンの輸送情報などである．a′) の仮説にしても，その確度を増すために同時期のドバイの原油価格のデータを追加する．すなわち，

4) 仮説の確度を高めるために新たなデータを獲得する．
5) 2) に戻る．

このような解析過程を示したのが図 2.24 である．観察データの解析は，仮説と現実 (データ) の世界を行き来しながら仮説の確度を高めていくのである．また，仮説の成立の再現性を高めるために別途データをとり，仮説の成立を確認することも必要である．

図 2.23 の事例では，県数 (サンプルサイズ) と月数 (変数の数) が少数であり，データそのものをグラフ化するだけで気づきを得ることができる．しかし，サンプルサイズと変数の数が増えた場合，図 2.23 のような可視化では対応が難しい．第 3 章で述べる多変量解析が対応策の一つとなる．

因子 A，因子 B，それぞれ 2 水準の二元配置実験を実施したとしよう．計画データを主効果だけで説明する場合，因子 A の主効果と因子 B の主効果の加えた値に実験誤差を加えたものとしてモデル化できる．しかし，実験結果を主効果だけでは説明できない場合がある．因子 A (因子 B) の効果が因子 B (因子 A) の水準によって再現しない場合がある．再現しない効果を**交互作用**，この場合，因子 A と因子 B の 2 因子交互作用といい，A × B と表記する．図 2.25 にA × B の交互作用効果の一例を示す．ただし，図の縦軸の実験結果には実験誤差を含めていない．図において，もし交互作用を無視できるならば，B_1 のときと B_2 のときの因子 A の効果は再現するので 2 本の直線は平行になる (図の破

2.3 データ解析による4つの対策の進め方

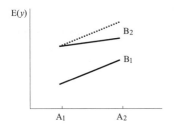

図 2.25　因子 A と因子 B の 2 因子交互作用 (A × B)

線).しかし,交互作用が無視できない場合は図 2.25 に示すように,2 本の直線は平行にならない.

　計画データの場合,主効果の存在はもちろんのこと,交互作用の存在を検証するためにどのような実験計画を立案するかが一つの焦点となる.計画データの解析結果からばらつき低減のために制御できる要因にどのようなアクションをとるのかを決定する.このとき,アクションの対象となる因子を**制御因子**とよぶ.交互作用によるアクションは,制御因子とどのような因子との間の交互作用であるかによって異なる.

　アクションのタイミングが図 2.11 のように適応的未然防止の場合,操作変数と原因となる要因との交互作用が問題となる.2.1 節で述べたように,対策 C では原因の状況ごとに制御因子の水準を決めることになる."相手 (原因の状況) によって手 (制御因子の水準) を変える[10]" ことによって結果のばらつき低減を図る.このとき,原因として実験に取り込む因子を**標示因子**という.この場合,制御因子 × 標示因子の交互作用の情報が頼りになる.

　アクションのタイミングが図 2.15 のように未然防止の場合,制御因子とこれから生起が想定される原因となる要因との交互作用が問題となる.前述したように,対策 D では原因によるばらつきが小さくなる制御因子の水準を決めることによって,将来起こりうる結果のばらつきを未然に防止する.このとき,原因として実験に取り込む因子を**誤差因子**という.この場合,制御因子 × 誤差因子の交互作用の情報が必要になる.

　制御因子 × 制御因子との交互作用が無視できない場合,2 つの制御因子間での水準の組合せのなかで水準の設定を決めることになる.要するに,2 つの制御因子の水準を組み合わせた新たな制御因子を考えることと同等である.

---

10)　圓川,宮川 (1992) の標示因子の説明の表現を引用した.

2.3.3 4つの対策の進め方

2.3.1項および2.3.2項でデータ解析の概要を解説した．ここでは，データ解析を活用して4つの対策を進めるうえでの条件，基本的な進め方，留意点などについて補足的な解説をする．

［対策A］　対策Aの選別は標準作業として一つの要素工程に含まれる行為である．人工を要する工程であるならば人件費が発生する．したがって，例えば，疵のような特性であれば画像技術による自動化が望まれる．ただし，選別できる特性は良品／不良品，有り／無しなどの判断ができる特性に限られる．選別の結果は，日常データであるので観察データである．

選別は流出防止というプロダクツへのアクションである．しかし，選別結果のデータからプロセスへのアクションに役立てることができる．その最も基本的な解析が分類である．例えば，結果の現象の種類ごとに分類[11]して発生件数を累計することである．そのとき，QC七つ道具の一つであるパレート図が役に立つ．いわゆる "vital few, trivial many" といわれる結果となることが多い．不良項目であれば，"全不良項目の約20％の項目で全体の不良件数の約80％を占めている" ということが多い．不良を低減するのであれば，全体の不良件数の80％を占める20％の不良項目に絞り込んで対策を検討することを**重点指向**という．重点指向で絞り込んだ不良項目の不良件数(あるいは不良率)の時系列データをグラフに描くことも有効である．ただし，出荷時での選別の場合，このデータから不良原因の究明までは難しい．むしろ，対策Bによるアクショ

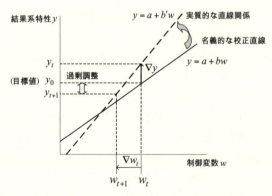

図 2.26　対策 A の補正がばらつきを生む例

---

11) 分類とは，現象の種類 (例えば不良項目) によって発生件数データを分けることであり，ある現象の有無 (ある不良項目の良品／不良品) によってデータを分けることではない．

2.3 データ解析による4つの対策の進め方

ンの効果を確認するために活用する.

2.1節で述べたように,対策Aの補正は操作変数によって特性値をできるだけ目標値に近づける行為であり,操作変数の制御量は特性値の値によって決まる標準化された管理行為である(図2.5).操作変数には特性との関係(例えば線形関係)のばらつきが小さく,かつ,他の要因との交互作用がない変数を選択すべきである.交互作用が大きいと他の要因がいつもよりばらついたとき,操作変数と特性との関係式が変化してしまう.結果として,補正によってばらつきを生んでしまうことになりかねない(図2.26参照).

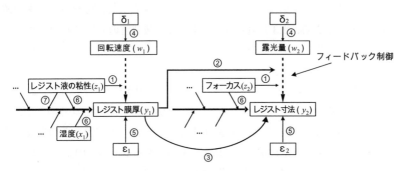

図 2.27 フォトリソグラフィ工程の特性要因図 (川村他 (2008))

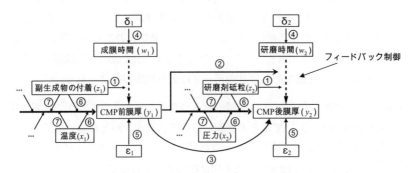

図 2.28 CMP 工程の特性要因図 (川村他 (2008))

しかし,このことをうまく利用すれば,補正をプロセスの管理にも利用できる(→事例12-1).半導体ウェハ製造工程では操作変数が入力(加工エネルギー)の場合が少なくない.図2.27のフォトリソグラフィ工程では,レジスト寸法の特性に対し,操作変数は露光量であり,図2.28のCMP工程では,残膜厚の特性に対し,操作変数は研磨時間である.露光量も研磨時間も加工工程への入力

である. すなわち, 入力側である操作変数と出力である特性の関係 (例えば, 出力／入力) をモニタリングすることによって, 加工プロセスの状態をとらえることができ, 対策Bの再発防止策につながる (→事例12–1).

[対策B]　対策Bは, 未然防止の場合と再発防止の場合がある. 対策Bによる未然防止の場合, 計画データを利用する. 将来生起すると想定されるばらつきをもつ原因を因子とし, その原因に対して想定されるばらつきの大きさを水準幅とする実験計画を利用する. 将来生起することが予想される原因の影響を把握するには実験しかない. 実験によって, 原因をどれだけのばらつきに抑えることができれば結果のばらつきをどれだけに抑えることができるか, を明確に知ることができる. 2.3.1項で述べたように, 裁判官の立場で原因 (被告人) のばらつきの影響 (罪の重さ) を測るのである. 典型的な例が2.1節であげた設計が製造に提供する公差設計である.

　一方, 対策Bの再発防止では起きてしまった原因が何かを探すことになる. このとき, 一般には観察データである. 再発防止は "問題" となる場合が "異常", すなわち "いつもと異なる状態" の問題発見からはじまり, その発見は典型的な観察データである日常データによるものである (→事例10). なぜいつもと異なるかの原因を究明し, その原因のばらつきを減らすアクションをとり, 歯止めとして標準化する. いわゆる **QCストーリー**[12] (テーマ選定, 現状の把握と目標設定, 活動計画の作成, 要因解析, 対策検討と実施, 効果の確認, 歯止め (標準化)) は, 改善活動における対策Bの再発防止の進め方の典型である. QCストーリーの "要因解析" のステップでは2.3.1項で説明した観察データの解析が実施され, 可能であれば計画データによる効果の確認を行う.

[対策C]　対策Cは, 対策Bを補うばらつき対策と考えることができる. そもそも原因がわかっていてもその原因に直接アクションがとれないのであれば対策Bは不可能であり, 対策Cが有用な方法としてクローズアップされる. ただし, 対策Cがうまく機能するためには次の条件が必要である.

1) 結果をばらつかせている原因が既知である.
2) 原因の状況をタイムリーに観察できる.
3) 原因の状態に応じて結果の分布の平均 (位置) を調整できる操作変数が存在する.
4) 操作変数の変更が容易である.

---

12)　ここでのQCストーリーは問題解決型であり, 起きてしまった問題への対応である.

2.3 データ解析による 4 つの対策の進め方 33

5) 操作変数と他の変数との交互作用が無視できる.

操作変数の変更にはコストがかかる. 対策 C は "相手 (原因) によって打つ手 (制御) を変える" ことであり, どの程度の種類の打つ手をもつべきか, すなわち, 原因の状況を何層に層別すべきかは, まさに費用対効果の問題となる. 原因の層の数を増やせば, より特性のばらつきをより小さくできるが, よりコスト高になる. 条件 2) の対象となる原因が何かによって, 測定の頻度や要求精度は変わる. 原因が市場ニーズのばらつきであれば, 調査 (測定) の頻度を高めることよりは, 精度良く調査することに注力する. 原因が材料のある特性のばらつきであれば, 高い精度とタイムリーな測定結果が必要とされる. 測定の頻度はロットサイズに依存することになる. ただし, 対策 C は層間 (例えば, マーケットセグメント, 材料ロットなど) のばらつきには対応できるが, 層内のばらつきには対応できない.

操作変数の選択には, 操作変数の主効果と操作変数が絡む交互作用との 2 つの検討が必要である. まず, 特性との関係がシンプル (できるだけ 1 次の関係) であること, さらに, 他の主な変数との交互作用が無視できることが条件となる. 操作変数がこの条件を満たす変数であることを実験で確認する. 前者は調整作業が簡単であることにつながり, 後者は調整が最適条件に影響を与えることを避けるためである. 他の変数と交互作用が大きい変数を操作変数として変更すると最適条件が影響を受ける可能性がある. 要するに, "モグラ叩き" に陥ることを回避したいのである.

対策 C の場合, 対策 A の補正と同様に, 操作変数と特性値間の関係をモニタリングすることによってプロセス (市場であれば, 購買に至るメカニズム) を管理することができる.

[対策 D] 　対策 D はタグチメソッドのロバスト設計である. ここでは対策の進め方の概要を示す[13].

2.1 節で対策 D は原因が外乱の場合と内乱の場合があることを述べた. 外乱の場合, 2.3.1 項で説明した制御因子と誤差因子との交互作用がキーワードとなる. 基本的な手順は以下のとおりである. タグチメソッドでは, これを **2 ステップ法**という (→事例 8–2).

1) 外乱として想定できる要因を絞り込む.
2) 制御因子を外乱の因子 (誤差因子) と交互作用をもつ因子ともたない因子

---

13) 詳細はタグチメソッドの専門書 (例えば, 立林 (2004), 宮川 (2000)) を参照されたい.

とに分類を解析目的とした実験計画をたてる.

3) 制御因子 × 誤差因子の交互作用のパターンを解析する.

4) 外乱によるばらつきが小さくなる制御因子の水準を決める.

5) 誤差因子との交互作用が無視できる制御因子の水準を調整して結果の平均値を目標値にあわせる.

外乱への対応例として,1953 年に実施された伊奈製陶 (現 LIXIL) の歴史的な実験がある.当時,伊奈製陶はイタリアからタイルの焼成のためのトンネル窯を購入した.最先端の設備であったが,窯内の焼成温度を均一にする技術に乏しく,焼成後のタイルの寸法にばらつきが発生した.ばらつき低減に取り組み,次のような実験を行った.制御因子としてタイルの成分を,そして,誤差因子として貨車でのタイルの位置を取り上げた実験を行い,タイルの位置との交互作用があるタイルの成分をみつけた.ここで,タイルの位置は不均一な窯内温度の違いを代用する誤差因子である.すなわち,窯内温度のばらつきに対して,タイル寸法が影響を受け難いタイルの成分の含有量をみつけることができたのである.

次に,原因が内乱の場合を説明する.内乱とは,結果のばらつきに効いている制御因子の水準が市場でばらつく (例えば,劣化する) ことである.ここで,問題となるのは制御因子の主効果の 1 次成分である.例えば,主効果のほとんどが 1 次成分であったとき,制御因子のばらつきはそのまま結果のばらつきにつながる.2.1 節で述べたように,2 次成分が無視できないとき,制御因子の最適化を図ることによって,図 2.17 にあるように制御因子がばらついても結果のばらつきには効かない.すなわち,内乱によるばらつき低減のためには,主効果のパターンを検討できる実験計画と解析が必要である.

2.4 4つの対策からみたばらつき退治のこれから

これからの環境下での "ばらつき退治" について考えよう."これからの環境下" に関するキーワードは "品質情報のトレーサビリティ" と "原因から結果への因果モデル" である.IT 技術の進歩,さらには 3D 計測や画像処理に代表される計測技術の進歩は,多岐にわたる大量かつ多様化した情報 (高次元データ,ビッグデータ) が高速に入手できる環境変化を生んだ.いわゆる IoT である.品質管理において IoT をいかに利用するかを考えたとき,上記の 2 つのキーワードが浮かび上がってくる.因果モデルを構築するにはトレーサビリティのある

情報が必要である．IoT 環境下では，これまで以上にトレーサビリティのある
データが利用できる．ただし，ビッグデータから因果情報を抽出することは簡
単ではない．高次元データの解析では変数の超過多がネックとなる．まず，変
数の絞り込みをしなければ，因果を紐解くことはできない．一方，実験は因果
効果の推定にはパワフルである．これまでは "観察データの解析から計画デー
タの解析へ" という解析のプロセスであった．実験からの情報がないと高次元
データの変数の絞り込みは難しいと思われる．

　以降，4 つの対策の視点から，"これからのばらつき退治" を考える．

[対策 A の選別]　製造における全数検査について考える．これからの画像処
理技術の発展が選別の精度向上を促進させる．5M1E の変化点の情報を検査に
フィードフォワードすることによって，その要因の変化点に対応して適応的に
検査項目の重点化や閾値を調整できるシステムが重要になってくる．5M1E の
変化点情報は，一種の要因への介入であり，その介入に対する結果である検査
項目の変化を積極的に観察すべきである．

　検査結果のフィードバックを必要とする場合もあるが，一般には検査項目は
総合特性であるので，その情報を改善に活かすには，別個に検査項目をモニタ
リングしていたのでは難しい．結果をみて原因を探る解析スタンスよりも，要
因が変わったことによる結果への影響は？ という視点が必要である．

[対策 A の補正]　フィードバック制御について考える．フィードバック制御
のしくみは 2.1 節ですでに述べた．入力側の操作変数と出力側の特性との関係
をモニタリングすることは，一見，観察データの獲得のようにみえるが，工程の
パラメータを "変えている" のであり，一種の介入行為である．したがって，操
作変数を入力，特性を出力とした入力–出力関係をモニタリングすることが考え
られる．これは，フィードバック制御そのもののモニタリングであるばかりで
なく，プロセスそのものの管理にもつながる可能性がある．入力–出力関係のモ
ニタリングであるので，多品種混合ラインでも対応可能である (→事例 12–1)．

[対策 B]　対策 B のあり方も変わりつつある．前述した IT 技術の進歩，さら
には，3D 計測や画像処理に代表される計測技術の進歩によって，どんな形状で
も無限次元的に測ることができる時代が到来したといっても過言ではない．し
かし，原因を追究し因果を推論し，その原因のばらつきを抑制することによって
どのような効果があるのかを把握することは，このような環境下においても重
要である．IT 技術の発展は，トレーサビリティのあるデータ獲得への貢献が大

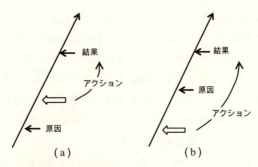

図 2.29　これまでの対策 C (a) とこれからの対策 C (b)

きい．とはいえ，高次元データでは，その変数の選択が問題となる．計画データの重要性が増すと思われる．実験計画は，ビッグデータの時代であっても不可欠なツールである．

[対策 C と対策 D]　ビッグデータの獲得／解析による予測技術の向上は，対策 C のアクションのタイミングを，図 2.29(a) に加え，図 (b) のパターンを可能にする．図 (b) はアクションのタイミングだけからみれば対策 D と同じである．対策 C は対策 B を補うものであることを 2.1 節で述べた．予測技術の向上によって，対策 C は対策 D をも補うものとなる．原因の状況を知ったうえで適応的に，かつ事前に結果を調整するのが対策 C である．原因の状況を予測でき予測精度が高いならば，対策 C は対策 D を補う対策となりうる．予測によって原因の状況が時間的に早くわかるだけに，調整方法の選択肢も増え，調整のためのコスト低減が可能となる．調整のためのコストが無視できる状況であれば，図 (b) がアクションのタイミングとなる対策 C は予測適応的未然防止ということができ，対策 D を補う対策となる．

演 習 問 題

2.1　本章で述べる "ばらつきを抑える 4 つの対策" のそれぞれの特徴を整理せよ．
2.2　表 2.1 を参考にして，企画段階，設計段階，製造段階で 4 つの対策の具体例を考えよ．
2.3　観察データと計画データの特徴を整理せよ．
2.4　問題解決に際して，観察データと計画データを使った具体例を考えよ．
2.5　IoT の時代を想定して，4 つの対策の発展型を考案せよ．
2.6　交互作用の情報をどのように改善へ結びつけられるかを議論せよ．

2.4 4つの対策からみたばらつき退治のこれから

参 考 文 献

- ・立林和夫 (2004)：入門タグチメソッド，日科技連.
- ・宮川雅巳 (2000)：品質を獲得する技術，日科技連.
- ・仁科健 (2009)：統計的工程管理，朝倉書店.
- ・Kackar, R.N. (1985)：Off-Line Quality Control, Parameter Design, and the Taguchi Method, *Journal of Quality Technology*, Vol.17, No.4, 176–209.
- ・大藤正 (2010)：QFD—企画段階から質保証を実現する具体的方法，日本規格協会.
- ・片平秀貴 (1987)：マーケティング・サイエンス，東京大学出版会.
- ・(社) 日本品質学会中部支部産学連携研究会編 (2010)：開発・設計における "Q の確保"，日本規格協会
- ・奥野忠一 (1983)：SQC を見直そう，品質，Vol.13, No.1, 23–27.
- ・圓川隆夫，宮川雅巳 (1992)：SQC 理論と実際，朝倉書店.
- ・司馬正次 (1987)：言語情報の解析，品質，Vol.17, No.4, 65–67.
- ・川村大伸，仁科健，東出政信，嶋津康治 (2008)：半導体ウェハ処理工程における SPC と APC の融合，品質，Vol.38, No.3, 99–107.

Part II

データ解析の基礎

3 章

観察データの解析手法

3.1 観察データの解析手法の概要

2.3.1 項で，観察データの解析のスタンスは仮説生成であることを述べた．効率的かつ効果的に仮説生成を行うためには，観察データの獲得でのポイントは"比較"であることも述べた．ここではデータ獲得後の解析において仮説生成に役立つ解析手法について解説する．

仮説生成のために解析の役割は，データの可視化とモデル化である．前者はサンプルの視点からの解析であり，後者は変数の視点からの解析となる．表 3.1 は，88 名の学生の数学 5 教科の試験結果 (Mardia *et al.*(1980)) である．読者がこのクラスの担任であるならば，まず，88 名の生徒の成績を知りたいであろう．すなわち，サンプルの視点からの解析に興味をもつであろう．例えば，一人の転校生 A 君が気になるとすれば，A 君がクラスのなかでどのようなポジションであるのかを知りたい．88 名の学生の成績を可視化して A 君のポジションを確かめることになる．一方，読者が出題を担当した数学の教師であれば，数学 5 教科の各科目の成績結果を知りたいであろう．例えば，「力学の出来は代数学に比べてどうだろうか?」を知りたい．この場合は変数の視点からの解析となる．

表 3.1 のようなサンプル × 変数の観察データにおいて，サンプルの視点からの解析では，主成分分析と対応分析について解説する (3.3 節)．解析の目的はサンプルの可視化である．可視化されたサンプルの布置から仮説を生成する (→事例 5，事例 7–1)．品質管理に限ったことではないが，特に，品質管理では"層別"が要因解析の要となる．サンプルの可視化は層の情報源となる．

変数の視点からの解析では，変数のモデル化の手法である回帰分析について解説する (3.4 節)．回帰分析の主な用途は予測と要因解析であるが，品質管理での用途は主に要因解析である．本章では，回帰分析を要因解析につながる因果分析に利用することを強調する (→事例 6，事例 10)．

3.5 節では記述統計と推測統計について解説する．3.2 節から 3.4 節では記述

3.2 観察データの要約と可視化の基礎　　　　　　　　　　　　　　　　　41

表 3.1　数学 5 教科の試験結果 (Mardia *et al.*(1980))

学生 i \ 教科 j	力 学 x_1	ベクトル解析 x_2	代数学 x_3	解析学 x_4	統計学 x_5	行平均
1	77	82	67	67	81	74.8
2	63	78	80	70	81	74.4
3	75	73	71	66	81	73.2
4	55	72	63	70	68	65.6
5	63	63	65	70	63	64.8
6	53	61	72	64	73	64.6
7	51	67	65	65	68	63.2
8	59	70	68	62	56	63.0
9	62	60	58	62	70	62.4
10	64	72	60	62	45	60.6
⋮	⋮	⋮				⋮
85	5	30	44	36	18	26.6
86	12	30	32	35	21	26.0
87	5	26	15	20	20	17.2
88	0	40	21	9	14	16.8
列平均	38.95	50.59	50.60	46.68	42.31	
標準偏差	17.49	13.15	10.62	14.85	17.26	

統計と推測統計の違いをほとんど意識していない．3.5 節ではそれらの違いを工程変動 (process performance) と工程能力 (process capability) を例に説明する．また，品質管理における統計的検定の考え方の一端を述べる．3.6 節では，モニタリングによって得た観察データから，工程の "いつもの状態" の可視化 (管理図) について述べる (→事例 11–1, 11–2).

3.2　観察データの要約と可視化の基礎

観察データの解析の要約における基本は，サンプルあるいは変数の位置情報とばらつき情報であり，変数間の関係として共分散と相関係数である．表 3.1 のデータを数値例として用いる．x_1 が力学，x_2 がベクトル解析，x_3 が代数学，x_4 が解析学，x_5 が統計学であり，試験の点数であるので変数の単位は同じである[1].

表 3.1 はサンプル × 変数のデータ行列であり，サンプル $i\,(=1, 2, \cdots, n)$，変数 $j\,(=1, 2, \cdots, p)$ のデータを y_{ij} とする．サンプル i の平均 (行平均) $\bar{y}_{i.}$ と変数 j の平均 (列平均) $\bar{y}_{.j}$ は，それぞれ

---

1)　数学 5 教科に関する説明は，変数の単位が同じ場合を想定していることに注意．一般には変数の単位が異なる．その場合は列中心化のみ意味がある．行中心化と二重中心化は意味がない．

$$\bar{y}_{i\cdot} = \frac{\sum_{j=1}^{p} y_{ij}}{p}, \qquad \bar{y}_{\cdot j} = \frac{\sum_{i=1}^{n} y_{ij}}{n}$$

となる．行平均と列平均の計算結果を表 3.1 に示しておく．総平均 $\bar{y}_{\cdot\cdot}$ は

$$\bar{y}_{\cdot\cdot} = \frac{\sum_{i=1}^{n} \sum_{j=1}^{p} y_{ij}}{np}$$

であり，サンプル i のバイアス a_i と変数 j のバイアス b_j は

$$a_i = \bar{y}_{i\cdot} - \bar{y}_{\cdot\cdot}, \qquad b_j = \bar{y}_{\cdot j} - \bar{y}_{\cdot\cdot}$$

となる．前述したように，読者がクラス担任であったならばサンプルのバイアス a_i により興味があるし，数学担当の教師であったならば変数のバイアス b_j により興味があるであろう．このように，平均値は位置情報をもつ要約値である．

ちなみに，データからそのサンプルの平均値を引く変換

$$y_{ij} - \bar{y}_{i\cdot}$$

を**行中心化**といい，データから変数の平均値を引く変換

$$y_{ij} - \bar{y}_{\cdot j}$$

を**列中心化**という．行中心化はデータからサンプルのバイアスを取り除く変換であり，列中心化は変数のバイアスを取り除く変換である．また，データから各サンプルのバイアス，各変数のバイアスと総平均を引く変換

$$y_{ij} - a_i - b_j - \bar{y}_{\cdot\cdot} = y_{ij} - \bar{y}_{i\cdot} - \bar{y}_{\cdot j} + \bar{y}_{\cdot\cdot}$$

を**二重中心化**という．二重中心化後のデータは各サンプルが各変数に対して固有にもつスコアを意味する．

代表的なばらつきの要約値は分散 s^2 と標準偏差 s である．表 3.1 の変数 j の分散 s_j^2 と標準偏差 s_j は，それぞれ

$$s_j^2 = \frac{\sum_{i=1}^{n} (y_{ij} - \bar{y}_{\cdot j})^2}{n-1}, \qquad s_j = \sqrt{\frac{\sum_{i=1}^{n} (y_{ij} - \bar{y}_{\cdot j})^2}{n-1}}$$

である．分散 s_j^2 はもとのデータの 2 乗の単位となる．このため，平均値と一緒に扱えるのは分散ではなく，標準偏差 s_j である．表 3.1 の 5 つの変数の標準偏差を表に示す．標準偏差が大きい力学や統計学は，標準偏差が小さい代数学に

3.2 観察データの要約と可視化の基礎

比べてサンプルの情報を多くもつ．この場合で情報を多くもつとは，88名の学生の成績を分別する機能がより高い科目であることを意味する．

分散の分子

$$\sum_{i=1}^{n}(y_{ij} - \bar{y}_{\cdot j})^2 \tag{3.1}$$

を偏差平方和という．"偏差"を省略して平方和ということが多い．分散の分母を平方和の自由度という．自由度とは，データ数から対象となる平方和を構成する要素がもつ制約式の数を引いたものである．(3.1) 式の平方和の場合

$$\sum_{i=1}^{n}(y_{ij} - \bar{y}_{\cdot j}) = 0$$

の制約式を1つもつので，自由度は $n-1$ となる．

表 3.1 のデータを変数ごとにヒストグラムに表す (図 3.1)．ヒストグラムはデータを可視化する最も一般的な手法である．ヒストグラムがもつ位置の情報を平均値で，ばらつきの情報を標準偏差で要約できる．図 3.1 のヒストグラムのように単峰でほぼ左右対称であれば，平均値と標準偏差でほぼ5教科のヒストグラムの違いを要約できている．しかし，ヒストグラムの形状の違いまでは要約することができない．分布が右に裾をひいている (右に歪む) か，左に裾をひいている (左に歪む) か，また，その程度を要約するには歪度，また，分布の両裾の重さの程度を要約するには尖度がある．

変数の数が複数の場合，それぞれの変数の平均値とばらつきに関する要約に加えて，変数間の関係を要約する情報が必要となる．その一つが相関係数である．図 3.2 に，表 3.1 のデータの散布図行列と相関係数行列を示す．散布図の楕円は2次元正規分布を仮定したときの95％確率楕円[2]) を示す．楕円の膨ら

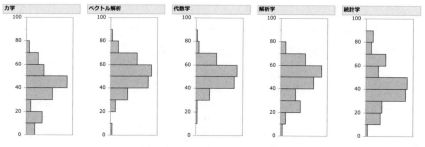

図 3.1　表 3.1 のデータのヒストグラム

---
2) 2次元正規分布を仮定したとき楕円外の確率が5％になる．

	力学	ベクトル解析	代数学	解析学	統計学
力学	1.000				
ベクトル解析	0.553	1.000			
代数学	0.547	0.610	1.000		
解析学	0.409	0.485	0.711	1.000	
統計学	0.389	0.436	0.665	0.607	1.000

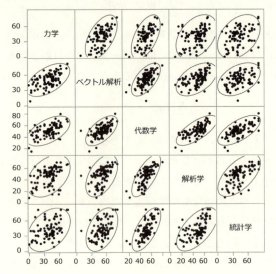

図 3.2　表 3.1 のデータの相関係数行列と散布図行列

みと相関係数とを比較すると，相関係数は楕円の膨らみ具合の指標であることに気づく．しかし，縦軸と横軸の目盛りの単位が規準化されていないと膨らみ具合はいかようにも変わる．そこで，2つの変数の単位が異なっても差し支えないように，2つの変数には次の**規準化**を施しておく．

$$u_{ij} = \frac{y_{ij} - \bar{y}_{\cdot j}}{s_j}$$

規準化後の u_{ij} の平均は 0，標準偏差は 1 となる．規準化後の積和を平均化した要約量が変数 j と変数 k の相関係数 r_{jk} である．

$$r_{jk} = \left(\sum_{i=1}^{n} u_{ij} u_{ik} \right) \bigg/ (n-1)$$

$$= \sum_{i=1}^{n} \frac{y_{ij} - \bar{y}_{\cdot j}}{s_j} \frac{y_{ik} - \bar{y}_{\cdot k}}{s_k} \bigg/ (n-1)$$

相関係数は規準化後の要約値であるので，平均値とばらつきの情報は含まれていない．変数間の関係にばらつきの情報を含めたいのであれば中心化のみを

3.2 観察データの要約と可視化の基礎   45

施したうえで

$$s_{jk} = \frac{\sum_{i=1}^{n}(y_{ij} - \bar{y}_{\cdot j})(y_{ik} - \bar{y}_{\cdot k})}{n-1}$$

を求める. s_{jk} を変数 j と変数 k の**共分散**という.

相関係数は 2 つの変数の類似性を表す要約量である. 挙動が似ているという気づきを与えるのが相関係数である. 解析者は次に, その気づきを説明する仮説を考える. ある 2 つの変数間に似た挙動に気づいたとするならば, その背後にどのような因果関係があるのかを探る. ただし, 相関の背後にある因果関係は単純であるとは限らない.

表 3.2 は, 駅前に店舗を構えるコンビニエンスストアの売り上げに関するデータである[3]. 変数は最寄りの駅の乗降客数 x_1, 間口の広さ x_2, 品目数 x_3 および売上高 y である. いま, 図 3.3 の因果モデルが成立していると仮定しよう. 矢線は原因から結果への因果を表す. 変数間の因果を矢線で示した図を**因果ダイアグラム**という. (図 3.3 の因果モデルの妥当性に関しては 3.4.2 項で解説す

表 3.2   コンビニエンスストアの売り上げに関するデータ

店舗 No.	乗降客数 (百人／日) x_1	間口の広さ (メートル) x_2	品目数 x_3	売上高 (万円／月) y
1	161	3.8	145	302
2	176	4.1	289	406
3	282	3.7	150	412
4	168	4.1	135	375
5	221	3.7	122	321
6	128	5.8	165	280
7	108	7.5	313	360
8	179	6.9	301	394
9	190	4.7	153	336
10	139	5.5	214	323
11	190	6.9	296	401
12	152	5.3	207	333
13	254	5.0	229	409
14	130	4.5	185	295
15	174	4.7	191	312
16	107	7.1	301	356
17	279	3.6	141	384
18	290	3.8	171	421
19	153	6.3	230	330
20	99	5.4	196	271
21	149	6.4	225	343
22	202	6.5	224	356
23	217	4.2	188	371
24	188	4.1	208	336
25	105	6.4	295	365
26	271	3.8	147	397

---

3) 本多, 島田 (1977) を参考にした.

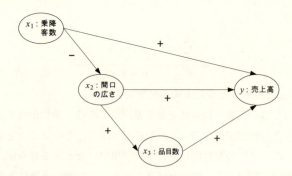

図 3.3 コンビニエンスストアの売り上げに関する因果ダイアグラム

る．) 間口 x_2 と売上高 y との相関係数は x_2 から y への**直接効果**と，x_2 から x_3 を経由して y への**間接効果**と，x_2 から x_1 を経由して y への擬似効果に分解できる．これは相関の分解であり，因果分析である．

コンビニエンスストアの数値例で相関係数 $r_{x_2y}(=-0.0864)$ の分解を確認する．$\hat{y}'$, x_1', x_2', x_3' はそれぞれの変数を規準化している．回帰式

$$\hat{y}' = 0.9378 x_1' - 0.1398 x_2' + 0.7971 x_3'$$

の偏回帰係数と相関係数の値

$$r_{x_1x_2} = -0.6184, \quad r_{x_2x_3} = 0.7946$$

から，相関係数 r_{x_2y} は次のように (左辺第 1 項が直接効果，第 2 項が擬似効果，第 3 項が間接効果) 分解できることが確認できる．

$$r_{x_2y} = -0.1398 + 0.9378 \times (-0.6184) + 0.7971 \times 0.7946$$
$$= -0.0864$$

Wright(1934) は，相関の分解に関する 3 つの教示を与えている．そのうちの一つである「パスが矢線に沿って前進していった後では，それと異なる矢線を逆行することはできない」が因果関係の探索に有用である．例えば，図 3.3 において相関係数 $r_{x_1x_2}$ は x_1 と x_2 の直接効果のみからなり，$x_1 \to y \to x_2$ の分解はない．すなわち，Wright の教示は，合流 $(x_1 \to y \leftarrow x_2)$ には相関が発生しないことを指摘したものである．

3.3 多次元データのサンプルの可視化

3.3.1 主成分分析

　読者が表 3.1 の学生 (サンプル) のクラス担任であったならば，88 名の学生の情報を得たいであろう．おそらく，担任の先生は，まず行平均 (個々の生徒の平均点)

$$z_{i1} = \frac{\sum_{j=1}^{5} y_{ij}}{5} = \frac{y_{i1}}{5} + \frac{y_{i2}}{5} + \cdots + \frac{y_{i5}}{5}$$

を計算するであろう．この計算は 5 次元のデータを 1 次元に縮約することを意味する．縮約のメカニズムは線形和である．もし，A 君と B 君の平均値が同じであるとき，二人を区別するには，1/5 ではなく別のウェイトによる線形和を計算すればよい．例えば，力学，ベクトル解析系科目が得意か，解析学，統計学系が得意かを調べたいのであれば

$$z_{i2} = \frac{y_{i1}}{4} + \frac{y_{i2}}{4} - \frac{y_{i4}}{4} - \frac{y_{i5}}{4}$$

の線形和を計算する．これで 5 次元のデータを 2 次元に縮約したことになる．(z_{i1}, z_{i2}) の 2 次元データの散布図を描いたならば，1 つの図で 88 名の生徒の 2 次元上でのポジショニングが可能である．ただし，縮約することは情報を捨てることになる．すなわち，情報を捨てることを犠牲にして 2 次元データというサンプルの可視化を得たことになる．

　そこで，できるだけ捨てる情報量を少なくして次元を縮約することが求められる．逆にいえば，できるだけ多い情報をもつように次元を縮約したい．変数の数を p とすると，そのために線形和の合成変数 z_{ik} を

$$z_{ik} = w_{k1}u_{i1} + w_{k2}u_{i2} + \cdots + w_{kp}u_{ip} \quad (k = 1, 2, \cdots, m \ (< p)) \quad (3.2)$$

とし，

$$w_{k1}^2 + w_{k2}^2 + \cdots + w_{kp}^2 = 1$$

の条件の下，z_k の分散が最大となるように w_{kj} を決める．ここで，u_{ij} は第 j 変数を規準化したものである．また，合成変数 z_k は互いに相関係数が 0 になるように w_{kj} を決める．合成変数間に重複する情報を含まないように合成変数間の相関を 0 にする．これが**主成分分析**である．

　主成分分析の解法は

$$\boldsymbol{R}\boldsymbol{w}_k = \lambda_k \boldsymbol{w}_k$$

の相関係数行列 R の固有値 λ_k, 固有ベクトル w_k を解く固有値問題に帰着する. ここで, 固有値 λ_k は合成変数の分散であり, 合成変数がもつ情報量を示している. また, 合成変数と各変数との相関係数の二乗和となる. (3.2) 式の合成変数を**主成分スコア**とよび, w_k の要素を**重み係数**という. 固有値が大きいということは対応する成分が情報をより多くもっていることを意味する. したがって, 固有値の大きい成分から順に第 m 変数の合成変数までを抽出し, 次元の縮約を図る.

(3.2) 式はデータを規準化したうえでの解析である. 表 3.1 のデータであれば変数の単位が同じである. このような場合, 規準化ではなく, データを中心化したうえで解析することも多い. この場合, 相関係数行列の固有値問題ではなく, 分散共分散行列の固有値問題に帰着する (→事例 7–1, 事例 12–2). 各変数のばらつきの違いを考慮した次元の縮約をするのであれば, 分散共分散の固有値問題を解くことになる. また, あらかじめサンプルのバイアスをデータから削除したうえで, すなわち行中心化を施したうえで次元の縮約を行う場合もある (→事例 12–2). 固有値問題の対象となる行列を**出発行列**とよぶこととする.

3.3.2 主成分分析の数値例

表 3.1 のデータに対して主成分分析を試みる. 出発行列を相関係数行列とする場合と分散共分散行列とする場合を行ってみる.

相関係数行列を出発行列とした場合の固有値, 固有ベクトルを表 3.3 に示す. 主成分をいくつまでにするかについては, 1 枚の散布図に落とし込めることか

表 3.3 表 3.1 のデータの主成分分析の出力 (固有値, 固有ベクトル)(出発行列は相関係数行列)

番号	固有値	寄与率	累積寄与率
1	3.181	63.620	63.620
2	0.740	14.791	78.411
3	0.445	8.899	87.310
4	0.388	7.758	95.068
5	0.247	4.932	100.000

	固有ベクトル				
	主成分 1	主成分 2	主成分 3	主成分 4	主成分 5
力 学	0.3996	0.6455	0.6208	−0.1458	0.1307
ベクトル解析	0.4314	0.4415	−0.7050	0.2981	0.1818
代数学	0.5033	−0.1291	−0.0371	−0.1086	−0.8467
解析学	0.4570	−0.3879	−0.1362	−0.6663	0.4222
統計学	0.4382	−0.4705	0.3125	0.6589	0.2340

3.3 多次元データのサンプルの可視化　　　　　　　　　　　　　　49

ら，まずは第 2 主成分までとすることを奨める．表 3.1 のデータの場合，第 2
主成分までで寄与率が 78.4 ％である．出発行列が相関係数行列であり，データ
を規準化している．5 次元のデータであるので，もとデータは 5.0 の情報量を
もつ．固有値はスコアの分散であるので，第 1 主成分は 3.18 の情報量を，第 2
主成分は 0.745 の情報量をもっている．また，主成分スコアは互いに無相関 (情
報に重複がない) である．したがって，第 2 主成分までの**寄与率**は

$$\frac{3.18 + 0.74}{5} = 0.784$$

となる．5 変数のデータを 2 次元で可視化するならば平均して 2/5 の情報をも
つことになるので，主成分分析はその倍の情報を残す縮約を可能にしたことに
なる．

表 3.4　表 3.1 のデータの主成分分析の出力 (因子負荷量行列)

	因子負荷量				
	主成分 1	主成分 2	主成分 3	主成分 4	主成分 5
力　学	0.7127	0.5551	0.4141	−0.0908	0.0649
ベクトル解析	0.7695	0.3797	−0.4703	0.1857	0.0903
代数学	0.8976	−0.1110	−0.0247	−0.0676	−0.4205
解析学	0.8151	−0.3336	−0.0908	−0.4150	0.2097
統計学	0.7816	−0.4046	0.2085	0.4104	0.1162

表 3.4 に，合成変数 z_k ともとの変数 x_j との相関係数 r_{jk} を示す．これを**因
子負荷量**とよぶ．出発行列が相関係数行列の場合，各主成分の因子負荷量の二
乗和

$$\sum_{j=1}^{p} r_{jk}^2$$

は各主成分スコアの分散，すなわち，固有値となり，その平均

$$\sum_{j=1}^{p} r_{jk}^2 \Big/ p$$

は第 k 主成分の寄与率を表す．

　主成分分析の出力で最も可視化の情報が多いのは**バイプロット**である．図 3.4
は，変数の因子負荷量ベクトルと主成分スコアを同時にプロット (バイプロッ
ト) したものである．座標の原点は各変数の平均値であることに注意して，各
サンプルの座標から各変数の因子負荷量ベクトル方向に射影することによって，
各変数の値を近似させることができる．

　分散共分散行列を出発行列とした主成分分析の結果を示す．表 3.5 に固有値，

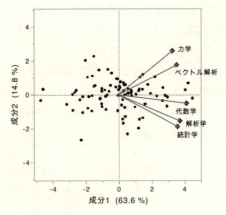

図 3.4　表 3.1 のデータの主成分分析の出力 (バイプロット)

表 3.5　表 3.1 のデータの主成分分析の出力 (固有値, 固有ベクトル)(出発行列は分散共分散行列)

番号	固有値	寄与率	累積寄与率
1	686.9898	61.9120	61.9120
2	202.1111	18.2140	80.1260
3	103.7473	9.3500	89.4750
4	84.6304	7.6270	97.1020
5	32.1533	2.8980	100.0000

	固有ベクトル				
	主成分 1	主成分 2	主成分 3	主成分 4	主成分 5
力　学	0.5055	0.7488	−0.2998	−0.2962	−0.0794
ベクトル解析	0.3684	0.2074	0.4156	0.7829	−0.1889
代数学	0.3457	−0.0759	0.1453	0.0032	0.9239
解析学	0.4511	−0.3009	0.5966	−0.5181	−0.2855
統計学	0.5347	−0.5478	−0.6003	0.1757	−0.1512

固有ベクトルを示す．分散共分散行列には各変数のばらつきの情報は保持されている．したがって，出発行列が相関係数の場合と比較して，分散のより大きい力学，統計学の重み係数の絶対値がより大きい．各科目の評価の分別力を活かすのであれば，分散共分散行列を出発行列にするのがよい．

　この数値例の場合，サンプルのバイアスは生徒の平均点として多くの情報をもつことがわかっている．そこで，サンプルのバイアス情報をあらかじめ削除した，すなわち，行中心化を施したデータの分散共分散行列から主成分分析を試みる．表 3.6 に固有値と固有ベクトルを示す．行中心化により分散共分散行列はランク落ちしているので，主成分は 4 つ求まる．表 3.6 は，表 3.5 の第 2 主

3.3 多次元データのサンプルの可視化

表 3.6 表 3.1 の行中心化データの主成分分析の出力 (固有値，固有ベクトル)(出発行列は分散共分散行列)

番号	固有値	寄与率	累積寄与率
1	202.2232	46.0260	46.0260
2	113.0499	25.7300	71.7560
3	86.5927	19.7080	91.4640
4	37.5033	8.5360	100.0000

	固有ベクトル			
	主成分 1	主成分 2	主成分 3	主成分 4
力学	0.7360	−0.4293	−0.2622	0.0729
ベクトル解析	0.2079	0.4752	0.6564	0.3164
代数学	−0.0759	0.1834	0.0069	−0.8721
解析学	−0.3062	0.4001	−0.6588	0.3350
統計学	−0.5618	−0.6294	0.2576	0.1479

成分以降がほとんど再現していることがわかる．データの大きさよりもパターンを解析したいとき，この方法は役に立つ (→事例 12–2)．

表 3.2 の駅前コンビニエンスストアの売上高関連データを数値例として用い，主成分分析の出力について解説する．変数名を再び書いておく．最寄りの駅の乗降客数 x_1，間口の広さ x_2，品目数 x_3 および売上高 y である．解析目的は 26 店舗の分類である．

図 3.5 に，主成分分析結果であるバイプロットを示す．表 3.2 のデータは単位が異なるので出発行列は相関係数行列である．2 次元への縮約で寄与率は 93.4 ％である．図 3.5 から 26 店舗を分類できる．例えば，店舗 3, 17, 18, 26 は

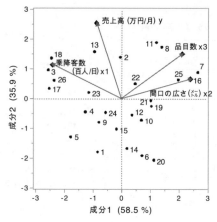

図 3.5 表 3.2 のデータの主成分分析の出力 (バイプロット)

乗降客数が多く，売上高が高い．その真逆な店舗が 6, 14, 20 である．また，因子負荷量ベクトルの方向から売上高と乗降客数，間口の広さと品目数に正の相関が高いことがわかる．ここで注意すべきは，図 3.5 の因子負荷量ベクトルは変数間の相関関係を可視化したものであり，因果を示しているわけではないことである．例えば，売上高と品目数はそれほど高い相関ではない．かといって，品目数は売上高の原因ではないとはいえない．主成分分析の第一義の目的は，サンプルの可視化である．

3.3.3 対応分析の概要

観察データの典型であるアンケート調査は質的データであることが多い．簡単なアンケート調査の数値例を対応分析[4]で解析する．データ解析の目的は，これまでと同様にデータの要約と可視化である．データは回答者 9 名，質問項目 A, B, C の 3 項目で項目 A の選択肢が 3 つ，項目 B と C は 2 つの選択肢である．質的データのデータ形式にはカテゴリ型とアイテム・カテゴリ型がある．それぞれを表 3.7 と表 3.8 に示す．表 3.9 に表 3.7 のクロス集計を示す．カテゴリ型のクロス集計 (表 3.7 のクロス集計) を**多重クロス表**あるいはバート表という．

多重クロス表に示されるように，質的データは頻度として要約される．クロス集計はデータの要約の一つである．アンケート調査のように，元来テキストデータからアンケート項目や回答者を数量化し可視化したい．そのための手法

表 3.7 質的データ (カテゴリ型) の例

アイテム サンプル	a	b	c
1	1	1	1
2	3	1	1
3	2	1	2
4	1	2	1
5	2	2	2
6	3	1	2
7	1	1	2
8	1	2	1
9	3	2	1

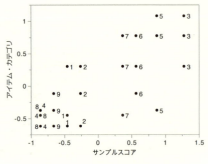

図 3.6 サンプルとアイテム・カテゴリの散布図 (図中の番号はサンプルを表す)

---

4) 対応分析のテキストとして，岩坪 (1987)，大隅他 (1994) を奨める．

3.3 多次元データのサンプルの可視化

表 3.8　質的データ (アイテム・カテゴリ型) の例

サンプル＼アイテム カテゴリ	a			b		c		合計
	a_1	a_2	a_3	b_1	b_2	c_1	c_2	
1	1	0	0	1	0	1	0	3
2	0	0	1	1	0	1	0	3
3	0	1	0	1	0	0	1	3
4	1	0	0	0	1	1	0	3
5	0	1	0	0	1	0	1	3
6	0	0	1	1	0	0	1	3
7	1	0	0	1	0	0	1	3
8	1	0	0	0	1	1	0	3
9	0	0	1	0	1	1	0	3
合　計	4	2	3	5	4	5	4	27

表 3.9　表 3.7 の多重クロス表

		a			b		c		合計
		1	2	3	1	2	1	2	
a	1	4	0	0	2	2	3	1	12
	2	0	2	0	1	1	0	2	6
	3	0	0	3	2	1	2	1	9
b	1	2	1	2	5	0	2	3	15
	2	2	1	1	0	4	3	1	12
c	1	3	0	2	2	3	5	0	15
	2	1	2	1	3	1	0	4	12
合計		12	6	9	15	12	15	12	81

が対応分析である.

　対応分析による項目の数量化の基本は "線形化" である. 直観的なイメージ
として, 表 3.7 のデータであれば, 図 3.6 の散布図の相関係数が大きくなるよ
うに項目を数量化する. その意味で, 対応分析は主成分分析の質的データバー
ジョンである. 表 3.7 と表 3.8 はデータ形式が異なるので, 数量化した次元の
寄与率が異なる (固有値が異なる) が, 項目や回答者 (サンプル) への数量化の
結果は同等である[5] (大隅 (2013)). 図 3.7 に表 3.7 データの解析結果の出力を
示す.

　表 3.9 のクロス表を一般化する. 例えば, 行項目のカテゴリを i, 列項目を j
とし, カテゴリ数をそれぞれ n, m とする. i, j セルの頻度を f_{ij} とする. ここ
で, 各セルの頻度の合計を以下のように表記する.

$$f_{+j} = \sum_{i=1}^{n} f_{ij}, \qquad f_{i+} = \sum_{j=1}^{m} f_{ij}, \qquad f_{++} = \sum_{i=1}^{n} \sum_{j=1}^{m} f_{ij}$$

f_{+j}, f_{i+} を周辺度数という. 頻度 f_{ij} を割合 p_{ij} に変換すると

---

5)　固有値が異なるので項目の布置が一致するわけではない. 相対的な位置関係が同等である.

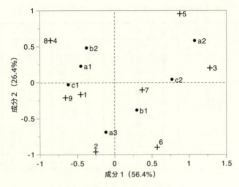

図 3.7 表 3.7 の解析出力

$$p_{ij} = \frac{f_{ij}}{f_{i+}} \text{ (行項目)}, \qquad p_{ij} = \frac{f_{ij}}{f_{+j}} \text{ (列項目)}$$

である．対応分析による可視化は，行項目の第 i カテゴリと第 i' カテゴリの割合 $(p_{i1}, p_{i2}, \cdots, p_{im})$ と $(p_{i'1}, p_{i'2}, \cdots, p_{i'm})$ のパターンの近さ加減を，同時に，列項目の第 j カテゴリと第 j' カテゴリの割合 $(p_{1j}, p_{2j}, \cdots, p_{nj})$ と $(p_{1j'}, p_{2j'}, \cdots, p_{nj'})$ の近さ加減を数量化したものである．したがって，頻度の大きさをみているわけではない．この点が主成分分析とは異なる点である．また，行項目と列項目を入れ替えても解析結果は変わらない．

解析アルゴリズムが主成分分析の場合，データを規準化した相関係数行列 (あるいは中心化した分散共分散行列) の固有値問題に帰着するのと同様に，対応分析の場合も f_{ij} を次のように規準化する．

$$y_{ij} = \frac{f_{ij}}{\sqrt{f_{i+}}\sqrt{f_{+j}}} \tag{3.3}$$

この (3.3) 式の規準化が意味するところは，頻度データにポアソン分布を仮定し，ポアソン分布の標準偏差で割ることによる規準化と考えてよい．ただし，行に関しても列に関しても規準化している．対応分析は (3.3) 式の y_{ij} をデータ行列と考えて，分散共分散行列を出発行列とした主成分分析となる．

3.3.4 対応分析の数値例

別の数値例で対応分析の解析結果を考察する．表 3.10 は，導入された情報システムの使いやすさの評価を部署ごとに集計したものである．このクロス表は二元分割表ともいう (→事例 5)．列項目は 5 段階の使いやすさの程度である．

3.3 多次元データのサンプルの可視化

表 3.10 情報システムの使いやすさの評価

部署＼評価	良い	やや良い	普通	やや悪い	悪い	計	割合
A	19	26	23	12	5	85	0.136
B	27	20	17	8	4	76	0.121
C	19	22	32	17	10	100	0.159
D	21	37	24	12	7	101	0.161
E	30	27	16	12	5	90	0.144
F	18	27	21	11	6	83	0.132
G	15	17	27	21	12	92	0.147
計	149	176	160	93	49	627	
割合	0.238	0.281	0.255	0.148	0.078		

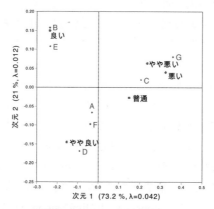

図 3.8 表 3.10 のデータの解析出力

対応分析によって，部署間による使いやすさの評価 (割合) の違いを可視化したい．

図 3.8 に，部署と使いやすさの数量化の出力結果を図示する．図を解釈すると，まず，第 1 軸方向に使いやすさの程度が順 (良い→やや良い→普通→やや悪い→悪い) に並んでいることに気づく．また，原点のまわりに馬蹄形の布置が読み取れる．これは線形性をもった数量化がうまくいった証である (大隅 (2013))．

図 3.8 の原点は，使いやすさの程度からみると周辺割合を意味する．表 3.10 から使いやすさの周辺割合，すなわち，平均の割合は

(良い，やや良い，普通，やや悪い，悪い) = (0.238, 0.281, 0.255, 0.148, 0.078)

である．これが図 3.8 の解釈の出発点である．したがって，原点の割合と比較した解釈となる．例えば，部署 G の特徴は "やや悪い" と "悪い" の割合が平均と比べると高い．また，"良い" の割合が高いことで特徴的な部署は部署 B と E

である．表 3.10 をみると，2 つの部署は量的には差がある．しかし，割合のパターンは比較的近い．これは使いやすさの程度の割合がよく似ているということを意味する．対応分析が主成分分析のように，量的な近さを意味しているわけではないことがわかる．

3.3.5 サンプルや項目を可視化するその他の手法

複数のサンプル間のお互いの距離をデータとして得たうえで，サンプルの布置を求める手法として多次元尺度構成法[6]がある．一対の試料に対して，左の試料と右の試料の類似度を問う質問 (一対比較[7]) となる．例えば「右の試料と左の試料とどの程度似ていますか」という質問になる．このようなデータを**親近性** (あるいは**非親近性**) **データ**とよぶ．例えば，類似度を 5 段階で評価した試料間の距離データである．しかし，心理量であることからユークリッド距離の公理を満足する距離ではない．当然，親近性データは個人差が大きい．試料数が 8 であるとすると，評価データとして 8×8 (対称行列) のデータが被験者人数分得られる (図 3.9)[8]．これまでのサンプル × 変数のデータ行列とは異なり，このデータは試料 × 試料の正方行列である．

多次元尺度構成法は，上記の類似性データからサンプルの地図を描こうとする手法である．例えば，第 7 章で紹介する事例では，多次元尺度構成法の INDSCAL (INdividual Differences multidimensional SCALing; Carroll and Chang (1970)) を用いた．解析結果から得られる情報は事例 7–2 で説明する．

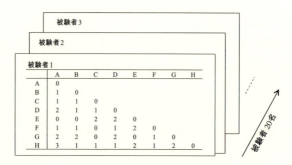

図 3.9 被験者ごとの評価結果

---

6) 多次元尺度構成法はアラビ他著／岡太，今泉訳 (1990) が参考になる．
7) 一対比較は，一般には "左のほうが○○" あるいは "右のほうが○○" という方向性のあるデータである (→事例 7–1)．
8) このようなデータを試料 × 試料 × 被験者の 3 相データという．

3.4 多次元データの変数間のモデル化

3.4.1 回帰分析の基礎

3.1 節で述べたように，回帰分析は変数間の関係のモデル化を解析目的とする．その用途は大きく分けると予測と要因解析である．どちらの目的に対しても (3.4) 式の回帰モデルを仮定する．

$$y_i = \beta_0 + \beta_1 x_{i1} + \beta_2 x_{i2} + \cdots + \beta_p x_{ip} + \varepsilon_i \quad (i = 1, 2, \cdots, n) \quad (3.4)$$

左辺の y を目的変数，右辺の p 個の x_j を説明変数，$\beta_j\,(j = 1, 2, \cdots, p)$ を偏回帰係数という．右辺の ε は回帰モデルでは説明できない誤差を表す．また，i はサンプルであり，n はサンプルサイズである．

(3.4) 式の偏回帰係数を最小二乗法によって求める．求めたい回帰モデルを

$$\hat{y} = \hat{\beta}_0 + \hat{\beta}_1 x_1 + \hat{\beta}_2 x_2 + \cdots + \hat{\beta}_p x_p$$

とすると，最小二乗法による解は，観測値 y_i と $\hat{y}_i$ の差 (残差という) の二乗和

$$\sum_{i=1}^{n} (y_i - \hat{y}_i)^2 \quad (3.5)$$

を最小にする解 $(\hat{\beta}_0, \hat{\beta}_1, \cdots, \hat{\beta}_p)$ である．**最小二乗法**の解法アルゴリズムは，連立方程式の解法となる．(サンプル $n \times$ 説明変数 p) のデータ行列を $\boldsymbol{X}$ とし，最小二乗解 $\hat{\beta}_j\,(j = 1, 2, \cdots, p)$ を列ベクトル表記 $\hat{\boldsymbol{\beta}}$ にすると

$$\hat{\boldsymbol{\beta}} = \left(\boldsymbol{X}^T \boldsymbol{X}\right)^{-1} \boldsymbol{X}^T \boldsymbol{y}$$

となる．説明変数のデータ行列 $\boldsymbol{X}$ をデザイン行列という．ただし，$\boldsymbol{X}$ の第 1 列は切片 $\hat{\beta}_0$ に対応する列単位ベクトルで構成される．$\boldsymbol{X}^T$ は $\boldsymbol{X}$ の転置行列である．

主成分分析の解法が $\boldsymbol{X}^T \boldsymbol{X}$ からなる分散共分散行列 (あるいは相関係数行列) の固有値問題に帰着するのに対して，連立方程式の解法である最小二乗法は，説明変数で構成される $\boldsymbol{X}^T \boldsymbol{X}$ の逆行列を求めることに帰着する．

最小二乗法が連立方程式の解法になることを，説明変数が 1 つの場合 (単回帰モデル)

$$y_i = \beta_0 + \beta_1 x_i + \varepsilon_i \quad (i = 1, 2, \cdots, n)$$

で説明する．上記のように，最小二乗法は (3.5) 式の残差平方和を目的関数

$$L(\hat{\beta}_0, \hat{\beta}_1) = \sum_{i=1}^{n} (y_i - \hat{y}_i)^2 = \sum_{i=1}^{n} (y_i - (\hat{\beta}_0 + \hat{\beta}_1 x_i))^2$$

58　　　　　　　　　　　　　　　　　　　　　3. 観察データの解析手法

とした最小化問題となるので

$$\frac{\partial L}{\partial \hat{\beta}_0} = -2 \sum_{i=1}^{n} (y_i - \hat{\beta}_0 - \hat{\beta}_1 x_i) = 0, \tag{3.6}$$

$$\frac{\partial L}{\partial \hat{\beta}_1} = -2 \sum_{i=1}^{n} x_i (y_i - \hat{\beta}_0 - \hat{\beta}_1 x_i) = 0 \tag{3.7}$$

の連立方程式の解法となる．これを解くと

$$\hat{\beta}_1 = \frac{\sum_{i=1}^{n} (x_i - \bar{x}.)(y_i - \bar{y}.)}{\sum_{i=1}^{n} (x_i - \bar{x}.)^2}, \qquad \hat{\beta}_0 = \bar{y}. - \hat{\beta}_1 \bar{x}.$$

の最小二乗解を得る．すなわち，

$$\hat{y}_i = \bar{y}. + \hat{\beta}_1 (x_i - \bar{x}.) \tag{3.8}$$

となる．

　回帰モデルの説明力の評価の一つとして，目的変数 y の平方和

$$S_y = \sum_{i=1}^{n} (y_i - \bar{y}.)^2$$

を回帰式によってどの程度説明できるかを表す指標である寄与率がある．寄与率を y の平方和の分解を通じて説明する．(3.8) 式から最小二乗法によって求めた回帰式は $(\bar{x}, \bar{y})$ を通る．図 3.10 に，回帰式によって説明できる $\hat{y}_i$ と観測値 y_i との差である残差 e_i を示す．回帰によって説明できる平方和 S_R は

$$S_R = \sum_{i=1}^{n} (\hat{\beta}_1 (x_i - \bar{x}.))^2 = \frac{\left(\sum_{i=1}^{n} (x_i - \bar{x}.)(y_i - \bar{y}.) \right)^2}{\sum_{i=1}^{n} (x_i - \bar{x}.)^2}$$

であり，残差平方和 S_e は

$$S_e = \sum \{ y_i - \bar{y}. - \hat{\beta}_1 (x_i - \bar{x}.) \}^2 \tag{3.9}$$

となる．ここで，右辺を変形すると

$$S_e = S_y - S_R$$

を得る．すなわち，目的変数 y の平方和 S_y は回帰によって説明できる平方和と残差平方和に分解される．目的変数 y の平方和 S_y に対する回帰によって説明できる平方和 S_R の比を**寄与率**といい，回帰モデルの説明力を表す指標とし

3.4 多次元データの変数間のモデル化

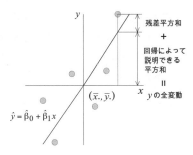

図 3.10 回帰式による平方和の分解

て用いる．

残差平方和 S_e と回帰によって説明できる平方和 S_R との比較を，回帰モデルの妥当性の評価に用いることができる．その準備として，自由度の概念について説明する．自由度がサンプルサイズから制約式の数を引いたものであることは 3.2 節に述べた．残差平方和の自由度は $n-2$ である．残差には以下に示す制約式が 2 つある．ここで，回帰分析では説明変数の値は条件として与えられたものと考える．

$$\sum_{i=1}^{n} e_i = 0, \qquad \sum_{i=1}^{n} x_i e_i = 0$$

これらの制約式は最小二乗解を求める過程 ((3.6) 式と (3.7) 式) で生成される．回帰によって説明できる平方和の自由度は 1 である．これは，求めるパラメータが β_1 の 1 つであるからと理解してよい．

S_R と S_e は自由度が異なる．それを同じ土俵で比べるために，自由度 1 あたりの平方和 (平均平方) に換算する．すなわち，$S_R/1$ と $S_e/(n-2)$ を比較する指標として F 値

$$F = \frac{S_R}{S_e/(n-2)}$$

を求める．F 値は第 4 章においても重要な指標[9]となる．

F 値は，説明変数の選択 (**変数選択**という) のときにも用いる．例えば，

$$y = \beta_0 + \beta_1 x_1 + \cdots + \beta_{p-1} x_{p-1} + \varepsilon \qquad (3.10)$$

に対して，説明変数 x_p を加え，

$$y = \beta_0 + \beta_1 x_1 + \cdots + \beta_{p-1} x_{p-1} + \beta_p x_p + \varepsilon \qquad (3.11)$$

---

9) 対象とする回帰モデルによる変動がないとき，F 分布に従う統計量である．検定に用いる場合，検定統計量という．

の回帰モデルとすることによって増加する回帰によって説明できる平方和と残差平方和との比較に用いる．(3.10) 式と (3.11) 式のモデルによる "回帰によって説明できる平方和" をそれぞれ $S_{R(p-1)}, S_{R(p)}$ とし，残差平方和をそれぞれ $S_{e(p-1)}, S_{e(p)}$ とすると，次の F 値

$$F = \frac{S_{R(p)} - S_{R(p-1)}}{S_{e(p)}/(n-p-1)} = \frac{S_{e(p-1)} - S_{e(p)}}{S_{e(p)}/(n-p-1)} \qquad (3.12)$$

ただし，

$$S_{e(0)} = \sum_{i=1}^{n}(y_i - \bar{y}.)^2, \quad S_{R(0)} = 0$$

によって，新たな変数 x_p を説明変数に加える意味が統計的にあるか否かを判断する．説明変数を 1 つ減少させる場合 ((3.11) 式のモデルから (3.10) 式へのモデルへ) も同様である．

(3.12) 式の F 値を用いて，1 変数ごとに変数選択を行う方法を**ステップワイズ法**という．変数を取り込むか，あるいは，変数を削除するかの判断は $F > 2.0$ (取り込む場合)，$F < 2.0$ (削除の場合) を目処とする．図 3.11 に説明変数をモデルに取り込む場合のステップワイズ法を図示する．図では F 値の分母，すなわち，残差の平均平方を V_e と表記する．

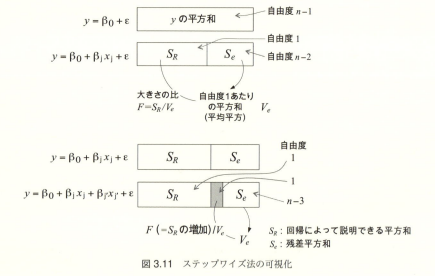

図 3.11 ステップワイズ法の可視化

3.4 多次元データの変数間のモデル化

3.4.2 回帰分析の数値例

再度，表 3.2 の駅前コンビニエンスストアのデータを取り上げる．回帰分析の目的は予測か要因分析であることを 3.4.1 項で述べた．解析目的が予測であれば，26 店舗の実績から新たに進出する 27 店舗目の売上を予測したいのであり，26 店舗のデータから売上高の予測式を求めることになる．解析目的が要因解析であれば，売上高に効いている要因をみつけ，さらにはどのような因果関係で売上高が説明できるのかを解析し，アクションに対する改善効果を知りたいという要求が考えられる．品質管理では原因と結果の因果関係に関する解析のニーズが高い．どちらかといえば，予測より要因解析へのニーズが高い．

まず，26 店舗の実績から新たに進出したい 27 店舗目の売上を予測するための予測式を求めたいとしよう．変数選択を行い，予測式を構築する．ここでは，変数選択にステップワイズ法を用いる．

図 3.12 に相関係数行列と散布図行列を示す．売上高 y との相関が高い説明変数は乗降客数 x_1 であり，品目数 x_3 は y との相関は高くない．間口の広さ x_2 は y との相関はない．また，説明変数間での相関が高いことがわかる．

ステップワイズ法による変数選択を行う．表 3.11 に解析の第 1 ステップ (説明変数の 1 つ目を選択する) での出力例を示す．この段階での F 値は (3.12) 式において $p = 1$ の場合である．まず，F 値が最大である乗降客数 x_1 を取り込む．回帰式は

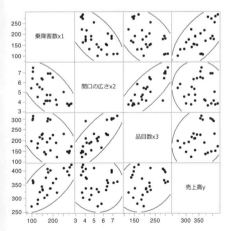

	乗降客数x1	間口の広さx2	品目数x3	売上高y
乗降客数x1	1.000	-0.618	-0.475	0.646
間口の広さx2	-0.618	1.000	0.795	-0.086
品目数x3	-0.475	0.795	1.000	0.241
売上高y	0.646	-0.086	0.241	1.000

図 3.12 表 3.2 の相関係数行列と散布図行列

表 3.11　ステップワイズ法の第 1 ステップの出力例

パラメータ	推定値	自由度	平方和	F 値
切　片	353.42	1		
乗降客数 x_1	*	1	18859.1300	17.199
間口の広さ x_2	*	1	337.3196	0.181
品目数 x_3	*	1	2624.2910	1.48

$$\hat{y} = 266.7 + \underset{(F=17.20)}{0.478} \; x_1 \quad (\text{寄与率} 41.8\,\%)$$

である．括弧は F 値を表す．次に，F 値が大きい品目数 x_3 を取り込む．回帰式は

$$\hat{y} = 115.9 + \underset{(F=87.76)}{0.727} \; x_1 + \underset{(F=45.50)}{0.508} \; x_3 \quad (\text{寄与率} 80.4\,\%) \qquad (3.13)$$

であり，寄与率も 80.4 ％に跳ね上がった．このとき，間口の広さ x_2 は F 値が 0.664 と小さい，すなわち，x_2 を取り込むことによって回帰によって説明できる平方和の増加は，残差の平均平方に対して小さいことを示している．したがって，x_2 の取り込みはやめて，説明変数として x_1 と x_3 を取り込んだ回帰モデルとする．

次に回帰診断を行う．回帰診断とは想定した回帰モデル，ここでは

$$y = \beta_0 + \beta_1 x_1 + \beta_3 x_3 + \varepsilon$$

の妥当性を検討することである．回帰診断は残差分析が中心となる．

回帰診断で最も重要なことは異常値の診断である．図 3.13 は (3.13) 式による予測値と残差のプロットを示す．予測値が 300 万円あたりの正の大きな残差 (68.5 万円) に気づく．No.4 の店舗である．残差が正であることは，実績値が予測値を上回っていることである．これは大きな発見であり，No.4 の店長にヒアリングを行うべきである．他店にはみられない売上向上策を施しているはずであり，その策を全店舗に展開すべきである．

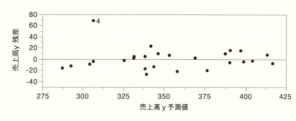

図 3.13　残差プロット (予測値と残差)

3.4 多次元データの変数間のモデル化

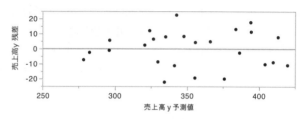

図 3.14 No.4 のデータを除いた解析後の残差プロット

ここでは,とりあえず (良い意味での異常値として) No.4 店舗を外して,再度予測式を計算する.

$$\hat{y} = 82.9 + 0.785x_1 + 0.601x_3 \quad (寄与率 91.7\%)$$

である.図 3.14 は図 3.13 同様,予測値と残差のプロットである.残差に異常値はないし,くせもない.寄与率も 91.7 %である[10]).予測の場合,偏回帰係数の値には興味がない.興味は目的変数の予測値である.

3.3.2 項に戻り,主成分分析のバイプロット (図 3.5) をみると,No.4 の店舗にこれといった特徴はみあたらない.店舗 No.4 は,主成分分析ではどのようにして異常値であることをとらえているのであろうか.図 3.15 は第 4 主成分スコアのヒストグラムである.主成分分析では,固有値の小さい,すなわち,その方向にはばらつきが小さい第 4 主成分が No.4 店舗を異常値としてとらえている.このように,主成分分析と回帰分析は裏表の関係にある.厳密性を欠く表現[11)]ではあるが,回帰分析はばらつきが小さくなる方向の法線方向を探しているともいえる.

次に,要因解析を試みる.例えば,間口の広さ x_2 が売上高 y に与える影響

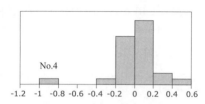

図 3.15 第 4 主成分スコアにおける No.4 の布置

---

10) 予測式としての評価指標には,寄与率の他に自由度調整済み寄与率,自由度二重調整済み寄与率,AIC などがある.いずれの指標も説明変数の数をペナルティとして考えたものである.
11) "厳密性に欠ける" と記述した理由は,回帰分析と主成分分析では残差の定義が異なることからである.

を知りたいとしよう. もし, 間口の広さを拡げることができたならば, その効果を知りたいのである. 因果分析ではこれを**介入効果**という. 予測の場合, x_2 は説明変数として取り上げられなかった. x_2 の介入効果はないのであろうか.

再度, 図 3.3 の因果モデルを考える. 図 3.3 の因果ダイアグラムは次のように説明できる.

1) 乗降客数 x_1 →間口の広さ x_2 (− の効果)

    乗降客数が多い駅前は土地代が高く, 広い敷地の確保が難しい.

2) 間口の広さ x_2 →品目数 x_3 (+ の効果)

    間口が広いと店舗面積が広くなり, 品目数が多くなる.

3) 乗降客数 x_1 →売上高 y (+ の効果)

    最寄りの駅の乗降客数が多いと店舗前の人通りも多いので売上が伸びる.

4) 間口の広さ x_2 →売上高 y (+ の効果)

    間口が広いと店舗が目立つし, 入りやすいので売上が伸びる.

5) 品目数 x_3 →売上高 y (+ の効果)

    品目数が多いと客層が増え売上が伸びる.

表 3.2 のデータ[12] をもとに, 因果ダイアグラムが示す上記の 5 つの仮説の検証を試みる.

説明変数である x_1, x_2, x_3 間の相関を確認したうえで, 売上高 y を目的変数, 乗降客数 x_1, 間口の広さ x_2, 品目数 x_3 を説明変数とした回帰式を求める.

$$\hat{y} = 96.70 + \underset{(F=182.3)}{0.758} \ x_1 - \underset{(F=1.120)}{3.866} \ x_2 + \underset{(F=85.77)}{0.653} \ x_3 \qquad (3.14)$$

ここで, 各説明変数の偏回帰係数がもつ意味は, 他の説明変数の値を固定したもとで, x_j の値が 1 単位変化するとき目的変数 y が平均的に変化する量である. したがって, (3.14) 式から 3) と 5) の仮説は支持できる. しかし, (3.14) 式に付記した F 値 ($F = 1.120 < 2.0$) から, x_2 の y への直接効果 (仮説 4)) は支持するだけの結果ではない. どうやら, $x_2 \to y$ の矢線は削除したほうがよい.

ところが, x_3 をモデルから除くと

$$\hat{y} = 96.70 + \underset{(F=37.38)}{0.756} \ x_1 + \underset{(F=12.06)}{19.89} \ x_2 \quad (寄与率\ 63.1\ \%) \qquad (3.15)$$

となる. x_2 の偏回帰係数は途端に正になり, また F 値も大きくなる. この結果は, x_2 は y への直接効果はないが, x_3 を経由した $x_2 \to x_3 \to y$ の間接効果が大きいことを示唆している.

---

12) 店舗 No.4 は削除している.

3.4 多次元データの変数間のモデル化

一方,x_1 をモデルから除くと

$$\hat{y} = 350.5 - \underset{(F=6.928)}{26.09} \ x_2 + \underset{(F=9.191)}{0.650} \ x_3 \quad (寄与率29.8\%) \quad (3.16)$$

となり,x_2 の偏回帰係数の符号が負に転じている.$x_2 \to x_1 \to y$ の負の擬似効果が大きいことを示唆している.とりあえず,図 3.16 の因果構造は否定されない.

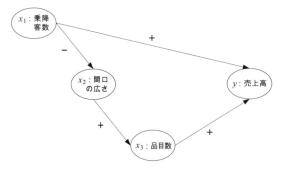

図 3.16 　図 3.3 を更新した因果ダイアグラム

そこで,間口の広さ x_2 にアクションをとったとき売上高にどのような影響を与えるかを推定したい.これを変数 x_2 への介入という.$x_2 \to y$ への直接効果がないというのであれば,$x_2 \to x_3 \to y$ への間接効果を推定すればよい.その効果を表す x_2 の偏回帰係数はどの回帰式であるかを考えてほしい (→演習 3.8).

図 3.16 の因果ダイアグラムにおいて,コンビニエンスストアのチェーンにとって最寄りの駅は外乱である.コンビニ側からはアクションの対象でもなければ,大型ショッピングモールではないので影響を与えることができる対象でもない.しかし,乗降客数 x_1 は明らかに目的変数である売上高 y に効いている.このような変数を**共変量**という.この共変量は観察データによる因果推論にはこわい存在である.乗降客数 x_1 以外に共変量となる外乱は存在しない保証はない.もし乗降客数に類する他の共変量が観察できていないとすると,上記の因果分析はミスリーディングをまねく危険性がある.ここが,観察データによる解析の弱みである.共変量を網羅的に観察することは容易ではない[13].

間口の広さ x_2 の介入効果を知りたいのであれば,実際に介入して,その後の

---

13) 社会科学では観察データによる因果推論が多いので,共変量の問題はつきまとう.しかし,実験の場をつくりあげる工夫はいくつか紹介されている (4.2 節参照).

売上高を介入前と比べてみるのがよい．このデータが第4章で述べる計画データである．計画データは，共変量を観察することなしに共変量による効果 (擬似効果) を断ち切ることができる．

観察データによって要因分析を行うときにもう一つの問題点がある．椿 (1994) は，品質管理分野では問題解決の第一歩として特性要因図や連関図の作成が強調されているにもかかわらず，データ解析にはあまり取り込まれていないことを取り上げ，"回帰分析から因果分析" のすすめを説いている．連関図に対応する因果分析の結果が因果ダイアグラムである．連関図を計量的にモデル化するには，原因から結果への因果の方向に関する情報が必要となる．ところが，因果の方向を観察データから得ることはできない．例えば，図3.17に示した因果の方向が異なる2つの因果モデルのどちらかは判断できない．因果の方向を除いたとき2つとも同じ無向グラフになるからである．したがって，因果の方向に関する情報は技術情報として事前に必要となる．

図 3.17　因果の方向

最後に，予測と因果の大きな違いを述べておく．例えば，ビッグデータの活用による，車のワイパーの動きからゲリラ豪雨をタイムリーに発信する予報システムを考えよう．予報システムではワイパーの動きによって雨量を予測する．しかし，雨が降るのでワイパーを作動させるのであって，ワイパーを作動させると雨が降るわけではない．因果と予測とが逆方向の思考をする例である．つまり，予測に因果メカニズムは必ずしも必要ではない．

3.4.3　関連する解析手法の概要

回帰分析に関連して第5章以降の事例で取り上げる手法を簡単に紹介する．

3.4.2項の駅前コンビニエンスストアの数値例では回帰分析を用いた因果分析を行った．解析過程では個々の回帰式の評価を行ったが，因果ダイアグラム全体の評価を行っているわけではない．因果モデル全体の適合度を評価する手法としてパス解析がある (→事例6)．因果モデル全体の適合評価とモデルの探索構築に使われるのがグラフィカルモデリングである．パス解析で対象とする変数は観察された変数のみであるが，潜在変数を含めるモデルに拡張した構造方

程式モデル (SEM) がある[14].

3.5 記述統計と推測統計

　量産の生産ラインを想定しよう. 工程の 5M1E が比較的均一な生産計画的に意味のある時間的ブロック, 例えば, 部品の熱処理の 1 バッチから観察データ $y_1, y_2, \cdots, y_n$ を得たとする. このような状況では, サンプルが統計的に定義できる母集団からのサンプリングによって得たものであると考えることができる. 解析の目的は, 熱処理の結果 (例えば, 硬度) を知りたいのではなく, 工程が安定状態で, 理論的には無数個の処理ができる熱処理の能力を, サンプリングによって得た加工結果のデータを使って推測することである. 解析対象は**母集団**である熱工程である. 解析の目的はサンプルの可視化ではなく, 母集団の推測になる. 母集団のことを知りたいためのデータ解析を**推測統計**という.

　3.2 節で述べたように, サンプルからの情報として位置とばらつきに関する情報が要求される. 同様に, 母集団に対しても母集団分布の位置とばらつきの情報が要求される. 母集団の位置の指標を**母平均**, ばらつきの指標を**母分散**といい, それぞれ μ, σ^2 と表記する.

　母集団は確率分布によってモデル化される. 代表的な確率分布として確率変数が連続型の場合は正規分布, 離散型の場合は二項分布がある. 例えば, 一般に測定誤差は正規分布に従い, ロットサイズ n のロットに含まれる不良品数 x は二項分布に従う. 確率分布は, その分布がもつパラメータによって決まる. すなわち, 母集団を知るということは確率分布のパラメータを知るということである. **正規分布**は 2 つのパラメータ θ_1 と θ_2 をもつ. 確率分布 (確率密度関数) は

$$f(x) = \frac{1}{\sqrt{2\pi}\theta_2} \exp\left[-\frac{(x-\theta_1)^2}{2\theta_2^2}\right]$$

である. 正規分布の場合は便利なことに $\mu = \theta_1$ であり, $\sigma^2 = \theta_2^2$ である. このことから, 正規分布を $N(\mu, \sigma^2)$ と表記することが多い. **二項分布**はパラメータ n と π をもち, 確率分布は

$$f(x) = {}_n\mathrm{C}_x \pi^x (1-\pi)^{n-x} \quad (x = 0, 1, 2, \cdots, n) \tag{3.17}$$

---

14) 因果分析のテキストとして狩野, 三浦 (2002) や山口, 廣野 (2011) が, 専門書として宮川 (2004) が参考になる.

である．二項分布の場合，$\mu = n\pi$，$\sigma^2 = n\pi(1-\pi)$ である．正規分布とは異なり，母平均と母標準偏差は従属関係にある．n はサンプルサイズであり既知であるので，結局パラメータ π を知ることが目的となる．

推測には検定と推定がある．検定はアクションへのトリガーとなり，推定はアクションへの具体的な情報提供の役割をもつ．

検定の例，および使い方を次の数値例で説明する．表 3.12 の二元分割表が数値例である．ある自動車部品の接合部分が走行時の振動によって剥離するおそれがあることがわかった．そこで，部品メーカーは市場から部品を回収し，状態を調べた．接合箇所は 3 カ所 (A$_1$, A$_2$, A$_3$) あり，箇所によって接合方法が異なる．もし，接合方法によって差があるならば，その情報を接合方法の改善に役立てたい．"有り，無し"は剥離の前兆の現象の有無を表す．以下の検定を**独立性の検定**とよぶ．

表 3.12　剥離状態の頻度データ

接合箇所 ＼ 剥離の前兆	有り	無し	合計
A$_1$	10	488	498
A$_2$	16	412	428
A$_3$	8	479	487
合　計	34	1379	1413

検定とは仮説 (**帰無仮説**という) の下で期待する数字と観測値との違いが偶然であるのか否かを確率であらかじめ定めた規準で判断することである．確率は，仮説を定めてはじめて計算できる．この検定の定義に従って，数値例を解析する．

1) 帰無仮説の設定　　「接合方法によって剥離状態の進行は変わらない.」を帰無仮説とする．接合方法 A$_1$, A$_2$, A$_3$ で剥離の前兆が有る確率をそれぞれ π_1, π_2, π_3 とすると，帰無仮説は

$$\pi_1 = \pi_2 = \pi_3$$

である．

2) 帰無仮説の下で期待される発生頻度 (期待頻度)　　接合方法によって剥離状態の進行が変わらないので，頻度を接合方法によって分ける意味がない．そこで合計値 (周辺度数) を表 3.12 に計算する．そこから帰無仮説の下での期待度数

$$E_{ij} = \frac{f_{i+} \times f_{+j}}{f_{++}}$$

を計算する (表 3.13). ここで, (i, j) は二元分割表の各セルを意味する. f に関連する記号は表 3.7 に準ずる.

表 3.13 統計量の計算過程

期待値 E_{ij}	有り	無し
A_1	11.983	486.017
A_2	10.299	417.701
A_3	11.718	475.282

(3.18) 式の右辺の各項の値	有り	無し
A_1	0.328	0.008
A_2	3.156	0.078
A_3	1.180	0.029
χ^2 値	4.779	
P 値	0.092	

3) 期待度数と発生頻度との差の 2 乗を計算する.
4) 規準化し,検定に用いる χ^2 **統計量**[15]

$$\chi^2 = \sum_{i=1}^{n} \sum_{j=1}^{m} \frac{(f_{ij} - E_{ij})^2}{E_{ij}} \tag{3.18}$$

を計算する (表 3.13 参照).

5) 帰無仮説の下で 4) で求めた χ^2 値 (実現値) 以上が起こりうる確率 (P 値という) を計算する.

6) P 値によって帰無仮説を棄却するか否かを判断する.

この例の場合, P 値は 0.092 となる.

ここで, P 値について簡単に説明しておく. 本例題の場合, 帰無仮説の下で (3.18) 式は自由度 $(n-1)(m-1)$ の χ^2 分布に従う[16]. P 値を図 3.18 に示す. P 値の判定基準を**有意水準**という. 有意水準とは「帰無仮説が正しいにもかかわらず, 帰無仮説を棄却する確率」を意味する. 一般には 0.05 を有意水準とす

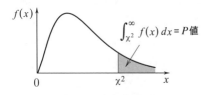

図 3.18 分布の P 値

---

15) 頻度がポアソン分布に従うことを仮定し, それに対して正規近似を行った検定統計量になっている.
16) 自由度については第 4 章で説明する.

る. すなわち, P 値が 0.05 より小さいと "帰無仮説が正しいとしたならば, まれにしか起こらない現象" と判断し, 帰無仮説を棄却する. 今回 P 値は 0.05 より大きい. したがって, 帰無仮説を棄却できない.

有意水準の設定は場合によって柔軟にすべきである. もちろんルール (プロトコールなど) で決められている場合はルールに従う. もし "藁をもすがる" 気持ちで改善の情報がほしいのであれば, "P 値が 0.05 以下" にこだわることはない. π_1, π_2, π_3 に違いがあるならば, 加工方法の違いから改善のヒントをつかむべきである. ただし, 後付け的ではあるが P 値がいくつであるかは把握しておくべきである. 逆に, 加工方法の違いから改善のヒントをつかむことにコストや時間がかかるとすれば, P 値の設定を小さめに設定しておき, よほどの確信がないと加工方法の違いを検討しないことになる.

次に, A_1, A_2, A_3 での剥離前兆率を推定する. 推定は検定結果にかかわらず行うべきである. 推定には**点推定**と**区間推定**がある. パラメータの推定値には "＾ (ハット)" をつける[17]. 点推定は

$$\hat{\pi}_1 = 0.020, \qquad \hat{\pi}_2 = 0.037, \qquad \hat{\pi}_3 = 0.016$$

となり, 信頼率 95 % の信頼区間は

$$\pi_1 : [0.008, 0.032], \qquad \pi_2 : [0.019, 0.055], \qquad \pi_3 : [0.005, 0.028]$$

となる. ここで, 信頼率 95 % とは "区間が真の剥離前兆率を含んでいる確率が 95 %" という意味である. 区間が真のパラメータ値を含むか含まないかであり, 100 回区間を求めたとすれば, 平均して 95 回は区間が真の剥離前兆率を含んでいるという意味である.

上記の区間推定の算出過程を以下に示す.

母集団のある属性の比率 (**母比率**という) を π とする. 母集団からランダムに n 個サンプリングをして, その中に属性を有するものが r 個含まれていたとする. そのとき, r は (3.17) 式の二項分布に従う. nr の母平均は $n\pi$, 母分散は $n\pi(1-\pi)$ であるので, 比率 r/n は母平均が π, 母分散が $\pi(1-\pi)/n$ の二項分布に従う. そこで, r/n を規準化した

$$u = \frac{r/n - \pi}{\sqrt{\pi(1-\pi)/n}}$$

---

17) 3.4 節では回帰係数 β_j の最小二乗解に "＾ (ハット)" をつけた. 推定値という意味では同意である.

は母平均が 0, 母分散が 1 の標準正規分布に近似できる. したがって,

$$Pr[-1.96 \leq u \leq 1.96] \cong 0.95$$

が成立する. ここで, $Pr[\cdot]$ はカッコ内の式が成立する確率を意味する. π について解くと

$$Pr\left[\frac{r}{n} - 1.96 \times \sqrt{\frac{\pi(1-\pi)}{n}} \leq \pi \leq \frac{r}{n} + 1.96 \times \sqrt{\frac{\pi(1-\pi)}{n}}\right] \cong 0.95$$

となり, π の代わりに $\hat{\pi} = r/n$ を代入して

$$Pr\left[\frac{r}{n} - 1.96 \times \sqrt{\frac{(r/n)(1-r/n)}{n}} \leq \pi \leq \frac{r}{n} + 1.96 \times \sqrt{\frac{(r/n)(1-r/n)}{n}}\right] \cong 0.95$$

となる.

一方, 3.1 節から 3.4 節で扱ってきたように, サンプルの可視化やサンプルがもつ情報の要約を目的とする場合を記述統計という. 記述統計と推測統計の区別を説明する例として, 工程変動と工程能力を取り上げる.

工程能力と**工程変動**の違いは ISO 3534-2 (JIS Z 8010-2) に明記されている. 工程能力とは「生産行為の結果である品質特性によって評価されるものであり, その品質特性を産み出す工程が管理状態であることを前提とする. すなわち, 工程を母集団とみなすことができ, 分布によって評価される指標」である. 工程能力は過去のデータから求めるものであるが, 工程に母集団が想定できるならば, 求めた値はその工程固有の意味をもつ. 統計的には, 母集団を想定することは分布を規定することになる. したがって, 工程能力は**推定量**である. 工程能力は, 6σ あるいは $\mu \pm 3\sigma$ であり, **工程能力指数** C_p は

$$C_p = \frac{S_U - S_L}{6\sigma}$$

である. ここで, S_U, S_L はそれぞれ上限規格値と下限規格値を表す. したがって, C_p を推定することが必要であり, 推定量として

$$\hat{C}_p = \frac{S_U - S_L}{6\hat{\sigma}}$$

を算出することになる[18].

一方, 工程変動は品質特性によって評価されるものである点は工程能力と同じであるが, 工程が管理状態であることを前提としていない. 工程能力は

---

18) 永田 (1991) にはじまる工程能力の区間推定に関する一連の研究は, まさに工程能力がパラメータの関数であることを主張するものである.

capability であり，工程変動は performance，すなわち成果である．工程変動は $6s$，あるいは $\bar{x} \pm 3s$ であり，**工程変動指数 P_p** は

$$P_p = \frac{S_U - S_L}{6s}$$

である．"工程変動指数 P_p の推定量" という概念はありえない．工程能力が推測統計であるのに対して，工程変動はサンプル (実績) の要約であり，記述統計である．

3.6 工程のいつもの状態の可視化

前節で述べた工程能力は工程のパラメータを使った指標である．したがって，指標を推定することになる．推定するためには工程のモデルとなる母集団があることが前提となる．母集団となる工程が "工程のいつもの状態" である．工程のいつもの状態を可視化する手法の一つがシューハート管理図である．

シューハート管理図の基本的機能は，偶然原因による工程変動 (以後，偶然変動とする) に対して異常原因による工程変動 (以後，異常変動とする) を統計的に可視化することである．偶然原因とは，長期的な意味で工程に固有の変動の原因であり，偶然原因だけに影響を受ける工程では，将来の変動が統計的に求められた限界内であることが予測できる．この状態を統計的管理状態という．異常変動は偶然変動を把握することによってはじめて認識できる．

Shewhart は偶然変動の大きさを把握する巧みな方法を提案した．工程の 5M1E ができるだけ均一となる時間的ブロック ("合理的な群" という) を設定し，その群内変動が時系列的に均一であるならば，その変動を偶然変動，すなわち，その工程固有の "いつもの状態" とする方法を提案した．さらに偶然変動が規格幅に対して十分に小さければ，"維持したい，いつもの状態" である工程能力のある工程が実現できたことになる．この一連の過程で，シューハート管理図の役割は

1) 維持したい，いつもの状態をつくりあげること，
2) いつもの状態が維持されているかを統計的に判断すること，

である．

工程管理のためにモニタリングする特性を管理特性という．管理特性が計量値の場合に利用頻度が高い $\bar{X} - R$ 管理図を例に，シューハート管理図の役割を説明する．群の大きさ n の $\bar{X} - R$ 管理図では管理特性が正規分布に従うことを

3.6 工程のいつもの状態の可視化

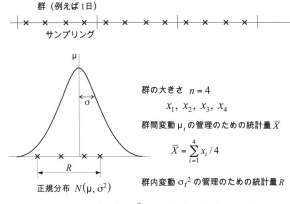

図 3.19 群の設定と $\bar{X} - R$ 管理図 (仁科 (2009))

仮定する．図 3.19 に群の設定例とサンプリングを示す．各群 $t(=1, 2, \cdots, k)$ を正規母集団 $N(\mu_t, \sigma_t^2)$ とする．群内変動が均一である，すなわち

$$\sigma_1^2 = \sigma_2^2 = \cdots = \sigma_k^2 \ (= \sigma_0^2) \quad (\text{ただし，} k \text{ は群の数}) \tag{3.19}$$

が成立することを，範囲 R を統計量とした R 管理図で判定する．(3.19) 式の成立を確認したうえで，群間変動がない，すなわち

$$\mu_1 = \mu_2 = \cdots = \mu_k \ (= \mu_0) \tag{3.20}$$

が成立することを，平均値 $\bar{X}_t$ を統計量とした $\bar{X}$ 管理図で判定する．(3.19) 式と (3.20) 式が成立し，かつ σ_k が規格幅に対して十分に小さい（工程能力が十分である）ならば，"維持したい，いつもの状態" が実現できたことになる．

2.2 節で述べたように，初期流動期では十分な工程能力をもつ "維持したい" 状態を "いつもの状態" とみなすことができる工程をつくりあげる．初期流動期におけるシューハート管理図の役割は，(3.19) 式および (3.20) 式が成立する工程をつくりあげることである．

本流動期には，シューハート管理図は初期流動期につくりあげた状態を維持管理する役割をもつ．すなわち，初期流動期に実現させた "維持したい，いつもの状態" が $N(\mu_0, \sigma_0^2)$ であるならば，R 管理図によって

$$\sigma_t^2 = \sigma_0^2 \quad (t = 1, 2, \cdots)$$

の仮説を，$\bar{X}$ 管理図によって

$$\mu_t = \mu_0 \quad (t = 1, 2, \cdots) \tag{3.21}$$

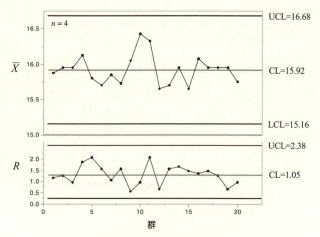

図 3.20 $\bar{X} - R$ 管理図の例

表 3.14 $\bar{X} - R$ 管理図のデータ

群	x_1	x_2	x_3	x_4	群	x_1	x_2	x_3	x_4
1	15.8	16.0	16.3	15.4	11	16.1	15.5	17.3	16.4
2	16.0	15.5	16.5	15.8	12	15.7	15.8	15.4	15.7
3	16.4	15.7	16.0	15.7	13	15.7	15.1	16.4	15.6
4	16.9	16.1	16.2	15.3	14	16.1	16.5	15.1	16.1
5	15.3	15.1	15.9	16.9	15	16.0	16.2	15.0	15.4
6	15.7	14.9	16.2	16.0	16	15.6	16.4	15.6	16.7
7	15.6	15.4	16.2	16.2	17	15.9	15.3	16.5	16.1
8	16.4	15.6	15.1	15.8	18	16.3	16.2	15.3	16.0
9	16.2	16.0	16.1	15.9	19	16.1	16.1	15.9	15.7
10	16.6	15.9	16.6	16.6	20	15.7	15.8	15.4	16.1

の仮説を検定する.

Shewhart は管理限界値を，管理図に打点する統計量の期待値を中心として両側に 3 倍の統計量の標準偏差の値とする管理図を考案した．これを **3 シグマ法**とよぶ．統計量の値が 3 シグマ法の管理限界線を超えたとき異常と判定する ("管理外れ (out of control)" ともいう) ルールを **3 シグマルール**という．

図 3.20 に $\bar{X} - R$ 管理図の例を示す．データは表 3.14 である．シューハート管理図は統計量の期待値に対応する中心線 (Center Line: CL) と上側管理限界線 (Upper Control Limit: UCL)，下側管理限界線 (Lower Control Limit: LCL) の管理線からなる．

3 シグマ法による管理図の管理限界線は，打点する範囲 R の期待値と標準偏差から，

$$E(R) \pm 3D(R) \tag{3.22}$$

3.6 工程のいつもの状態の可視化

である．ここで，$E(\cdot)$ は該当する統計量の分布の母平均を，$D(\cdot)$ は母標準偏差を示す．群の大きさ n によって決まる係数 d_2 と d_3 を用い，(3.22) 式の範囲 R の期待値と標準偏差は

$$E(R) = d_2\sigma, \quad D(R) = d_3\sigma$$

となる．したがって，

$$E(R) \pm 3D(R) = \sigma(d_2 \pm 3d_3)$$

となる．σ を範囲 R のデータから

$$\hat{\sigma} = \frac{\bar{R}}{d_2}, \quad \text{ここで，} \quad \bar{R} = \frac{\sum\limits_{i=1}^{k} R_i}{k}$$

と推定できるので，σ の代わりに $\bar{R}/d_2$ を代入すると，R 管理図の管理線は

$$\mathrm{CL} = \bar{R}, \qquad \mathrm{UCL} = \bar{R}\left(1 + 3\frac{d_3}{d_2}\right), \qquad \mathrm{LCL} = \bar{R}\left(1 - 3\frac{d_3}{d_2}\right)$$

となる．ただし，$n \leq 6$ のとき LCL は負となるので，LCL は考えない．

$\bar{X}$ 管理図の管理限界線は，

$$E(\bar{X}) \pm 3D(\bar{X}) \tag{3.23}$$

である．

$$D(\bar{X}) = \frac{\sigma}{\sqrt{n}}$$

であるので，R 管理図の場合と同様に，σ の代わりに $\bar{R}/d_2$ を代入すると，$\bar{X}$ 管理図の管理線は

$$\mathrm{CL} = \bar{\bar{X}}, \quad \mathrm{UCL} = \bar{\bar{X}} + 3\frac{\bar{R}}{d_2\sqrt{n}}, \quad \mathrm{LCL} = \bar{\bar{X}} - 3\frac{\bar{R}}{d_2\sqrt{n}}$$

ここで，$\bar{\bar{X}} = \dfrac{\sum\limits_{i=1}^{k} \bar{X}_i}{k}$ となる．

d_2 と d_3 を表 3.15 に示す．表 3.14 の値は正規分布に従う確率変数の範囲の分布から求める．図 3.20 の $\bar{X} - R$ 管理図の管理限界線と中心線の計算は以下のとおりである．

$\bar{X}$ 管理図：

$$\mathrm{CL} = \bar{\bar{X}} = 15.92,$$

76   3. 観察データの解析手法

表 3.15 d_2 と d_3 の値

群の大きさ	d_2	d_3
2	1.128	0.853
3	1.693	0.888
4	2.059	0.880
5	2.326	0.864
6	2.534	0.848
7	2.704	0.833
8	2.847	0.820

$$\mathrm{UCL} = \bar{\bar{X}} + 3\frac{\bar{R}}{d_2\sqrt{n}} = 15.92 + 3 \times \frac{1.045}{2.059 \times \sqrt{4}} = 16.68,$$

$$\mathrm{LCL} = \bar{\bar{X}} - 3\frac{\bar{R}}{d_2\sqrt{n}} = 15.92 - 3 \times \frac{1.045}{2.059 \times \sqrt{4}} = 15.16.$$

R 管理図：

$$\mathrm{CL} = \bar{R} = 1.045,$$

$$\mathrm{UCL} = \bar{R}\left(1 + 3\frac{d_3}{d_2}\right) = 1.045\left(1 + 3 \times \frac{0.880}{2.059}\right) = 2.3848,$$

LCL は考えない.

図 3.20 の $\bar{X} - R$ 管理図のように，管理線を打点するデータから求める場合を "標準値が与えられていない場合" の管理図という．一方，(3.22) 式および (3.23) 式の期待値と標準偏差が与えられた場合を "標準値が与えられている場合" の管理図という．前者を解析用管理図，後者を管理用管理図ともいう．"標準値が与えられている場合" の管理図には，管理図の更新の際，直前の管理図のデータから再計算する場合と，管理線をそのまま延長する場合がある．初期流動期では前者の "標準値が与えられていない管理図" を，本流動期では後者の "標準値が与えられている場合" の管理図を用いることを原則とするのがよい．ここで，本流動期の標準値とは初期流動終了時のものである．ISO 7870–2: 2013 Control charts ——Shewhart control charts (JIS Z 9020–2:2013 管理図——第 2 部：シューハート管理図) では，工程を管理状態にもっていく段階をフェーズ I，フェーズ I でつくりあげた工程の状態を維持していく段階をフェーズ II という．

   3 シグマ法とは別の管理限界線の求め方として確率限界法がある．この方法は，統計量が従う分布のパーセント点から管理限界線を求める方法である．確率限界法は，管理図の統計量が従う分布が歪んでいる場合に適用されることが

3.6 工程のいつもの状態の可視化 77

ある (→事例 11–2).

3.5 節で述べた有意水準の設定についての議論は，管理図のフェーズ I とフェーズ II での違いが議論のよい材料となる．有意水準を厳密にまえもって設定しておくか，あるいは，柔軟な対応をするかである．異常を検出するルールは 3 シグマルールの他にいくつかある (JIS Z 9020–2: 11.2.4 項を参照)．複数のルールを併用すると異常の検出力は増す．しかし，誤報の確率 (有意水準) も増す．2.2 節で述べたように，工程を安定した本流動期に移行するまでには，流動準備期，試験流動期，初期流動期の過程がある．このうち，管理図を利用する期間は初期流動期と本流動期である．初期流動期は工程改善を進めていかなくてはならない期間である．"管理図の異常→問題発見→原因追究→工程改善→標準の見直し"という一連の管理活動を推し進めて工程能力の向上を図らなければならない．フェーズ I の段階である．したがって，管理図ではいくつかの異常判定ルールを併用してよい．複数のルールを併用することは有意水準にこだわらないことを意味する．改善のトリガーになるのであればという，積極的に原因を追究していこうとするスタンスであり，探索的データ解析ともいえる．一方，フェーズ II の段階である本流動期に移ったならば，異常の確信がよほど高くなければ原因追及のアクションを起こしたくない．すなわち，有意水準を小さめに抑えた確証的データの解析が必要である．"オオカミ少年"になるのを避けたいからである．

演 習 問 題

3.1 本章に掲載した数学 5 教科の数値例を，数学担当の教師の立場で解析を行え．解析は本書に準じて行ってよい．また，解析結果を数学の授業に活かすとするならば，さらにどのようなデータが必要か，あるいは，本書で解説した以外のどのような解析が必要かを議論せよ．

3.2 本章に掲載した駅前コンビニエンスストアの売り上げデータを，このチェーン店の営業指導の立場で解析を行え．3.1 節と同様に，解析は本章に準じて行ってよい．また，解析結果をチェーン店の営業活動に活かすとするならば，さらにどのようなデータが必要か，あるいは，本章で解説した以外のどのような解析が必要かを議論せよ．

3.3 主成分分析を行うとき，出発行列が相関係数行列の場合と分散共分散行列の場合との解析結果を比べ，その違いについて確認をせよ．

3.4 主成分分析の解析結果で，固有値が大きい主成分のスコアの外れ値と固有値が 0 に近い主成分のスコアに外れ値との違いについて説明せよ．

3.5 対応分析の数値例 (表 3.7，表 3.10) とそれらの解析結果である図 3.7，図 3.8 の布置との対応を確認せよ．

3.6 回帰分析と主成分分析における残差の定義を調べ，違いを述べよ．

3.7 回帰式 (3.13) 式，(3.14) 式，(3.15) 式における説明変数 x_2 の偏回帰係数の変化を説明せよ．

3.8 図 3.16 の因果ダイアグラムにおける間口の広さ x_2 →品揃え x_3 →売上高 y の間接効果を推定するための回帰モデルを示せ．

3.9 因果分析において，共変量はどのような悪影響を与えるかについて答えよ．

3.10 ゲリラ豪雨の迅速な警報のために，ワイパーの作動状況でゲリラ豪雨を予測する例を本章にあげた．この例のように，因果の方向と予測の方向が異なる例をあげよ．また，予測に因果メカニズムは必要であるか否かを議論せよ．

3.11 管理図の活用の場と有意水準の考え方について議論せよ．このとき，第 11 章を参考にせよ．

3.12 工程能力と工程変動の違いを述べよ．

参 考 文 献

- Mardia, K.V., Kent, J.T. and Bibby, J.M. (1980)：Multivariate Analysis, Academic Press.
- 本多正久，島田一明 (1977)：経営のための多変量解析法，産能出版部.
- Wright, S. (1934)：The method of path coefficients, *Annals of Mathematical Statistics*, Vol.5, 161–215.
- 大隅昇 (2013)：対応分析法・数量化法 III 類の考え方，
    http://www.wordminer.org/wp-content/uploads/2013/04/63_18.pdf
- 岩坪秀一 (1987)：数量化法の基礎，朝倉書店.
- 大隅昇，L. ルバール，A. モリノウ，K.M. ワーウィック，馬場康雄 (1994)：記述的多変量解析法，日科技連.
- P. アラビ，J.D. キャロル，D.S. デサルボ (岡太彬訓，今泉忠 (訳)) (1990)：3 元データの分析—多次元尺度構成法とクラスター分析法，共立出版.
- Carroll, J.D. and Chang, J.J. (1970)：Analysis of Individual Differences in Multidimensional scaling via an N-way generalization of "Eckart-Young" Decomposition, *Psychometrika*, Vol.35, 283–319.
- 椿広計 (1994)：回帰分析から因果分析へ，標準化と品質管理，Vol.47, No.5, 111–116.
- 狩野裕，三浦麻子 (2002)：グラフィカル多変量解析，現代数学社.
- 山口和範，廣野元久 (2011)：SEM 因果分析入門，日科技連.
- 宮川雅巳 (2004)：統計的因果推論，朝倉書店.
- 永田靖 (1991)：工程能力指数の区間推定，品質，Vol.21, No.2, 3–8.
- ISO 7870–2: 2013：*Control charts—Shewhart control charts.* (JIS Z 9020–2: 2013 管理図——第 2 部：シューハート管理図)

4 章

計画データの獲得／解析／解釈

4.1 計画データの基礎

4.1.1 観察データに対する計画データの意義[1]

観察データによる要因解析 (因果分析) について 3.4.2 項で議論した. そのとき共変量がキーワードであった. 重要な共変量が観察されていないと要因分析においてミスリーディングにつながる可能性がある. "注目する要因系の変数←共変量→結果系の変数" の擬似効果の存在が問題となる. ここで, 再度**共変量**が観察されない場合の問題を数値例で示す. 図 4.1 は共変量 w を含む因果モデルである. ここで, 処理変数である x から結果系変数である y への効果を知りたい. データは表 4.1 である. そこで, 回帰モデル

$$y = \beta_0 + \beta_1 x + \varepsilon$$

を想定し回帰分析を行うと, 回帰式

$$\hat{y} = 373.60 - \underset{(F=0.399)}{0.106} x_1 \tag{4.1}$$

を得る. F 値は 0.399 で 2.0 より小さい. y と x の相関係数は -0.121 である. ところが, 回帰モデルに共変量 w を取り込んだ回帰式は

$$\hat{y} = -446.85 + \underset{(F=80.32)}{0.986} x_1 + \underset{(F=151.5)}{6.709} w$$

であり, x の F 値は 80.32 である. 共変量 w が絡む擬似効果と x の直接効果が相殺された結果が回帰式 (4.1) であると解釈できる.

表 4.1 の数値例は, 事前情報の整理も含めて観察データによる因果分析の醍醐味ではある. しかし, 隠れた共変量がないことを保証できない難しさがある. この問題を見事に解決してくれる方策が計画データである.

上記の数値例で x への介入効果を推定したいのであれば, 共変量 w を取り込

---

1) 4.1.1 項は永田 (2009) を参考にした.

79

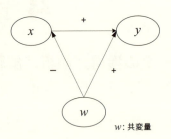

図 4.1 共変量を含む因果モデルの例

表 4.1 図 4.1 の数値例

x	y	w	x	y	w
121	457	112	203	337	85
160	456	106	210	321	81
138	375	103	226	347	79
140	380	105	226	352	83
153	390	105	266	274	73
120	315	95	261	345	78
148	297	90	256	385	86
152	342	97	293	406	84
184	360	92	291	364	76
225	425	98	299	352	73
161	278	86	308	349	72
186	291	84	284	394	88
198	312	87	275	281	72
199	264	81	126	417	113
203	334	84			

んだ回帰モデルを想定すべきである．しかし，それでも隠れた共変量がないという保証はない．介入効果を知りたいのであれば，変数 x に積極的に介入すればよいではないか，ということになる．その行為が実験であり，その結果得られたデータが計画データである．変数 x へ積極的に介入 (実験を) するとは，要因系変数 x の値 (実験条件) を実験者が意図的に変えることである．共変量とは結果系変数 y と要因系変数 x との共通原因となる変数である．変数 x を実験者が意図的に変えることは，変数 w →変数 x の因果を断ち切ることを意味する．こうなれば，変数 w は共変量ではなくなり，擬似効果を消すことができる．ただし，変数 w →変数 y の効果は残ってしまう．これは実験誤差である．当然，実験誤差が大きいと困る．そこで，実験誤差ができるだけ小さくなるような工夫が必要である．後述する Fisher の局所管理である．

さらに，どうせ意図的に変えるのであれば，効率的で，かつ効果的な実験計画にしたい．効率的とは実験回数をできるだけ減らすことである．具体的な道具として直交配列表 (直交表の略称で使われることが多い．以後，直交表と記す) である．効果的とは限られた実験回数でできるだけ効果 (因の大きさ) の推定精度を上げることである．推定精度を上げる方法は同時に解析を容易にする．具体的には直交という概念である．

以上，観察データと比較した計画データの特長を図 4.2 にまとめる．

計画データの典型例は実験室での実機実験であり，あるいは，コンピュータで行う数値実験である．これらの実験はいずれも自然科学あるいは工学の分野での実施である．計画のバラエティは限られ，また実施の制約はあるものの，社会科学分野での調査においても実験に似た状況をつくりだすことができる．例

4.1 計画データの基礎

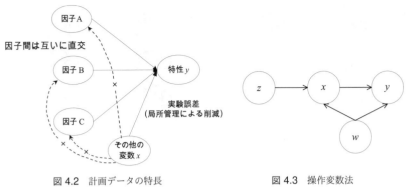

図 4.2　計画データの特長　　　　図 4.3　操作変数法

えば，次の条件を満たす変数 z が存在するとき，変数 x →変数 y の因果効果を検証することができる．

1) 要因系変数 x に強く影響を与えるが，結果系変数 y との間に因果関係は存在しない．
2) 結果系変数 y と共通な原因 (共変量) が存在しない．
3) 変数 z と変数 y に相関が認められる．

これを**操作変数法** (図 4.3) という．ただし，2) は変数 y と変数 z に対して共変量が存在しないことを条件としている．ここでも，共変量が難敵であることがわかる．ただし，図 4.3 にあるように，変数 x と変数 y の共変量 w が存在してもかまわない．

4.1.2　計画のポイント

仮想的な耐久試験を想定する．某自転車用タイヤメーカーでは従来品のタイヤ A_1 と新製品タイヤ A_2 の耐久性の実験を行いたい．実験の目的は A_1 と A_2 の耐久性を調べることである．4 名のモニターを募り，4 台の同種の自転車にタイヤを装着し一定期間試走してもらった後，タイヤの摩耗を測定する実験を計画したとする．このとき，4 台の自転車にタイヤ A_1 と A_2 をどのように装着するのが効果的な実験計画かを考えてみよう．

図 4.4 に 2 つの案を示す．第 1 案は任意の 2 台に A_1 を装着し，残りの 2 台に A_2 を装着する．第 2 案はどの自転車にも A_1 と A_2 を装着する．ここで，前輪に装着するか，後輪に装着するかも考えなければならないが，問題を簡単にするために前輪と後輪とでタイヤへの負荷は平均的に変わらないとしよう．

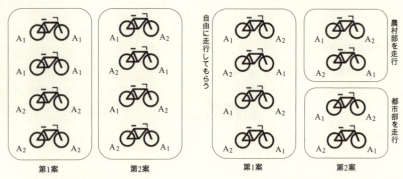

図 4.4 タイヤの耐久性に関する実験計画の比較 (1)

図 4.5 タイヤの耐久性に関する実験計画の比較 (2)

正解は第2案である．2つの案におけるデータの構造の違いを考える．第1案ではデータが A_1 であるか A_2 であるかが肝要であるが，第2案ではさらに，どの自転車のデータであるかという情報が加わる．y_{11} と y_{21} は同じ自転車のデータであり，y_{11} と y_{14} を取り替えるとデータがもつ構造が変わってしまう．すなわち，第2案のデータ形式は，表 4.2 に示すように，タイヤの種類 (A_1, A_2) の因子に加えて自転車の因子 B (B_1, B_2, B_3, B_4) が意味あるものとなる．ここで，実験誤差の構造を考える．第1案では y のばらつきは，因子 A の効果 (A_1 と A_2 の違い) と実験誤差からなる．一方，第2案では因子 A の効果と因子 B の効果と実験誤差からなる．ここで，2つの案の実験誤差による y のばらつきを比較すると因子 B の効果が分解される分，第1案に比べて第2案の実験誤差のほうが小さくなる．

表 4.2 図 4.4 の第2案のデータ形式

	A_1	A_2
B_1		
B_2		
B_3		
B_4		

第2案から次の効果的な実験計画のあり方を学ぶ．

1) 比較したい対象はできるだけ同じ場で比較する．

第2案における自転車の因子 B を**ブロック因子**とよぶ．ブロック因子は実験誤差を小さくする役割をもつ．

1台の自転車に A_1 と A_2 のタイヤを装着する案を採択したとしよう．次に，

4.1 計画データの基礎   83

思案すべきは 4 名のモニターの試走の場の設定である．第 1 案は試走の場を定めないでモニターの日常どおり走行してもらう．モニターを無作為に選定する．第 2 案は 2 名のモニターは郊外に居住する人から，他の 2 名は都市部に居住する人から選定して，同様に日常どおりの走行を依頼する．どちらが効果的な実験計画かを考えてみよう．

実験者に郊外と都市部ではタイヤへの負荷のパターンが違うという事前情報があるならば，第 2 案を選択すべきである．第 1 案が単なる繰り返しの実験であるのに対して，第 2 案は負荷の違いによる耐久性の再現性を確認することができる．郊外であっても都市部であっても新製品 A_2 のほうが耐久性が良いのであれば，第 2 章で述べた "市場に出てからのばらつき" が小さいことになる．第 1 案は実験の場がランダムに設定されることになる．もちろん，走行の履歴を把握することによって事後の情報を得ることは可能である．しかし，負荷と耐久性の関連を詳細に把握することは難しい．第 2 案のように負荷に関する事前仮説があるならば，積極的に因子として取り上げた計画が望まれる．実験回数が同じであれば，単なる実験の繰り返しではなく，意図的に比較する場をばらつかせる計画のほうがよい．

上記 1) の基本的考え方に連動して，第 2 案から次の効果的な実験計画のあり方を学ぶ.

2) 比較する場はできるだけばらつかせる．

この 2) の学びを拡張するならば，走行の場を郊外 2 台と都市部 2 台ではなく，さらに自転車 4 台の自転車を意図的にすべて異なる場におく計画がよいという主張になる．しかし，すべて異なる場に 1 台ずつ配置したならば，同じ場での再現性を検討できない．実験誤差を評価するためには繰り返しが必要となる．思案のしどころではあるが，一般には実験誤差を評価するために実験の繰り返しが必要である．

4.1.3 実 験 計 画

タイヤの仮想的事例から実験誤差と再現性に関する学びを得た．ここでは，実験計画に関する Fisher と田口の考え方をまとめる．加えて，CAE (Computer Aided Engineering) による数値実験についてもふれる．

実験計画法を体系化したのは Fisher である．実験誤差は推論に不確実性をまねく．実験者にとって実験誤差はできるだけ避けたい敵である．しかし，農事試験のように，フィールド実験では日照条件や土の肥沃など圃場が不均一であ

ることから実験誤差は避けられない．実験誤差をともなう実験結果から品種の比較やら肥料の効果の比較を行わざるをえない．ロザムステッド農事試験場の研究者であった Fisher は実験誤差をいかにして小さくするか，そして，誤差の大きさの定量化する方法を提案し，かつ精密な標本分布論を発展させた．いわゆる Fisher の三原則であり，分散分析である．

Fisher の三原則の一つは 4.1.2 項で述べたブロック因子の導入による実験誤差の減少である．農事試験の目的は "比較" であり，比較対象をできるだけ均一の場におくために，実験の場に**ブロック** (区画) を構成することを提案した．品種の比較 (A_1, A_2) であれば，ブロック内に A_1 品種と A_2 種の種を蒔く．これを**局所管理**とよぶ．ただし，ブロック内でも均一ではない．そこで，A_1 と A_2 の種をブロック内にランダムに蒔く．これによって，ブロック内のばらつきに確率が定義できる場 (確率空間) をつくりだす．2 つ目の原則である**無作為化**である．3 つ目の原則が "同じ条件での実験の繰り返し" である．実験の繰り返しによって誤差の大きさを評価できる．

計画データの解析スタンスは仮説検証であることをすでに述べた．実験における仮説は**要因効果**[2] の有無である．要因効果の有無は，実験結果のデータによる母集団の推測である．実験結果の可視化が解析目的ではなく，解析の一義的な目的は，実験条件を母集団とした実験データによる母集団の推測である．上記の実験の無作為化と繰り返しによって統計的推測が可能となる．Fisher の業績である標本分布論とその応用である分散分析は，計画データによる要因効果に対する仮説検証である．

Fisher の実験計画法の体系化が農業を背景としているのに対して，実験計画法を工業を背景にしたものに発展させたのが田口である．第 2 章で述べたばらつき低減の 4 つの対策に対応づけるならば，Fisher の方法が対策 B による未然防止が中心であるのに対して，田口の提案は対策 D による未然防止が中心である．ここでは田口によるタグチメソッドの原点であるロバスト設計を述べる．

実験は元来，将来に生起するであろう原因のばらつきを因子として実験の場に持ち込むことを可能にする．市場に出てからのばらつきの原因は市場での外乱であり，外乱自体がばらつきをもつ変量であるが，ばらつきの大きさを考慮して例えば 2 水準を設定する．これを変量の**母数化**という．Fisher による農事試験がフィールドでの実験であるのに対して，ロバスト設計は実験室で市場を再現することを指向した仮想フィールド実験であり，ものづくりにおける商品

---

2) 主効果と交互作用を総称して要因効果という．

開発，技術開発段階で市場に出てからのばらつき低減をねらったものである．ロバスト設計の基本的発想は，市場での外乱を実験の因子 (誤差因子) として導入し，制御因子との交互作用の解析とその解釈を主とするものである．

観察データに対する計画データの意義は，介入による共変量の効果を遮断することであることは 4.1.1 項で述べた．これによって，計画データは効果の大きさの推定精度の向上が見込まれる．これを指向したのは Fisher である．しかし，田口は要因効果の推定精度向上を指向したのではなく，最適条件を求める機能を一義的に考えた．後述する L_{18} 直交表の活用の奨めはその典型である．L_{18} 直交表は要因効果の推定には向いていない．最適条件を求めるためのツールである．

実験計画法の発展に貢献したのは，上記の Fisher と田口であり，もう一人あげるとしたならば Box である．Box は化学の立場から応答[3] y の推定精度を向上させる実験計画法の開発に貢献した．中心複合計画 (→事例 8–1) の提案がその代表である．

昨今，実機実験に代わり CAE による数値実験が多用されるようになった．数値実験は実機実験とは異なり，実験誤差がないこと，また，これに関連して時間的な意味でのブロック効果がないという特徴をもつ．実験誤差がないことから解析結果が統計的推測の土俵には乗ってこない．また，追加実験を行ったとき時間的ブロック効果を考えなくてよい．数値実験[4]はシミュレーションモデルによるものであり，実機実験での実験結果との乖離を検討しなければならない (→事例 8–2)．

4.2 計画データの獲得とモデル

4.2.1 実験計画法の概観

ここでは実験計画法を概観する．いくつかの因子を取り上げて，そのすべての組合せの実験処理を行う実験を要因実験という．取り上げる因子の数によって，2つであれば二元配置，3つであれば三元配置とよぶ．すべての組合せの実験処理を 1 つのブロック内にランダムに配置する計画を**完備型実験**といい，すべての実験処理数がブロックの大きさを上回るとき**不完備型実験**という．

取り上げる因子の効果を母数 (パラメータ) として取り扱う場合，その因子を

---

3) 実験の結果を応答という．
4) 以後，シミュレーション実験という．

母数因子といい，因子の水準が定まった効果ではなく，ある集団から抽出されたサンプルの場合，その因子を**変量因子**という．温度を因子として取り上げ，その水準を 200 ℃，250 ℃に設定した実験では，温度は母数因子であり，ロットから数個のサンプルを抽出し，それぞれを水準とした実験を実施する場合，サンプルは変量因子である．変量因子は水準に再現性がない．

取り上げる因子が多い場合，要因実験を行うと実験回数が過多になる．このとき，すべての組合せの処理のうち，例えばその 1/2 を実施する場合，一部実施法という．一部実施法の計画には直交表を使うと便利である．直交表には素数べき型と混合系がある．両者には交互作用の交絡に違いがある．

二次多項式による応答曲面モデルを構築するための計画として中心複合計画がある．要因計画，あるいは一部実施法に実験点を追加する計画である．

以下，上述した実験計画法をより詳細に解説する．

4.2.2 要因実験

取り上げる因子が 2 つ (因子 A，因子 B) であり，因子 A の水準数が 3，因子 B の水準数が 2 のとき，すべての組合せ (最低 6 実験処理) で実験処理を行う実験計画を二元配置の要因実験という．Fisher による局所管理の観点から，この 6 実験処理は 1 つのブロック内でランダムな順序で行われる．

二元配置は最も基本的な実験計画である．数値例を使い，応答を平方和に分解をし，分散分析に至る解析過程を解説する．平方和の分解は直交している実験計画であれば，その他の計画であっても以下に解説する二元配置における計算と同様である．(4.3.1 項で改めて直交分解について詳しく解説する．)

表 4.3 二元配置の例題

	B_1	B_2	B_3
A_1	4.5	3.0	6.0
A_2	−1.5	1.5	4.5

表 4.3 に示した二元配置の数値例を使って，平方和の分解と分散分析について解説する．まず，構造式を仮定する．

$$y_{ij} = \mu + \alpha_i + \beta_j + \varepsilon_{ij} \quad (i = 1, \cdots, a;\ j = 1, \cdots, b) \qquad (4.2)$$

α_i，β_j はそれぞれ因子 A の主効果，因子 B の主効果である．ここで注意すべきは，因子の効果 α_i と β_j は総平均 μ からの隔たりとして定義されることであ

4.2 計画データの獲得とモデル

る．主効果 α_i, β_j が

$$\sum_{i=1}^{a} \alpha_i = 0, \qquad \sum_{j=1}^{b} \beta_j = 0$$

となるように総平均 μ が定義されるといってもよい．これを "総平均へのしわよせ" という．"しわよせ" によって主効果のパラメータを1つずつ減らすことができる．本数値例では因子 A の効果のパラメータ数は $a-1=2$，因子 B のパラメータ数は $b-1=1$ となる．

計画データの解析スタンスは仮説検証であることを何度も述べた．仮説検定の立場で正確にいうならば，構造式を仮定しておき，その仮定の下で "主効果がない" ことが仮説 (帰無仮説) である．分散分析では，帰無仮説が成立しているもとで検定統計量がある標本分布に従うことを利用し，仮説検証を行う．ここでの帰無仮説は

$$\alpha_1 = \cdots = \alpha_a = 0, \qquad \beta_1 = \cdots = \beta_b = 0$$

である．

表 4.3 のデータを (4.2) 式の構造式に則して分解をする．表 4.4 にそれを示す．ここで，

$$\hat{\mu} = \frac{\sum_{i=1}^{a}\sum_{j=1}^{b} y_{ij}}{ab}, \quad \hat{\alpha}_i = \frac{\sum_{j=1}^{b} y_{ij}}{b} - \hat{\mu}, \quad \hat{\beta}_j = \frac{\sum_{i=1}^{a} y_{ij}}{a} - \hat{\mu},$$

また，構造式で説明できない部分 (残差 e_{ij}) は

$$e_{ij} = y_{ij} - \hat{\mu} - \hat{\alpha}_i - \hat{\beta}_j$$

である．表 4.4 からわかるように，

表4.4 (4.2) 式にもとづく効果の分解

データ	B$_1$	B$_2$	B$_3$
A$_1$	4.5	3.0	6.0
A$_2$	−1.5	1.5	4.5

=

$\hat{\mu}$	B$_1$	B$_2$	B$_3$
A$_1$	3.0	3.0	3.0
A$_2$	3.0	3.0	3.0

+

$\hat{\alpha}$	B$_1$	B$_2$	B$_3$
A$_1$	1.50	1.50	1.50
A$_2$	−1.50	−1.50	−1.50

+

$\hat{\beta}$	B$_1$	B$_2$	B$_3$
A$_1$	−1.50	−0.75	2.25
A$_2$	−1.50	−0.75	2.25

+

e	B$_1$	B$_2$	B$_3$
A$_1$	1.50	−0.75	−0.75
A$_2$	−1.50	0.75	0.75

$$\sum_{i=1}^{a} \hat{\alpha}_i = 0, \qquad \sum_{j=1}^{b} \hat{\beta}_j = 0$$

である．前述したように，主効果のパラメータ数は水準数 -1 である．さらに，残差 e_{ij} には

$$\sum_{i=1}^{a} e_{ij} = 0 \quad (j=1,\cdots,b-1), \quad \sum_{j=1}^{b} e_{ij} = 0 \quad (i=1,\cdots,a-1),$$

$$\sum_{i=1}^{a} \sum_{j=1}^{b} e_{ij} = 0$$

の制約がある．

y_{ij} の平方和を構造式に準じて分解する．それには表 4.3 の各セルの数値の二乗和を計算する．

$$\sum_{i=1}^{a} \sum_{j=1}^{b} y_{ij}^2 = \sum_{i=1}^{a} \sum_{j=1}^{b} \hat{\mu}^2 + \sum_{i=1}^{a} \sum_{j=1}^{b} \hat{\alpha}_i^2 + \sum_{i=1}^{a} \sum_{j=1}^{b} \hat{\beta}_j^2 + \sum_{i=1}^{a} \sum_{j=1}^{b} e_{ij}^2 \qquad (4.3)$$

となり，y_{ij} の平方和を構造式に準じて分解できていることが確認できる．(4.3) 式の右辺の各項を

$$\sum_{i=1}^{a} \sum_{j=1}^{b} \hat{\mu}^2 = S_\mu, \quad \sum_{i=1}^{a} \sum_{j=1}^{b} \hat{\alpha}_i^2 = S_A, \quad \sum_{i=1}^{a} \sum_{j=1}^{b} \hat{\beta}_j^2 = S_B, \quad \sum_{i=1}^{a} \sum_{j=1}^{b} e_{ij}^2 = S_e$$

として数値を表にまとめたものが分散分析表 (表 4.5) の平方和の欄である．ただし，総平均 μ は応答の平均値であるので，(4.3) 式の右辺の μ に関連する項をまえもって左辺に移項しておき，応答の総変動を S_T としておく．すなわち，

$$\sum_{i=1}^{a} \sum_{j=1}^{b} y_{ij}^2 - \sum_{i=1}^{a} \sum_{j=1}^{b} \hat{\mu}^2 = \sum_{i=1}^{a} \sum_{j=1}^{b} (y_{ij} - \bar{y}_{..})^2 = S_T$$

である．

分散分析表について説明する．分散分析表には自由度の欄がある．各要因の平方和の自由度は"パラメータ数 − 制約式の数"である．(4.3) 式に示した平方和の分解と同様に，自由度も (4.2) 式に従い分解される．すなわち，自由度を ϕ

表 4.5　表 4.3 の二元配置データの分散分析表

要因	平方和	自由度	平均平方	F 値	P 値
A	13.500	1	13.500	4.000	0.184
B	15.750	2	7.875	2.333	0.300
e	6.750	2	3.375		
計	36.000	5			

4.2 計画データの獲得とモデル　　　　　　　　　　　　　　　　89

で表記すると

$$\phi_y = \phi_\mu + \phi_A + \phi_B + \phi_e \tag{4.4}$$

の分解が成立する. (4.4) 式の添え字は (4.3) 式の各項に対応する. ただし, 誤差 ε はその実現値の意味で e (残差) と表記する. また, ϕ_μ をあらかじめ左辺に移項して

$$\phi_y - \phi_\mu = \phi_A + \phi_B + \phi_e$$

としておき, $\phi_y - \phi_\mu = \phi_T$ とする. 本例題では

$$\phi_T = 5, \quad \phi_A = 1, \quad \phi_B = 2, \quad \phi_e = 2$$

となる.

　平均平方は "自由度 1 あたりの平方和" である. F 値は回帰分析でのステップワイズと同じ検定統計量である. ただし, ステップワイズでの F 値がモデル選択という探索的な解析であるのに対して, ここでは因子の効果に関する仮説検証, すなわち確証的な解析であることから, 有意水準を設定した検定を行う. 例えば, 因子 A では帰無仮説 $\alpha_1 = \cdots = \alpha_a = 0$ の下で

$$F = \frac{S_a/\phi_A}{S_e/\phi_e}$$

は自由度 (ϕ_A, ϕ_e) の F 分布に従う. そこで, F 値から 3.5 節で説明した P 値を求め, 帰無仮説を棄却するか否かを判断する. 表 4.5 の分散分析表の P 値が 0.05 より大きいので, この実験結果からは因子 A, 因子 B ともに効果があるとはいえない.

4.2.3 　交　互　作　用[5]

　2.3.2 項で交互作用を「因子 A (因子 B) の効果が因子 B (因子 A) の水準によって再現しない場合がある. 再現しない効果を "交互作用" という」と説明した. ここでは, 数値例によって交互作用をどのように計量するかについて解説する. 4.2.2 項で因子の効果を平方和で計量したように, 交互作用の効果を平方和で計量する. 二元配置における構造式を

$$y_{ij} = \mu + \alpha_i + \beta_j + (\alpha\beta)_{ij} + \varepsilon_{ij}, \tag{4.5}$$

　因子 A の第 i 水準の効果を α_i $(i = 1, \cdots, a)$,

---

5) 4.2.3 項は仁科 (2010) をもとに執筆した.

因子 B の第 j 水準の効果を β_j $(j=1,\cdots,b)$,

因子 A と B の 2 因子交互作用の第 i 水準と第 j 水準の効果を $(\alpha\beta)_{ij}$, とする.

もし (4.5) 式の右辺の第 4 項が無視できるのであれば, 特性値 y_{ij} の期待値は因子 A の効果と因子 B の効果の足し算となる. このようなとき"因子 A と因子 B に**加法性**が成り立つ"という. すなわち, 図 4.6 (因子 A, B ともに 2 水準) の実線に示すように"因子 A (因子 B) の効果は因子 B (因子 A) の水準によって再現性がある". 因子 B が第 1 水準のとき (B_1) と第 2 水準のとき (B_2) の直線が平行である.

一方, 図 4.6 の破線で示すように 2 つの直線が平行でないとき"因子 A (因子 B) の効果は因子 B (因子 A) の水準によって再現性がない". このとき因子 A と因子 B には**交互作用** $A \times B$ があるという.

交互作用の存在の有無を検証すると同時に交互作用のパターンが問題となる. 図 4.7(a) と (b) はどちらも $A \times B$ の 2 因子交互作用を表す. 図 (a) と (b) は両因子ともに 2 水準の場合である. したがって, 交互作用の有無は 1 次効果の再現性の有無である. 因子の水準が 3 水準であれば 2 次効果の再現性を交互作用モデルとして想定することができる.

交互作用モデルを分類するならば, 交互作用の相手である因子の水準によって効果のパターンが異なる場合 (図 4.7(a)) と, 効果のパターンは同じであるが水準によって効果の大きさが異なる場合 (図 4.7(b)) に分けることができる. いま, 特性値が望大特性[6)] であるとしよう. 図 (b) のような場合は因子 B の水準が B_1 であっても B_2 であっても A_2 が最適条件であることには変わりない. しかし, 図 (a) のような場合では, 因子 B の水準によって A の最適条件が異な

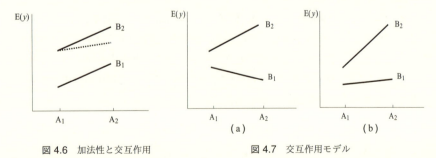

図 4.6　加法性と交互作用　　　　図 4.7　交互作用モデル

---

6) 値が大きいほうがよい特性を望大特性, 小さいほうがよい特性を望小特性, 目標値がある特性を望目特性という.

4.2 計画データの獲得とモデル　　　　　　　　　　　　　　　　　91

る．4.1.3 項で述べたように，実験計画の第一義的な目的を最適条件の探索とするならば，図 (b) のような交互作用を無視したとしても，最適条件の探索には差し支えない．後述する田口による L_{18} 直交表の活用の勧めはここにねらいがある．

(4.5) 式では交互作用効果と誤差の添え字 (i, j) が同じである．このとき交互作用と誤差が**交絡**するという．分離する方法は 2 つある．一つは残差

$$e_{ij} = y_{ij} - (\hat{\mu} + \hat{\alpha}_i + \hat{\beta}_j)$$

から探索的に交互作用項を抽出する方法である．もう一つは交互作用と誤差との交絡を避ける実験計画をたてることである．ここでは後者の方法における交互作用効果を算出する方法を解説する．

交絡を避ける実験方法は，構造式が

$$y_{ijk} = \mu + \alpha_i + \beta_j + (\alpha\beta)_{ij} + \varepsilon_{ijk} \tag{4.6}$$

となるように "実験の繰り返し" を行うことである．4.1.3 項で述べた Fisher の三原則の 3) である．(4.6) 式の構造式を実験計画に反映させたのが表 4.6 の数値例である．

$$\bar{y}_{ij\cdot} = \hat{\mu} + \hat{\alpha}_i + \hat{\beta}_j + \widehat{(\alpha\beta)}_{ij}$$

から

$$\widehat{(\alpha\beta)}_{ij} = \bar{y}_{ij\cdot} - (\hat{\mu} + \hat{\alpha}_i + \hat{\beta}_j)$$

であるので，交互作用要素 $\widehat{(\alpha\beta)}_{ij}$ は表 4.7 の $\widehat{(\alpha\beta)}_{ij}$ となる．表 4.4 と表 4.7 の数値を見比べてほしい．表 4.3 のデータは表 4.6 の各処理での応答の平均値である．したがって，表 4.7 の交互作用要素 $\widehat{(\alpha\beta)}_{ij}$ は表 4.4 の残差と等しい．ただし，実験の繰り返し数が 2 であるので，表 4.7 から計算される交互作用の平方和は表 4.4 から計算される残差平方和の 2 倍になる．したがって，

$$S_{A \times B} = 6.75 \times 2 = 13.50$$

表 4.6　繰り返しのある二元配置の数値例

A ＼ B	B_1	B_2	B_3
A_1	4 5	2 4	5 7
A_2	−1 −2	2 1	4 5

4. 計画データの獲得／解析／解釈

表 4.7 表 4.6 のデータの交互作用要素

B / A	B_1	B_2	B_3
A_1	4 / 5	2 / 4	5 / 7
A_2	−1 / −2	2 / 1	4 / 5

=

$\hat{\mu}$	B_1	B_2	B_3
A_1	3.0	3.0	3.0
A_2	3.0	3.0	3.0

+

$\hat{\alpha}$	B_1	B_2	B_3
A_1	1.50	1.50	1.50
A_2	−1.50	−1.50	−1.50

+

$\hat{\beta}$	B_1	B_2	B_3
A_1	−1.50	−0.75	2.25
A_2	−1.50	−0.75	2.25

+

$\widehat{(\alpha\beta)}_{ij}$	B_1	B_2	B_3
A_1	1.50	−0.75	−0.75
A_2	−1.50	0.75	0.75

となる.

直接，平方和を計算することもできる．もし因子 A と因子 B に加法性が成立すると仮定するならば，平方和の分解は

$$S_T = S_{\mathrm{A}} + S_{\mathrm{B}} + S_e$$

となる．因子の効果に加法性が成立するのであるから，因子 A と因子 B の平方和はそれぞれ個別に解析してよい．すなわち，因子 A の平方和は表 4.6 のデータを因子 A の一元配置実験 (2 水準で繰り返し数 6) として平方和を算出する．因子 B (3 水準で繰り返し数 4) の平方和も同様である．一方，加法性が成立しないとするならば，因子 A と因子 B の水準の組み合わせた仮想的因子 (因子 AB とする) による一元配置実験 (表 4.8) のデータの平方和を分解することになる．すなわち，

$$S_T = S_{\mathrm{AB}} + S_e$$

である．もちろん因子 AB の平方和は因子 A と因子 B の平方和を含んでいる．加法性が成立するならば

$$S_{\mathrm{AB}} = S_{\mathrm{A}} + S_{\mathrm{B}}$$

となるはずである．したがって，非加法性の度合いは

表 4.8 仮想因子 AB による表 4.6 のデータ

A_1B_1	A_1B_2	A_1B_3	A_2B_1	A_2B_2	A_2B_3
4	2	5	−1	2	4
5	4	7	−2	1	5

4.2 計画データの獲得とモデル

$$S_{\mathrm{A\times B}} = S_{\mathrm{AB}} - S_{\mathrm{A}} - S_{\mathrm{B}} \tag{4.7}$$

を計算することによって計量できる. (4.7) 式が交互作用 A×B による平方和 $S_{\mathrm{A\times B}}$ である.

$$S_{\mathrm{AB}} = 72.0, \quad S_{\mathrm{A}} = 27.0, \quad S_{\mathrm{B}} = 31.5$$

であるので, $S_{\mathrm{A\times B}} = 13.50$ となる.

表 4.9 に表 4.6 データの分散分析表を示す. 因子 A, 因子 B, 交互作用 A×B, ともに P 値が 0.05 より小さく有意水準 5 % でそれぞれの効果があるという結論になる.

表 4.9　表 4.6 のデータの分散分析表

要因	平方和	自由度	平均平方	F 値	P 値
A	27.000	1	27.000	27.00	0.0020
B	31.500	2	15.750	15.75	0.0041
A × B	13.500	2	6.750	6.75	0.0291
残差	6.000	6	1.000		
計	78	11			

多項式モデルによって交互作用をモデル化する. 最もシンプルな重回帰モデルは

$$y = \beta_0 + \beta_1 x_1 + \beta_2 x_2 + \varepsilon \tag{4.8}$$

である. (4.8) 式において x_1 を因子 A, x_2 を因子 B としたならば, β_1 と β_2 はそれぞれ因子 A の主効果, 因子 B の主効果を表す. 第 2 章で A×B の交互作用を "因子 A (因子 B) の効果が因子 B (因子 A) の水準によって再現性がない" ことと定義した. ここで,

$$y = \beta_0 + \beta_1 x_1 + \beta_2 x_2 + \beta_{12} x_1 x_2 + \varepsilon \tag{4.9}$$

のモデルを想定したならば, (4.9) 式は

$$y = \beta_0 + (\beta_1 + \beta_{12} x_2) x_1 + \beta_2 x_2 + \varepsilon$$

であるので "x_1 (因子 A) の効果は x_2 (因子 B) の大きさによって再現しない" という A×B の交互作用を表現できる.

しかしここで注意すべきは, (4.9) 式における 1 次 × 1 次 の積の項による交互作用効果の表現は, 交互作用の一つのパターンを表したものにすぎないということである. 積の項を表現するパラメータは β_{12} のみである. すなわち, 交

互作用に関する自由度は1である．因子の水準が2であるときを除いて交互作用の平方和の自由度は2以上である．例えば，因子Aが2水準，因子Bが3水準であれば，それらの交互作用の自由度は2であるので

$$y = \beta_0 + \beta_1 x_1 + \beta_2 x_2 + \beta_{22} x_2^2 + \beta_{12} x_1 x_2 + \beta_{122} x_1 x_2^2 + \varepsilon \quad (4.10)$$

の**多項式モデル**の構築が可能である．(4.10)式の右辺第5項と第6項が交互作用を表現している．それらは2つのパラメータによって表現されているので自由度は2である．

ともに3水準の繰り返しがある二元配置の実験を考えてみよう．2因子交互作用の自由度は4となる．このとき交互作用は多項式モデルの

$$\beta_{12} x_1 x_2 + \beta_{122} x_1 x_2^2 + \beta_{112} x_1^2 x_2 + \beta_{1122} x_1^2 x_2^2 \quad (4.11)$$

に対応する．パラメータ数は4であり，自由度4のモデルである．

モデルをシンプルにする意味で，因子や特性の選択によって交互作用の削除を検討することも必要である．交互作用を平易に解説する例として"チャンポン効果"がある(図4.8)．日本酒とウィスキーをチャンポンで飲んだとしよう．図4.8は日本酒を3合とウィスキーを3杯飲んだとき，いわゆる"チャンポン効果"で酔いが急にまわるということを示している．しかし，よくよく考えてみるならば，酔いの程度は血中アルコール濃度による説明がより科学的である(図4.9)．したがって，酔いの程度は交互作用のあるチャンポン効果でモデル化するよりも，アルコール濃度を因子としたモデルのほうが，交互作用効果を含まないよりシンプルなモデルとなる[7]．モデルの簡易化(交互作用を除去したモ

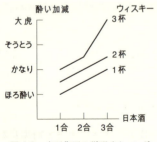
図4.8 交互作用の説明(チャンポン効果)

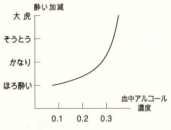
図4.9 交互作用の説明(血中アルコール濃度)

---

7) しかし，チャンポン効果は交互作用を説明するわかりやすい例であり，かつ，実際での飲み会での判断に直接役立つ情報となる．図4.9を科学的なモデルとするならば，図4.8は技術的なモデルである．

4.2 計画データの獲得とモデル

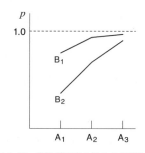

図 4.10　応答が比率の場合の交互作用

デル) への発想は因子の選択によるところが大きいことを示唆するものである.

割合を応答とするような場合も注意したい. 割合 p は $0 \leq p \leq 1$ であり, 値が飽和する. 応答が比率の二元配置実験を考えてみよう. 特性値に応答である比率をそのまま用いると, 図 4.10 に示すように, あたかも A × B の交互作用があるようにみえる. この現象は特性値が飽和することから生じる (中條 (1987)).

割合のモデル化には "足し算引き算" はなじまない. "かけ算わり算" がなじむ. "かけ算わり算" を "足し算引き算" のモデルに変換するには対数変換を行う. (4.12) 式のロジスティック回帰モデル

$$\log \frac{p_{ij}}{1-p_{ij}} = \mu + \alpha_i + \beta_j + \varepsilon_{ij} \qquad (4.12)$$

が適している. ロジステックモデルを用いることによって, 図 4.10 のようなみかけの交互作用を防ぐことができる.

4.2.4　一部実施法

因子 A, B, C (水準はすべて 2 水準) の三元配置実験を想定する. 4.2.3 項で交互作用効果を計画上の工夫で求めるには実験の繰り返しが必要であることを述べた. いま, A × B の交互作用効果を求めたいとしよう. 因子 A と B の処理の組合せは $(A_1B_1, A_1B_2, A_2B_1, A_2B_2)$ の 4 処理であり, 8 回の処理を行う三元配置実験では, この組合せの処理は繰り返しが 2 回である. したがって, A × B を求めることができる. A × C, B × C も同時に求めることができる. 応答の平方和 S_T は,

$$S_T = S_A + S_B + S_C + S_{A \times B} + S_{A \times C} + S_{B \times C} + S_e$$

に分解ができ, S_T の自由度 7 も右辺のそれぞれの平方和の自由度 1 に分解される.

いま，因子 D が加わり，4 因子の実験であったとする．四元配置実験であるとするならば，16 実験処理が行われる．ところが，8 回しか実験ができないとしよう．実験者は 16 処理のうち図 4.11 に示す〇印の 8 処理を選んだとする．図からわかるように，2 つの因子のすべての組合せ処理 (4 処理) の繰り返しは 2 回行われている．したがって，A×B, A×C, A×D, B×C, B×D, C×D の 6 通りの 2 因子交互作用を求めることができる．平方和に分解したならば，主効果の平方和で自由度が合計 4，2 因子交互作用の平方和の自由度が合計 6 となり，8 回の実験での応答の平方和の自由度 7 では足りない．例えば，A×B と C×D は，同じ処理のデータを使って交互作用効果を求めることになる．つまり，効果を計算しても，それが A×B の効果なのか C×D の効果なのかが区別がつかない．同様に，A×C と B×D，A×D と B×C も効果に区別ができない．これを**交絡**という．四元配置の要因実験であれば 16 通りの処理であるところを，その 1/2 である 8 処理で行おうとすると要因効果が交絡してしまう．

		C_1		C_2	
		D_1	D_2	D_1	D_2
A_1	B_1	〇			〇
	B_2		〇	〇	
A_2	B_1		〇	〇	
	B_2	〇			〇

図 4.11　要因実験の一部実施の例

実験はコストがかかり実験処理数に制約があることが多い．取り上げる因子の数が p のとき，2 水準であっても 2^p 回の実験処理を行うことになる．因子数 p が多いとき，要因実験は実用的ではない．そこで，効率的でかつ効果的な実験計画が必要になる．効率的かつ効果的とは，できるだけ少ない実験回数で必要な仮説を検証できる実験計画を意味する．すべての組合せの実験処理数の何分の一かの実験回数の計画で行う実験を一部実施法という．

図 4.11 に示した 8 処理の実験計画は，主効果と 2 因子交互作用が交絡しない計画 (交絡するのは 2 因子交互作用間) になっている．図 4.11 を表にしたものが表 4.10 である．図 4.11(表 4.10) の処理の選択を簡単に実施するための道具が直交表である．直交表は一部実施法を簡単に計画するための道具である．

表 4.11 は L_8 直交表であり，2 水準系直交表の一つである．実験サイズを大きくするならば，L_{16} や L_{32} などの直交表がある．L_8 直交表を用いて図 4.11(表 4.10) の実験を計画するならば，第 1 列に因子 A，第 2 列に因子 B，第 4 列に

4.2 計画データの獲得とモデル 97

表 4.10 図 4.11 の実験の表提示

実験 No.	A	B	C	D	応答
1	1	1	1	1	
2	1	1	2	2	
3	1	2	1	2	
4	1	2	2	1	
5	2	1	1	2	
6	2	1	2	1	
7	2	2	1	1	
8	2	2	2	2	

表 4.11 L_8 直交表

因子 列番 実験 No.	A	B		C			D	y
	1	2	3	4	5	6	7	応答
1	1	1	1	1	1	1	1	3.1
2	1	1	1	2	2	2	2	3.9
3	1	2	2	1	1	2	2	4.2
4	1	2	2	2	2	1	1	4.7
5	2	1	2	1	2	1	2	4.9
6	2	1	2	2	1	2	1	4.8
7	2	2	1	1	2	2	1	5.2
8	2	2	1	2	1	1	2	6.9

因子 C，第 7 列に因子 D を割り付ける．直交表の数字が水準を表すので，No.1
から No.8 の実験計画が図 4.11 の実験計画と一致していることがわかる．例え
ば，因子 A の主効果の差（"効果" とよぶことにする）は

$$\frac{(y_1 + y_2 + y_3 + y_4) - (y_5 + y_6 + y_7 + y_8)}{4} \tag{4.13}$$

で求まる．直交表の 1 に対応する応答を ＋ に，2 に対応する応答を － にすれば
よい．

　このとき，2 因子交互作用の交絡を次のようにして確認することができる．L_8
直交表の応答を No.1 から No.8 までそれぞれ y_1 から y_8 とする．A × B は A_1
の水準における B の効果と A_2 の水準における B の効果の再現性（差）である
ので

$$A_1 \text{ における B の効果}: \frac{(y_1 + y_2) - (y_3 + y_4)}{4},$$

$$A_2 \text{ における B の効果}: \frac{(y_5 + y_6) - (y_7 + y_8)}{4},$$

$$\text{差} = \frac{(y_1 + y_2 + y_7 + y_8) - (y_3 + y_4 + y_5 + y_6)}{4} \tag{4.14}$$

である．(4.14) 式は応答の添え字の ＋ を 1，－ を 2 とすると，第 3 列に相当す
ることがわかる．第 1 列に割り付けた因子と第 2 列に割り付けた因子の交互作
用は第 3 列に割り付けられることを意味する．同様な計算をすると，C × D の
交互作用が第 3 列に割り付けられることが確認できる．すなわち，A × B の交
互作用と C × D の交互作用は交絡する．

　L_8 直交表において 2 因子交互作用が出現する列を示したものが表 4.12 であ
る．表 4.12 から図 4.11 の一部実施法の計画は，主効果と 2 因子交互作用が交
絡しない割り付けになっていることがわかる．主効果と 2 因子交互作用が交

表 4.12　L_8 直交表における 2 因子交互作用の割り付け

列＼列	1	2	3	4	5	6	7
1	*	3	2	5	4	7	6
2		*	1	6	7	4	5
3			*	7	6	5	4
4				*	1	2	3
5					*	3	2
6						*	1
7							*

絡しない計画を **Resolution IV**[8] という. 実験回数を減らして, かつ, 主効果を求める演算で 2 因子交互作用との交絡を心配しないでよい, という意味で Resolution IV は効率的かつ効果的な計画である[9].

L_8 直交表は実験回数が 8 回であるので, 応答の平方和の自由度は 7 である. もし, 事前に交互作用を無視してよいことがわかっている (交互作用効果に関する仮説検証が必要ない) ならば, 7 因子まで割り付けた実験が可能である.

L_8 直交表の簡単な解析例を示す. 表 4.11 に示した L_8 直交表のデータを解析し, 分散分析表にまとめてみよう. 表 4.13 に 7 つの列それぞれの効果と平方和を示す. 上記のように, 直交表の 1 に対応する応答と 2 に対応する応答の平均値の差が効果である. 2 水準の場合の平方和は

$$平方和 = 2 \times (効果)^2$$

である. 平方和の算出は 4.3 節で詳しく説明する. 第 3 例, 第 5 列, 第 6 列の平方和には 2 因子交互作用が交絡して含まれている. 今回はこれらを実験誤差とみなし, 平方和を加え, 自由度 3 の誤差の平方和とする.

表 4.13　表 4.11 の各列の効果と平方和

因　子	A	B	C				D	応答
列　番	1	2	3	4	5	6	7	y
効　果	-1.475	-1.075	0.125	-0.725	0.075	0.375	-0.525	
平方和	4.3513	2.3113	0.0313	1.0513	0.0112	0.2813	0.5512	8.5888

---

8)　Resolution III の計画では, 主効果が他の主効果と交絡しないで, 少なくとも 1 つの主効果はどれかの 2 因子交互作用と交絡する. Resolution IV の計画では, 主効果は他の主効果およびどの 2 因子交互作用とも交絡しない. 少なくとも 1 つの 2 因子交互作用はどれか他の 2 因子交互作用 と交絡する. Resolution V の計画では, 主効果と 2 因子交互作用は他のどの主効果や 2 因子交互作用とも交絡しない.

9)　素数べき型直交表を用いて実験を計画するとき, 線点図を用いることがある. 実験計画法のほとんどの専門書に掲載されているので参考にされたい.

4.2 計画データの獲得とモデル 99

表 4.14 表 4.11 のデータの分散分析表

要因	平方和	自由度	平均平方	F 値	P 値
A	4.35125	1	4.35125	40.320	0.00790
B	2.31125	1	2.31125	21.417	0.00240
C	1.05125	1	1.05125	9.741	0.01682
D	0.55125	1	0.55125	5.108	0.05832
誤差	0.32375	3	0.10792		
計	8.58875	7			

表 4.14 に表 4.11 データの分散分析表を示す．因子 D の P 値のみが 0.058 であり 0.05 より大きい．したがって，因子 D の効果のみ確信の度合いは低いが，4 つの因子とも効果があると判断できる．

3 水準系直交表には L_9，L_{27} などがある．L_{27} 直交表を表 4.15 に示す．3 水準系であるので 1 つの列から計算される平方和の自由度は 2 である．したがって，2 因子交互作用の平方和の自由度は 4 である．自由度 4 の割り付けは 2 列にまたがる．表 4.16 に 2 因子交互作用が割り付けられる列を示す．自由度 4 の交互作用は多項式で表現するならば，必要以上の高次項を含むことになる．高次項の交互作用を考慮することになる L_{27} 直交表は，それほど効率の良い実験計画とはいえない．

表 4.15 L_{27} 直交表

列 No.	1	2	3	4	5	6	7	8	9	10	11	12	13
1	1	1	1	1	1	1	1	1	1	1	1	1	1
2	1	1	1	1	2	2	2	2	2	2	2	2	2
3	1	1	1	1	3	3	3	3	3	3	3	3	3
4	1	2	2	2	1	1	1	2	2	2	3	3	3
5	1	2	2	2	2	2	2	3	3	3	1	1	1
6	1	2	2	2	3	3	3	1	1	1	2	2	2
7	1	3	3	3	1	1	1	3	3	3	2	2	2
8	1	3	3	3	2	2	2	1	1	1	3	3	3
9	1	3	3	3	3	3	3	2	2	2	1	1	1
10	2	1	2	3	1	2	3	1	2	3	1	2	3
11	2	1	2	3	2	3	1	2	3	1	2	3	1
12	2	1	2	3	3	1	2	3	1	2	3	1	2
13	2	2	3	1	1	2	3	2	3	1	3	1	2
14	2	2	3	1	2	3	1	3	1	2	1	2	3
15	2	2	3	1	3	1	2	1	2	3	2	3	1
16	2	3	1	2	1	2	3	3	1	2	2	3	1
17	2	3	1	2	2	3	1	1	2	3	3	1	2
18	2	3	1	2	3	1	2	2	3	1	1	2	3
19	3	1	3	2	1	3	2	1	3	2	1	3	2
20	3	1	3	2	2	1	3	2	1	3	2	1	3
21	3	1	3	2	3	2	1	3	2	1	3	2	1
22	3	2	1	3	1	3	2	2	1	3	3	2	1
23	3	2	1	3	2	1	3	3	2	1	1	3	2
24	3	2	1	3	3	2	1	1	3	2	2	1	3
25	3	3	2	1	1	3	2	3	2	1	2	1	3
26	3	3	2	1	2	1	3	1	3	2	3	2	1
27	3	3	2	1	3	2	1	2	1	3	1	3	2

表 4.16　L_{27} 直交表における 2 因子交互作用の割り付け

列＼列	1	2	3	4	5	6	7	8	9	10	11	12	13
1	*	3	2	2	6	5	5	9	8	8	12	11	11
		4	4	3	7	7	6	10	10	9	13	13	12
2		*	1	1	8	9	10	5	6	7	5	6	7
			4	3	11	12	13	11	12	13	8	9	10
3			*	1	9	10	8	7	5	6	6	7	5
				2	13	11	12	12	13	11	10	8	9
4				*	10	8	9	6	7	5	7	5	6
					12	13	11	13	11	12	9	10	8
5					*	1	1	2	3	4	2	4	3
						7	6	11	13	12	8	10	9
6						*	1	4	2	3	3	2	4
							5	13	12	11	10	9	8
7							*	3	4	2	4	3	2
								12	11	13	9	8	10
8								*	1	1	2	3	4
									10	9	5	7	6
9									*	1	4	2	3
										8	7	6	5
10										*	3	4	2
											6	5	7
11											*	1	1
												13	12
12												*	1
													11
13													*

4.2.5　混合系直交表

　伝統的には素数べき型直交表 (2 水準系の L_8, L_{16}, 3 水準系の L_9, L_{27} など) が使われてきた. 4.2.4 項で述べたように, これらの直交表では交互作用が単独の列に交絡 (完全交絡) することから, 直交表による計画の立案には交互作用に関する事前情報が必要となる. (線点図もこの段階で利用される.) これに対して, 交互作用は多かれ少なかれ存在するとして, 要因効果の推定よりも各因子の最適条件の決定を重視し, 最適条件の下流再現性を指向するとき, 実験計画のための直交表として L_{12}, L_{18} や L_{36} などの混合系直交表が利用される. 特に L_{18} 直交表の利用頻度は高い. 混合系直交表では, 因子を割り付けるときに交互作用を考慮しない. 交互作用の大きさのチェックは, 解析から求めた最適条件での解析特性[10] の推定値と同条件での確認実験値の違いを確認し, 下流再現性, 特に交互作用を無視した計画とその解析結果 (最適条件の妥当性) を検討する.

　L_{18} 直交表を表 4.17 に示す. L_{18} 直交表では主効果のみを割り付ける. こ

---

10)　解析の対象となる特性を解析特性という (圓川, 宮川 (1992)).

4.2 計画データの獲得とモデル 101

表 4.17 L$_{18}$ 直交表

No. \ 列	1	2	3	4	5	6	7	8
1	1	1	1	1	1	1	1	1
2	1	1	2	2	2	2	2	2
3	1	1	3	3	3	3	3	3
4	1	2	1	1	2	2	3	3
5	1	2	2	2	3	3	1	1
6	1	2	3	3	1	1	2	2
7	1	3	1	2	1	3	2	3
8	1	3	2	3	2	1	3	1
9	1	3	3	1	3	2	1	2
10	2	1	1	3	3	2	2	1
11	2	1	2	1	1	3	3	2
12	2	1	3	2	2	1	1	3
13	2	2	1	2	3	1	3	2
14	2	2	2	3	1	2	1	3
15	2	2	3	1	2	3	2	1
16	2	3	1	3	2	3	1	2
17	2	3	2	1	3	1	2	3
18	2	3	3	2	1	2	3	1

のとき，交互作用はほぼ均等に各列に交絡する[11]．L$_{18}$ 直交表では 18 回の実験が処理されるので応答の平方和の自由度は 17 である．ところが，表 4.17 に示す L$_{18}$ 直交表は 2 水準を 1 列と 3 水準を 7 列もつ直交表である．自由度は $(1+2 \times 7)$ の 15 であり，自由度が 2 足りない．第 1 列 (2 水準) と第 2 列 (3 水準) の交互作用の自由度 2 が隠れているからである．したがって，第 1 列に割り付けた因子と第 2 列に割り付けた因子の交互作用は，他の要因と直交して平方和が算出できる (例えば，富士フィルム QC 研究会 (1989))．

　前述したように，L$_{18}$ 直交表の利用頻度は高い．特に，L$_{18}$ 直交表に制御因子を割り付け，直交表の実験処理ごとに標示因子，信号因子，誤差因子を割り付けた実験計画が多い (例えば図 8.4)．ここで，**信号因子**とは解析対象のシステムの入力となる因子である．このとき，直交表へ制御因子を割り付けることを内側配置，信号因子や誤差因子の割り付けを外側配置といい，この実験計画を**直積実験**という．この計画は，制御因子と標示因子，信号因子，誤差因子との交互作用を解析するためのものである．解析には直交表の各処理における解析特性を信号因子と誤差因子から算出し，分散分析を行う解析が行われる (→事例 8–2)．

　計画データの意義は，共変量の影響を断ち切ったうえで因果効果を推定することであることをすでに述べた．素数べき型直交表はそのとおりである．しかし，L$_{18}$ 直交表は因果効果の推定ではなく，最適条件を求めることを第一義とする．これは制御因子間の交互作用に対する考え方の違いによる (4.1.3 項参照)．

---

11) 交絡の詳細については宮川 (2000) を参照されたい．

4.2.6 その他の実験計画 (中心複合計画と D 最適化計画[12])

二次多項式による応答曲面モデルを構築するための 3 水準系の実験計画について考える．3 水準系の要因実験では 3 のべき乗の実験回数が必要となり，因子数が増えると実験回数が過大となる．

実験回数を削減する手段として 3 水準系直交表 (一部実施法) がある．しかし，3 水準系直交表では 2 因子交互作用に自由度 4 を費やす実験計画になっている．自由度 4 の 2 因子交互作用とは，(1 次 × 1 次)，(1 次 × 2 次)，(2 次 × 1 次)，(2 次 × 2 次) の 4 つの積項である．これは (4.10) 式の二次多項式モデルには過剰な自由度である．したがって，3 水準系直交表の利用もそれほど効率的ではない (4.2.4 項参照)．

二次多項式モデルを効率的に推定するための実験計画として，中心複合計画と Box–Behnken 計画がある．ここでは，中心複合計画について説明する (→ 事例 8–1)．中心複合計画の実験点は

1) 2 水準系の要因実験，あるいは 2 水準系 ResolutionV の一部実施法の実験点 (Cube point：正方点)，
2) 実験の中心座標からの距離がすべて α にある各因子の軸上の実験点 (Star point：星型点)，
3) 実験の中心座標点 (Center point：中心点)

からなる．ここで，距離とは上記 1) での正方点の座標が 1，あるいは -1 となるように，水準幅の 1/2 を単位としたものである．これをコード化という．

上記の星型点の実験座標 α の値は，回転可能性，あるいは，直交性の観点か

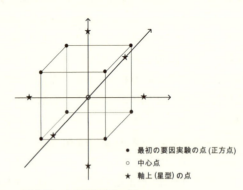

図 4.12　中心複合計画の例

---

12) 例えば，山田 (2004) が詳しい．

4.3 直交対比と直交多項式

ら決定する．回転可能性とは，応答の推定量の分散が中心点からの距離によってのみ決まる性質をいう．要因実験や一部実施法はこの性質を有していない．

中心複合計画はもともと各因子の1次項と各積項は直交している．ここでの直交性とは二乗項の列の中心化によって，各二乗項も互いに直交する性質をいう．

正方点での実験数を c とすると，回転可能性を満足する α は

$$\alpha = c^{1/4}$$

である．また，直交性を満足する α は

$$\alpha = \left\{ \frac{c}{4} (r^{1/2} - c^{1/2})^2 \right\}^{1/4},$$

$$\text{ここで，} r = c + 2p + r_{ce} \ (r_{ce} : 中心点での実験数) \tag{4.15}$$

である．直交性には中心点の実験数も関係してくる．

いま，因子数 $p = 2$ で正方点での実験が要因実験 (すなわち, $c = 4$) のとき，直交性[13] をもつ中心複合計画の実験点を図 4.12 に示す．(4.15) 式より $\alpha = 1.078$ である．中心点での実験数 r_{ce} は2である．

実験回数の制約や，より高次な多項式モデルが要求される場合，既成の実験計画 (要因実験，一部実施法や中心複合計画など) では対応できない状況も考えられる．このとき，想定される多項式モデルと実験回数を与えたうえで，パラメータや応答の推定の最適性を追究した計画をカスタマイズすることができる．代表的な最適計画が D 最適化計画である．D 最適化計画は，パラメータの推定量の一般化分散を最小にする意味で最適な計画である．

4.3 直交対比と直交多項式

4.3.1 直 交 対 比

ここでは,計画データの解析に必要な直交対比について解説する．$y_1, y_2, \cdots, y_n$ のデータに対して

$$L_1 = a_1 y_1 + a_2 y_2 + \cdots + a_n y_n \tag{4.16}$$

なる線形結合を考える．このとき，係数 a_i が

---

13)　中心複合計画は回転可能性を有することが特長であるが，本書では直交性をもつ中心複合計画を用いるため，ここでは直交性をもつ計画を示した (→事例 8–1).

$$\sum_{i=1}^{n} a_i = 0$$

を満足するとき，L_1 を対比といい，

$$S_1 = \frac{L_1^2}{\sum_{i=1}^{n} a_i^2}$$

は自由度 1 の平方和となる．また，別の対比

$$L_2 = b_1 y_1 + b_2 y_2 + \cdots + b_n y_n, \qquad \sum_{i=1}^{n} b_i = 0$$

に対して

$$\sum_{i=1}^{n} a_i b_i = 0$$

が成立するとき，L_1 と L_2 は互いに**直交対比**という．

L_8 直交表の応答を $y_1, y_2, \cdots, y_8$ としよう．表 4.11 の L_8 直交表の "1" と "2" をそれぞれ "1" と "-1" とする 7 つの列ベクトルは，その要素の和が 0 であり，互いに内積は 0 である．したがって，7 つの各列ベクトルと応答 $y_1, y_2, \cdots, y_8$ を要素とする列ベクトルの 7 つの内積は互いに直交対比となる．7 つの対比を $L_1, L_2, \cdots, L_7$ とすると，

$$S_j = \frac{L_j^2}{8} \quad (j = 1, 2, \cdots, 7)$$

は自由度 1 の平方和[14]であり，直交対比であることから

$$\sum_{j=1}^{7} S_j = \sum_{i=1}^{8} (y_i - \bar{y}.)^2$$

が成立する．すなわち，応答の自由度 7 の平方和は自由度 1 の平方和に分解できることを意味する．表 4.11 の L_8 直交表の数値例で確認してほしい．

4.3.2 直交多項式

因子が 3 水準以上の量的因子のとき，4.3.1 項で述べた直交対比を応用し，応答を直交多項式の各次数に分解できる．水準間隔が等しければ解析は非常に簡単である．表 4.18 に (4.16) 式の係数に相当する値を示す．表の D は係数の二乗和を示す．

---

14)　4.2.4 項で述べた 平方和 $= 2 \times ($効果$)^2$ と同じである．

4.3 直交対比と直交多項式　　　　　　　　　　　　　　　　　　　　　105

表 4.18 直交多項式の係数表

水準数 k	2	3		4		
次数　　　係数	1	1	2	1	2	3
a_1	−1	−1	1	−3	1	−1
a_2	1	0	−2	−1	−1	3
a_3		1	1	1	−1	−3
a_4				3	1	1
D	2	2	6	20	4	20

　量的因子の水準数は 3 水準であることが多い．表 4.3 の二元配置実験におい
て因子 B が量的因子であり，3 水準の水準間隔が等しいとしよう．表 4.18 の係
数を用い，因子 B の自由度 2 の平方和を 1 次成分の対比 L_1 と 2 次成分の対比
L_2 に分解するならば

$$L_1 = T_3 - T_1, \quad L_3 = (T_1 - T_2) - (T_2 - T_3) = T_1 - 2T_2 + T_3,$$

ここで $T_j = \sum_{i=1}^{2} y_{ij}$ であり，自由度 1 の平方和への分解は

$$S_{L_1} = \frac{L_1^2}{2 \times 2} = 14.0625, \quad S_{L_2} = \frac{L_2^2}{2 \times 6} = 1.6875$$

となる．自由度 2 の因子 B の平方和 S_B は表 4.5 より

$$S_\mathrm{B} = \sum_{i=1}^{2} \sum_{j=1}^{3} (\bar{y}_{\cdot j} - \bar{y}_{\cdot\cdot})^2 = 15.75$$

であり，

$$S_\mathrm{B} = S_{L_1} + S_{L_2}$$

が確認できる．S_B のほとんどが 1 次成分であることがわかる．
　1 次成分と 2 次成分の大きさは解析特性としてそれぞれ意味をもつ．2 次の
応答を想定するならば，2 次成分が同程度であれば 1 次成分の大きさの違いは
最適条件の違いを意味し，2 次成分の大きさの違いはロバスト性の違いを意味
する．
　4.2.5 項で述べたように，直積実験は内側配置の制御因子と外側配置の標示因
子，信号因子や誤差因子との交互作用解析を実施するための計画である．上記
の外側配置の因子に対する 1 次成分や 2 次成分などを解析特性とした解析が行
われる（→事例 8–1）．

演習問題

4.1 応答の自由度 7 の平方和は自由度 1 の平方和に分解できる．このことを表 4.11 の L_8 直交表の数値例で確認してみよ．

4.2 素数べき型直交表と混合系直交表の使い分けについて議論せよ．

4.3 L_{27} 直交表がそれほど効率の良い実験計画といえない理由を述べよ．

4.4 共変量が観察されていないときに，要因分析においてミスリーディングにつながる事例をあげ，その対策について述べよ．

4.5 数値実験が実機実験と異なる特徴を述べよ．

4.6 交互作用の存在が無視できる事例と，無視できない事例を述べよ．

4.7 本章では自転車をブロック因子とした解説を行ったが，ブロック因子の導入が効果的な事例を述べよ．

4.8 因子や特性の選択によって交互作用を削除できる例を考えよ．

参 考 文 献

・永田靖 (2009)：統計的品質管理，朝倉書店．
・中條武志 (1987)：実験計画における交互作用の解析，JSQC 統計的手法研究部会資料，No.10–2.
・仁科健 (2010)：ものづくりに役立つ実験計画法〜交互作用の活用を中心として〜
　　https://www.i-juse.co.jp/statistics/xdata/sympo14_nishina-
　　document.pdf.
・圓川隆夫，宮川雅巳 (1992)：SQC 理論と実践，朝倉書店．
・宮川雅巳 (2000)：品質を獲得する技術，日科技連．
・富士フィルム QC 研究会 (1989)：実験計画法問答集，日本規格協会．
・山田秀 (2004)：実験計画法—方法編—，日科技連．

Part III

品質管理に関連する事例

5 章

市場での満足感のばらつきとその構造[1]

は じ め に

　事例 5 は商品企画に関連したものである．ある製品の市場での満足感の構造を狩野モデル (当たり前品質と魅力的品質論) によって説明し，そのばらつきを秋庭，圓川による製品評価因子と西尾のエコロジー意識の類型化によって解析したものである．市場での満足感のばらつきを要因分析することによって商品企画への気づきがあることを理解してほしい．

　本事例はアンケート調査によってデータを獲得している．したがって，扱うデータは典型的な観察データである．回答者のプロフィール情報を同時に解析することは，ばらつきの要因分析につながる．

　アンケート調査によるデータは基本的には頻度データであり，解析に用いる主な手法は分割表，対応分析である．要因分析には層別が有効である．層間の違いをどのようにして可視化するかについて理解を深めたい．

5.1　[事例 5*][2] 背景となる理論と事例の目的

　本事例は 3 つの理論を背景にもつ．狩野モデル，秋庭，圓川の製品評価因子とその時間的変化，および西尾のエコロジー意識の類型化である．

　狩野他 (1984) は，実証的研究によって品質の 2 次元的認識モデルを提案した．論文タイトルは "当り前品質と魅力的品質" であり，そこでは，いわゆる狩野モデル (図 5.1) が提案されている．第 1 章で，ものづくりにおける 3 つのばらつきの一つとして市場での満足感のばらつきをあげた．第 2 章で「市場での満足感のばらつきの原因は商品そのものがもつ物理的 (あるいは客観的) 機能の充足度と主観的な顧客ニーズのばらつきである」ことを述べた．これら一連の議論は狩野モデルをベースにしたものである．図 5.1 に示すように，狩野モデルは品質要素の物理的充足度とその要素に対する主観的な満足感の 2 次元で品質を認識している．狩野他は，**魅力的品質**を「それが充足されれば満足を与えるが，不充足であってもしかたないと受け取られる品質要素」，**一元的品質**を「それが充足されれば満足，不充足であれば不満を引き起こす品質要素」，**当たり前品質**を

---

1)　本事例は亀谷 (2008)，鈴木 (2005)，加藤 (2006) を参考にまとめたものである．
2)　＊の事例はデータを提供できる．

108

5.1 [事例 5*] 背景となる理論と事例の目的

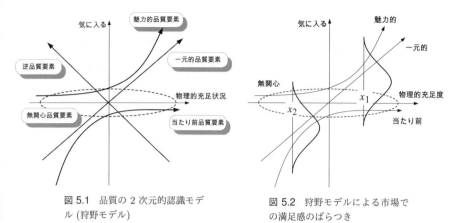

図 5.1 品質の 2 次元的認識モデル (狩野モデル)

図 5.2 狩野モデルによる市場での満足感のばらつき

「それが充足されれば当たり前と受け止められるが，不充足であれば不満を引き起こす品質要素」，無関心品質を「充足でも不充足でも，満足も与えず不満も引き起こさない品質要素」，逆品質を「充足されているのに不満を引き起こしたり，不充足であるのに満足を与えたりする品質要素」と定義している．これらを品質認識区分とよぶことにする．ただし，本事例では逆品質の認識はなかったので品質認識区分から外した．

市場での満足感のばらつきを狩野モデルによって説明する (図 5.2 参照)．ある品質要素の物理的充足度が x_1 とするとき，縦軸で表される満足感が個人によってばらつくのが市場での満足感のばらつきである．同時に，物理的充足度が x_2 ($< x_1$) のときも満足感はばらつく．このとき，充足度と満足感の関係は個々人によって異なることが考えられる．すなわち，品質要素をどの品質認識区分と認識するかに個人差が生じる．これが市場での満足感のばらつきである．

秋庭，圓川 (1990) はテレビを対象製品とした調査により，「消費者が製品を評価するときに重視する品質要素項目が，市場の成熟に従い，基本機能，弊害機能から保守性，保全性へ，保守性，保全性から操作性へ，さらにそれが設置性，嗜好性，付加機能へと推移していく」ことを検証した．さらに，基本機能からはじまり付加機能へ至る，消費者の製品評価の重点推移パターンにおいて，消費者が重視する品質要素項目を通り越した品質要素項目は当たり前品質となり，その時点において消費者が重視する品質要素項目が一元的品質，一元的品質の一歩先が魅力的品質となるとした．そして，さらにその先となる品質要素項目は無関心品質とよべるとした．また圓川 (1992) は，サービス業の評価因子を取り上げ，「魅力的品質・当り前品質等の品質認識区分のカテゴリー間には"無関心→魅力的→一元的→当り前"といった方向をもった順序があり，そのような順序は，同一の品質項目の無関心から当り前に至る時間的推移ととれる」としている．市場成熟による品質認識区分の推移に順序が提言されたことになる．秋庭，圓川 (1990) の主張に従えば，市場の成熟という時間軸に従って，消費者が製品を評価する重点要素，

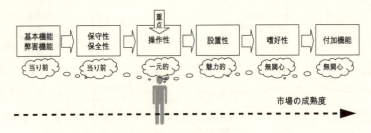

図 5.3 秋庭,圓川の理論による市場の成熟化にともなう品質の成熟化

すなわち品質認識区分が変化していくことになる.そして,消費者の評価する品質認識区分は市場成熟度により

無関心品質→魅力的品質→一元的品質→当たり前品質

といった順に推移していくということになる.これを"品質の成熟化"とよぶことにする.図 5.3 は秋庭,圓川の理論を図示したものである.図 5.3 の顧客は「現時点で操作性が重点項目であり,一元的品質であり,その製品の市場の成熟にともない,重点項目が現時点では魅力的品質である設置性に推移していく.」

秋庭,圓川の研究とは独立に,安藤他 (1989) は品質認識区分の時間的推移について同様の考察をしている.安藤他はこの推移を"品質の陳腐化"とよんでいる.

事例 5 の調査はアンケート調査によって行われた.本調査では環境配慮型製品を対象とし,回答者のプロフィールのサイコグラフィック属性として西尾 (1997) のエコロジー意識を取り上げた.市場での満足感のばらつきに内在する構造を,環境を視点として抽出したいという意図をもった調査である.回答者は女性限定としている.環境に対する意識は,身近な生活のなかにあること,また普段家庭で使用する製品は女性が購入することが多いことを考えてのことである.西尾 (1997) は,主婦をエコロジー関心度とエコロ

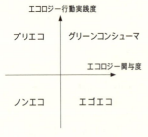

図 5.4 エコロジー意識の類型化 (西尾 (1997))

ジー行動実践度の視点から図 5.4 のように分類し,第 1 象限に布置されるエコロジー関心度,エコロジー行動実践度ともに高い人をグリーンコンシューマ,第 2 象限の布置される人をプリエコ,第 3 象限をノンエコ,第 4 象限をエゴエコと名づけた.エコロジー関心度とエコロジー実践度の計量方法については 5.2 節で述べる.以後,この分類をエコロジー属性とよぶ.ただし,図 5.4 での布置は回答者内での相対的な布置である.

亀谷 (2008),加藤 (2006) ではシャンプーと冷蔵庫を対象として取り上げているが,本事例ではシャンプーを対象とする[3].目的は,狩野モデルによって市場での満足感の

---

3) 冷蔵庫の解析結果もシャンプーの場合と同じ傾向であった.

ばらつきを把握し，そのばらつきを "品質の成熟化" と "エコロジー意識" によって説明できる仮説の生成にある．

5.2 データ

本事例の調査は平成 17 年 10 月に行ったものである．某調査会社の携帯サイトに登録している人，5000 名にアンケート回答者募集メールを送信した．その回答希望者のなかから 20 代 98 名，30 代 108 名，40 代 107 名，50 代 85 名の計 398 名の女性を抽出し，アンケート用紙を郵送した．回収数は 359 部で，回収率は約 90 ％であった．そのうち回答不備や疑わしい回答のものを除き，277 部を解析に用いている．回答者 277 名の**デモグラフィック属性**は表 5.1 のとおりである．

アンケートは以下の 4 つの質問群から構成されている．回答者のプロフィール，エコロジー意識，購買時の重点項目と品質認識区分についてである．

回答者のプロフィールに関する項目は，「年齢」「結婚」「子供の有無，人数」「同居人の数，属性」「仕事・平均勤務時間」「世帯年収」である．西尾 (1997) によれば，環境への意識は生活への時間的・経済的余裕が関与しているとしているため，このような項目を取り入れた．

エコロジー意識についての質問は，西尾 (1997) のエコロジー関心度とエコロジー行動実践度の計量方法に準じた．エコロジー関与度は以下の 10 項目について「全くそう思わない」「あまりそう思わない」「どちらともいえない」「ややそう思う」「非常にそう思う」にそれぞれ，1 点，2 点，3 点，4 点，5 点のスコアを与え，10 項目の合計を得点とした．一方，エコロジー行動実践度は以下の 20 項目のエコロジー行動に対して回答者が実際に行っているものの項目数を得点とした．

[エコロジー関与度]
1. 環境問題は重要な問題だが自分の生活のなかでもっと重要な問題がある．
2. 環境保全のためとはいえ現在の豊かさや便利さを失いたくない．
3. 環境問題は自分自身の問題として考えにくい．
4. さまざまな社会問題のなかでとりわけ環境問題に関心がある．
5. 周囲の人にも環境問題の大切さを伝えて環境に配慮した行動をとるように努めている．
6. どのような環境保全行動をとるかによって自分らしさが反映されるような気がする．
7. 商品を選択する際には環境への影響や対応を考慮する．
8. 環境問題について豊富な知識をもっている．
9. 日頃から環境問題に関する TV を見たり記事を読んだりしている．
10. 環境問題はいますぐにでも取り組むべき問題である．

表 5.1　回答者のデモグラフィック属性

全被験者数		277
年齢	20 代	69
	30 代	82
	40 代	69
	50 代	54
	60 代	3
結婚	結婚している	190
	独身	87
子供	いる	179
	いない	98
同居人	1 人	42
	2 人	63
	3 人	80
	4 人	34
	5 人	14
	6 人	5
	8 人	1
	0 人	23
仕事	専業主婦	98
	パートタイム勤務	58
	フルタイム勤務	92
	その他	29
年収	400 万未満	67
	400 万以上 600 万未満	76
	600 万以上 800 万未満	59
	800 万以上 1000 万未満	34
	1000 万以上	33
	不明	8

成人	1 人	14
	2 人	42
	3 人	8
未成年	1 人	49
	2 人	65
	3 人	13
	4 人	3
	5 人	1

親	94
配偶者	178
子供	159
孫	2
その他	30

［エコロジー行動実践度］

・使用していない家電製品のコンセントを抜くようにしている.

・牛乳パックをリサイクルに出す.

・排水溝に油を流さない.

・買い物に行くとき買い物カゴなどを持っていく (レジ袋をもらわない).

・自動車に乗るのを控え，自転車や公共交通機関を利用する.

・洗濯はまとめて行う.

5.2 データ

・ペットボトルのリサイクル・リユースを行う.

・環境ボランティア活動に参加している.

・電気をこまめに消すようにしている.

・使い捨ての商品や余分なものを買わないなど, ゴミの減量化に努めている.

・生ごみは, 生ごみ処理機やコンポストを使って自宅で処理している.

・食器専用洗剤あるいは洗濯用洗剤として合成洗剤を使わない.

・いらなくなった衣類をリサイクルショップやフリーマーケットに出している.

・壊れたものは極力修理して使う.

・冷房なら 28°C 以上, 暖房なら 20°C 以下に設定している.

・アイドリングストップを実行している.

・有機野菜を進んで購入する.

・蛇口をこまめに閉めている, 水を出しっぱなしにしない.

・洗剤は決められた量を使用する.

・低公害車 (ハイブリッドカーなど) に乗っている, もしくは次回購入を考えている.

品質認識区分について, まず表 5.2 に取り上げた品質要素項目を示す. 品質項目は秋庭, 園川 (1990) を参考にした. 各品質要素項目が無関心品質, 魅力的品質, 一元的品質, 当たり前品質のどの品質認識区分として意識しているかの調査は狩野他 (1984) の方法に準じた. 例えば, 品質要素項目が対環境性の場合

「容器に再現性原料などを使用するなど, 製造時に資源の節約に配慮している場合は」

「容器に再現性原料などを使用するなど, 製造時に資源の節約に配慮していない場合は」

表 5.2 調査で取り上げた品質要素項目

品質要素項目	質問項目	表示方法
基本性能	性能が良い	性能
使用性	取り扱いやすい	使用性
設置性	大きさがちょうどよい	設置性
嗜好性	デザインが良い	デザイン
	評判が良い	ブランド
信頼性	メーカーが信頼できる	メーカー
	長持ちする	長持ち
対環境性	資源の節約となる	資源
	環境ラベルがついている	ラベル
	廃棄物が地球にやさしい	廃棄物
入手性	手に入れやすい	入手性
弊害機能	使用時に悪影響をおよぼさない	弊害
経済性	経済的である	経済性
応用性	多機能である	多機能
保全性	アフターサービスが良い	アフター

> 次に、**シャンプーを購入する際**、以下に挙げるそれぞれの項目について、どのように感じますか？
> あなたの気持ちに一番近いものを選び、当てはまる記号を（　　）に記入して下さい。

もし以下に挙げるようなシャンプーなら

気に入る	当然である	仕方ない	気に入らない	何とも感じない
A	B	C	D	E

汚れがしっかり落ちるなど、基本的性能が - - - - - - - - → 良い場合は　　　　A- B- C- D- E

　　　　　　　　　　　　　　　　　　　　　　└ → 悪い場合は　　　　A- B- C- D- E

適量を容易に取り出すことができるなど、使用時に - - - - → 取り扱いやすい場合は　A- B- C- D- E

　　　　　　　　　　　　　　　　　　　　　　└ → 取り扱いにくい場合は　A- B- C- D- E

容器のサイズが適切であるなど、置いておく際 - - - - - → 邪魔にならない場合は　A- B- C- D- E

　　　　　　　　　　　　　　　　　　　　　　└ → 邪魔になる場合は　　A- B- C- D- E

容器の外観、色などデザインが - - - - - - - - - - - → 自分好みである場合は　A- B- C- D- E

　　　　　　　　　　　　　　　　　　　　　　└ → 自分好みでない場合は　A- B- C- D- E

製品自体の人気、知名度があるなど - - - - - - - - - → 評判が良い場合は　　A- B- C- D- E

　　　　　　　　　　　　　　　　　　　　　　└ → 評判が悪い場合は　　A- B- C- D- E

有名メーカーであるなど、メーカーの信頼性について - - - → 信頼できる場合は　　A- B- C- D- E

　　　　　　　　　　　　　　　　　　　　　　└ → 信頼できない場合は　A- B- C- D- E

容器に再生原料の使用など、製造時に資源節約を - - - → 配慮している場合は　A- B- C- D- E

　　　　　　　　　　　　　　　　　　　　　　└ → 配慮していない場合は　A- B- C- D- E

エコマークなど、容器に環境配慮ラベルが - - - - - - - → 付いている場合は　　A- B- C- D- E

　　　　　　　　　　　　　　　　　　　　　　└ → 付いていない場合は　A- B- C- D- E

容器が再使用・リサイクル可能など、廃棄過程を - - - → 考慮している場合は　A- B- C- D- E

　　　　　　　　　　　　　　　　　　　　　　└ → 考慮していない場合は　A- B- C- D- E

どこでも売られている商品であるなど - - - - - - - - - → 入手が容易である場合は A- B- C- D- E

　　　　　　　　　　　　　　　　　　　　　　└ → 入手が困難である場合は A- B- C- D- E

成分が天然素材であるなど、人体に与える悪影響が - - - → 考慮されている場合は　A- B- C- D- E

　　　　　　　　　　　　　　　　　　　　　　└ → 考慮されていない場合は A- B- C- D- E

リンス一体型、カラーリング用など、付加機能が - - - - → 付いている場合は　　A- B- C- D- E

　　　　　　　　　　　　　　　　　　　　　　└ → 付いていない場合は　A- B- C- D- E

詰め替え型製品が出ている商品など、続けて使う際の - - → 経済性が良い場合は　A- B- C- D- E

　　　　　　　　　　　　　　　　　　　　　　└ → 経済性が悪い場合は　A- B- C- D- E

図 5.5　狩野モデルの品質認識区分のための質問紙

5.2 データ   115

表 5.3 回答による品質認識区分の二元表

不充足＼充足	気に入る	当然である	何とも感じない	仕方ない	気に入らない
気に入る	懐疑的	魅力的	魅力的	魅力的	――――
当然である	逆	無関心	無関心	無関心	当たり前
何とも感じない	逆	無関心	無関心	無関心	当たり前
仕方ない	逆	無関心	無関心	無関心	当たり前
気に入らない	逆	逆	逆	逆	懐疑的

ここからはシャンプーについてお聞きします。以下に製品を購入するときに、みなさんが気にするような項目を 14 項目用意してあります。**シャンプーを購入する際**、それぞれの項目について、どの程度重視しますか？当てはまる番号を (　) に記入して下さい。

購入する際

全く重視しない	あまり重視しない	どちらともいえない	やや重視する	非常に重視する
1	2	3	4	5

(　)　汚れがしっかり落ちるなど、基本的な性能がよい

(　)　適量を容易に取り出すことができるなど、取り扱いがしやすい

(　)　容器のサイズが適切であるなど、置いておく際に邪魔にならない

(　)　容器の外観、色などデザインが自分好みである

(　)　人気のある商品である。知名度があるなど、評判がよい

(　)　有名メーカーであるなど、メーカーを信頼できる

(　)　容器に再生原料を使用するなど、製造時に資源の節約を配慮している

(　)　エコマークなど、容器に環境配慮ラベルがついている

(　)　容器が再使用・リサイクル可能であるなど、廃棄過程を考慮している

(　)　どこでも売られている商品であるなど、容易に手に入れることができる

(　)　内容成分が天然素材であるなど、健康・人体に与える悪影響が少ない

(　)　リンス一体型、カラーリング用など、付加機能がついている

(　)　詰め替え型製品が出ている商品など、続けて使う際の経済性がよい

(　)　価格が適切である、もしくは安い製品である

図 5.6 購入時の重点項目調査のための質問紙

の問いに対して

　　A：気に入る　　B：当然である　　C：仕方ない
　　D：気に入らない　　E：何とも感じない

の選択肢を設けている．表 5.2 に示した品質要素に対して品質認識区分を調査するための質問紙を図 5.5 に示す．図 5.5 の質問用紙から得た回答が表 5.3 に示した二元表のどのセルであるかによって品質認識区分を決定した．表 5.3 による品質認識区分の決定方法も狩野他 (1984) に準じている．

　購入時の重点項目調査のための質問紙を図 5.6 に示す．取り上げた品質要素は狩野モデルの調査と同様である．ただし，購入重視度には価格を含めている．スコアはエコロジー関与度と同様に「全く重視しない」「あまり重視しない」「どちらともいえない」「やや重視する」「非常に重視する」の 5 段階とした．

　以上，調査によって得たデータは，277 名の回答者のデモグラフィック属性，エコロジー意識，購買時の重点項目と狩野の品質認識区分である．ただし，公開したデータは狩野の品質認識区分は生データではなく，表 5.3 に従って品質認識区分に落とし込んだものである．

5.3　データ解析

5.3.1　市場での満足感のばらつきの把握

　第 1 章で述べた"市場での満足感のばらつき"を本事例のデータで確認する．"健康 (内容成分が天然素材であるなど，健康・人体に与える悪影響)" と "廃棄物 (容器が再使用・リサイクル可能であるなど，廃棄過程を考慮している)" における品質認識区分と購入重視度のヒストグラムを図 5.7 に示す．図をみると，"健康"に比べ"廃棄物"は品質認識区分，購入重視度ともにばらつきが大きい．市場にとって"健康"は一元的品質の

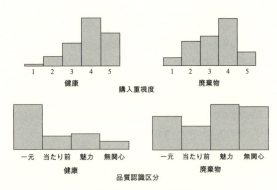

図 5.7　品質認識区分と購入重視度の分布

5.3 データ解析

品質要素であるといってもよいが,"廃棄物"の品質認識区分は特定しがたい.もっとも,"健康"の場合でも45%の回答は一元的品質以外である.本事例の解析は,このような狩野モデルによる市場での満足感のばらつきを,秋庭,圓川の品質の成熟化と西尾のエコロジー意識を構成する要因で説明し,市場での満足感のばらつきに対する仮説を生成することにある.

5.3.2 エコロジー意識による回答者の類型化

本事例は環境配慮製品を取り上げている.したがって,市場での満足感のばらつきの要因として顧客のエコロジー意識を取り上げる.西尾(1997)によるエコロジー意識の類型化に準じ,回答者をグリーンコンシューマ,プリエコ,ノンエコとエゴエコに分類する.図 5.8 にエコロジー関与度とエコロジー行動実践度の散布図を示す.エコロジー関与度の平均は 31.12,標準偏差は 5.08,エコロジー行動実践度の平均,標準偏差はそれぞれ 9.51,3.03,相関係数は 0.372 である.両変量の平均を軸として,上記 4 つの類型に分類する(図 5.4 参照).ちなみに,回答者のデモグラフィック属性である年齢,勤務時間,年収とエコロジー関与度,エコロジー行動実践度との相関係数行列を表 5.4 に示しておく.高い相関はみあたらないものの,年齢とエコロジー関与度,エコロジー行動実践度との相関係数は統計的に有意である.また,年齢を順序尺度としてエコロジー意識を**二元分割表**にまとめ,対応分析を行うと図 5.9 を得る.図の第 1 次元の座標からみた年齢の布置,および西尾 (1997) が示したエコロジー属性の典型的な生活行動から,

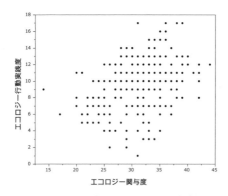

図 5.8 エコロジー関与度とエコロジー行動実践度の散布図

表 5.4 デモグラフィック属性とエコロジー意識の相関係数行列

	年 齢	勤務時間	年 収	関与度	実践度
年 齢	1.000	−0.063	0.236	0.186	0.216
勤務時間	−0.063	1.000	−0.072	−0.082	−0.106
年 収	0.236	−0.072	1.000	0.006	0.022
関与度	0.186	−0.082	0.006	1.000	0.372
実践度	0.216	−0.106	0.022	0.372	1.000

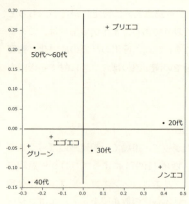

	ノンエコ	プリエコ	グリーンコンシューマ	エゴエコ	計
20代	29	14	13	13	69
30代	25	13	29	15	82
40代	14	7	29	19	69
50〜60代	8	13	22	14	57
計	76	47	93	61	277

図 5.9　年齢とエコロジー意識との対応分析

ノンエコ→プリエコ→グリーンコンシューマという方向が"グリーン度の成熟性"を意味すると考えられる．

5.3.3　品質認識区分と購入重視度

前述したように，秋庭，圓川は「消費者が購入時に重視する品質要素項目は"一元的品質"である」と述べている．本調査でもこの仮説を支持できる．例えば，図 5.10 に"資源"を対象に購入重視度と品質認識区分の二元分割表と対応分析の結果を示す．購入重視度のアップにともない，品質認識区分は無関心→魅力→当たり前→一元と追従していることがわかる．この結果は，他の品質要素でも同様であった．この結果から，秋庭，圓川による「消費者が購入時に重視する品質要素項目は"一元的品質"である」の仮説を支持できる．

秋庭，圓川の購入重視度の仮説と品質の成熟化をあわせるならば，現時点で無関心で

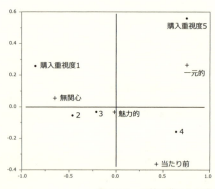

購入重視度	無関心	魅力的	一元的	当たり前	計
1	14	4	1	0	19
2	39	19	5	10	73
3	30	28	9	10	77
4	7	21	26	24	78
5	2	6	12	2	22
計	92	78	53	46	269

図 5.10　品質認識区分と購入重視度の関係 ("資源"を対象に)

ある品質認識区分が品質の成熟化にともない，将来は購入重視度が高くなる品質要素となりうることを，また，現時点で品質認識区分を無関心品質と意識しているセグメントが品質の成熟化にともない，将来は購入重視度を高めていく可能性を示唆するものである．

5.3.4 市場での満足感の構造とエコ意識からみた満足感のばらつき

図 5.11 に，集計した品質要素と品質認識区分の二元分割表と対応分析の結果を示す．図から，品質認識区分が明確な品質要素を拾いあげることができる．無関心品質として"多機能"，"ラベル"，"資源"，"廃棄物"，"入手性"，魅力的品質として"デザイン"，"ブランド"，一元的品質として"経済性"，"健康"，当たり前品質として"性能"をあげることができる．また，図 5.12 には購入重視度と品質要素との二元分割表と対応分析の結果を示す．"経済性"，"性能"，"健康"に対して購入重視度が高い傾向を示している．一元的品質である"経済性"，"健康"の購入重視度が高いことが確認できる．

図 5.11 の原点の分布を図 5.13 に示す．原点の分布はばらつきが大きい分布を示している．したがって，原点近くに位置する"廃棄物"は品質認識区分のばらつきが大きく，満足感の個人差が大きいことを示している．そこで，品質要素として廃棄物を対象に，ばらつきの要因としてエコ意識を取り上げ，解析を行う．

図 5.14 に，廃棄物におけるエコ意識 × 品質認識区分の二元分割表と対応分析の結果を示す．独立性の検定は P 値が 0.001 であり，品質認識区分の相対度数分布はエコ意識によって異なることを示している．相対度数分布の違いは，プリエコとグリーンコンシューマは廃棄物に対して一元的あるいは当たり前が，ノンエコは無関心あるいは魅力的が，エゴエコは無関心が，周辺相対度数に比べて割合が高くなっている．この結果は，廃棄物に対する満足感のばらつきの要因としてエコ意識があることを示唆するものである．

図 5.11 から，無関心品質に区分される"資源"に関して，"廃棄物"と同様な解析を試みる．図 5.15 に資源におけるエコ意識 × 品質認識区分の二元分割表を示す．"資源"

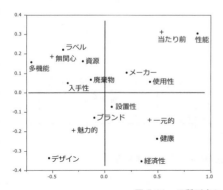

	無関心	魅力的	一元的	当たり前	計
デザイン	76	153	39	7	275
ブランド	76	85	91	25	277
メーカー	66	52	102	57	277
ラベル	121	79	42	35	277
経済性	23	80	139	35	277
健康	26	53	154	44	277
使用性	33	60	108	76	277
資源	96	81	54	46	277
性能	12	19	129	117	277
設置性	60	81	93	43	277
多機能	144	89	28	9	270
入手性	107	88	57	25	277
廃棄物	82	86	64	45	277
計	922	1006	1100	564	3592

図 5.11　品質要素と品質認識区分の対応分析

5. 市場での満足感のばらつきとその構造

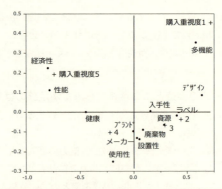

購入重視度	性能	使用性	設置性	デザイン	ブランド	メーカー	資源	ラベル	廃棄物	入手性	健康	多機能	経済性	計
1	1	2	11	39	17	14	19	25	17	21	4	58	4	232
2	9	43	61	91	44	46	75	77	55	62	22	67	16	668
3	27	53	65	84	62	72	78	86	67	71	55	75	19	814
4	132	136	103	57	119	111	78	68	105	86	116	61	120	1292
5	104	39	33	4	32	31	24	18	30	34	76	13	114	552
計	273	273	273	275	274	274	274	274	274	274	273	274	273	3558

図 5.12　品質要素と購入重視度の対応分析

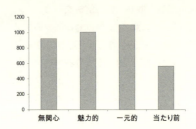

図 5.13　図 5.11 の原点における品質認識区分の分布

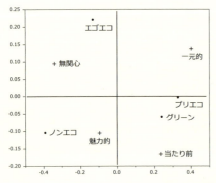

エコロジー意識	無関心	魅力的	一元的	当たり前	計
ノンエコ	31	29	6	10	76
プリエコ	8	14	16	9	47
グリーンコンシューマ	19	27	27	20	93
エゴエコ	24	16	15	6	61
計	82	86	64	45	277

図 5.14　エコ意識と品質認識区分との対応分析 (廃棄物)

5.3 データ解析

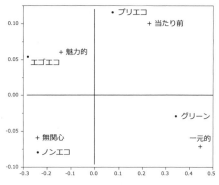

図 5.15 エコ意識と品質認識区分との対応分析 (資源)

は図 5.11 では無関心品質に区分されるものの，独立性の検定は P 値が 0.0095 であり，品質認識区分の相対度数分布はエコ意識によって異なることを示している．図 5.15 に対応分析の結果を示す．図の二元分割表の周辺相対度数分布から，原点の相対度数分布は図 5.11 に示したように "資源" が無関心品質に区分されることを示しているが，エコ意識で層別してみると，ノンエコが無関心品質に，エゴエコが魅力的品質に，プリエコが一元的品質に，そしてグリーンコンシューマが当たり前品質の区分の相対度数が高いことを示している．"資源" は現時点では無関心品質に区分されるが，品質の成熟化を考えると，"資源" に対して購入重視度が高いセグメントの存在があり，また，現時点では無関心品質のプリエコのセグメントが将来は魅力的品質から一元的品質に移行し，購入重視度が高い品質要素になる可能性を示唆するものである．

演習問題

本章では市場での満足感のばらつきを狩野モデル (1984) に基づいて可視化し，秋庭，圓川 (1990) の製品評価因子とその時間的変化，および西尾 (1997) のエコロジー意識の理論によって説明することを試みた．本事例を理解したうえで，以下の課題に取り組んでほしい．

5.1 本事例のデータ解析を行い，解析結果を確認せよ．

5.2 品質の成熟化，購買への重点品質要素をキーワードとして，解析結果から商品開発における気づきを議論せよ．必要であれば，データ解析を追加してよい．

5.3 本事例から仮説を生成せよ．アンケート調査によりその仮説をより精緻なものにするとしたならば，どのようなアンケート調査を行うか (アンケートの設計，調査の対象など) を議論せよ．

5.4 次の手順に従い品質意識と購入重視度に関するデータを収集し，品質意識と購入重視度の関係を調査せよ．

① 身近にある製品を想定し，表 5.2 を参考に品質要素をあげよ．

② 図 5.5 および図 5.6 にならい品質認識区分を調査するシートを作成し，品質認識区分および購入重視度に関するデータを集めよ．

③ 調査シートには回答者の属性を問う質問項目もあわせて作成せよ．

④ 収集したデータを解析し，購入重視度と品質認識区分の関連を検討せよ．

5.5 市場での満足感のばらつき要因として，顧客のエコロジー意識以外の要因をあげよ．また，エコロジー意識の測定に西尾 (1997) のエコロジー意識の理論を利用したように，あげた要因を測定するのに適した理論を調べてみよ．そして，実際にデータを収集・解析することで仮説を検証してみよ．

参考文献

・亀谷剛 (2008)：環境活動と経済性の両立をめざした戦略的な環境経営に関する研究，名古屋工業大学 2007 年度学位論文.

・鈴木邦昭 (2005)：環境ライフスタイルからみた魅力的品質当り前品質論，名古屋工業大学生産システム工学専攻 2004 年度修士論文.

・加藤雅也 (2006)：環境意識が企画品質に与える影響，名古屋工業大学生産システム工学専攻 2005 年度修士論文.

・狩野紀昭，瀬楽信彦，高橋文夫，辻新一 (1984)：魅力的品質と当たり前品質，品質，Vol.14, No.2, 39–48.

・秋庭雅夫，圓川隆夫 (1990)：消費者から見た耐久消費財の製品評価，日刊工業新聞社.

・圓川隆夫 (1992)：製品評価因子による顧客ニーズの把握と品質企画，品質，Vol.22, No.1, 37–45.

・Kametani, T., Nishina, N. and Suzuki, K. (2010)：Attractive Quality and Must-be Quality from the Viewpoint of the Environmental Lifestyle in Japan, *Frontiers in Statistical Quality Control*, Vol.9, 315–327.

・西尾チヅル (1997)：アカデミー・マーケティングコース研究報告書，社会経済生産性本部.

・宮川雅巳 (1990)：交互作用解析の指針と実際—分割表における多重比較と群分けを中心として—，品質，Vol.20, No.3, 16–22.

・安藤慎二，辻新一，狩野紀昭，安藤之裕 (1989)：魅力的品質・当り前品質からみた品質要素に対する評価の傾向とその時間的変化についての研究，日本品質管理学会，第 35 回研究発表会要旨，97–100.

6 章

経営品質向上活動で得られる成果に関する因果構造[1]

はじめに

　事例 6 は，経営品質向上活動において，従業員満足の向上が顧客満足や業績の向上につながる (例えば，サービス・プロフィット・チェーン) モデルが存在するかを検証することにある．あわせて，同モデルの形成過程において，組織風土や従業員意識の変化 (中間特性) など，いくつかの活動成果が発生することによって業績の向上につながるという仮説を検証する．また，上記の成果生成プロセスに反映され成果につながる経営要素を抽出する．

　社会科学においてアンケート調査データをもとに因果構造を推論した研究は少なくない．しかし，そのほとんどが仮説検証型のものであり，探索的に因果構造を推論した事例は多くない．本事例では回帰分析のステップワイズ法を利用して因果構造を探索する．回帰分析における変数選択，および，回帰モデルにおける偏回帰係数の意味を理解したい．

6.1　[事例 6*] 経営品質向上活動

　近年，従業員満足 (employee satisfaction: ES) を重視する経営スタイルが叫ばれることが多くなった．従業員が会社，職場や仕事内容に満足し，自発的に活き活きと仕事をする．そうすれば，高い品質の製品・サービスが実現し，高い顧客満足 (customer satisfaction: CS) に結びつく．そして，結果的に業績の向上につながる．"従業員満足の向上→顧客満足の向上→業績の向上" というモデルである．

　"従業員満足の向上"，"顧客満足の向上"，"業績の向上" の 3 要素に関する文献として，ヘスケット他 (1994) による "サービス・プロフィット・チェーン" があげられる．ヘスケット他は，米国企業の事例を取り上げ，内部サービス品質が高いことで高い従業員満足が実現し，結果として，従業員定着率および従業員生産性が高くなることを示した．それによって，顧客サービス品質が高くなるため，顧客満足顧客ロイヤルティが高まり，売上や収益性が高まるというモデルが提示されている．つまり，3 要素間には，"従業員満足の向上→顧客満足の向上→業績の向上" という因果関係があると示されている．

　また，関連研究として Wilson and Collier(2000) によるマルコム・ボルドリッジ国

---

1)　本調査は 2008 年に三菱 UFJ リサーチ＆コンサルティング (株) が実施したものである．

123

家品質賞の因果モデルに関する研究がある．彼らは米国の製造業を対象としたアンケート調査により，マルコム・ボルドリッジ国家品質賞のクライテリア間の因果関係を探った．調査結果の分析から，リーダーシップが最も大きくパフォーマンスに影響を及ぼす重要要素であり，他のクライテリアへの影響をとおして，顧客満足および財務成果に影響する因果モデルを構築している．

このモデルに近いプロセスでの企業変革を促す取り組みとして、経営品質向上プログラムがある．日本経営品質賞委員会 (2007) による日本経営品質賞アセスメントガイドブックには，経営品質向上プログラムのスキームが図 6.1 のように示されている．同ガイドブックには「経営要素に関する活動を改善，革新していくことによって組織を目的の状態に近づけていき，この改善革新によって成し遂げられている成果を，顧客価値，従業員価値，経済＝利益でとらえる」としており，図 6.1 に示した 7 つの経営要素に関する改善，革新活動の成果として，顧客価値，従業員価値，経済的価値の向上が図られるという全体像を規定している．また，アセスメント項目の総合結果において，「組織全体の活動結果における総合的帰結として得られた顧客満足従業員満足および財務の結果についてアセスメントを行う」としている．すなわち，図 6.1 の 7 つに分類した経営要素へのアクションを通じて得られた成果を，従業員満足度，顧客満足度および財務という指標[2])により把握することを規定している．

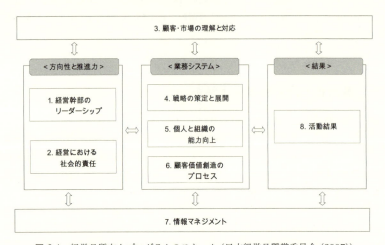

図 6.1　経営品質向上プログラムのスキーム (日本経営品質賞委員会 (2007))

ここで，"従業員満足の向上"，"顧客満足の向上"，"業績の向上" という成果を生起させるには，7 つの経営要素のどの項目に力点を入れるべきなのか，という問題もある．企業によって力点は異なるものの，多くの企業の実情をまとめることは意義がある．3 つの成果は，何らかの経営的活動の結果として生起するものである．現実の企業経営を考

---

2)　以後，財務に関する経営成果について "業績の向上" と表記する．

6.3 データ 125

えた場合，企業側が直接コントロールできる要因との関係が重要である．

アンケート調査前のヒアリング調査においては，「会社の風土が変わった」「共通の価値観ができた」「従業員の意識が向上した」などが，活動成果として取り上げられることが多かった．そこで，7つの経営要素へのアクションによって，活動成果（従業員満足の向上，顧客満足の向上，業績の向上）が現れるプロセスに，組織風土や意識の変化といった定性的変化が起こるのではないかという仮説をたてた．これらの活動成果を中間特性とよぶこととする．具体的な項目については6.3.3項で述べる．

6.2 本事例の目的

本事例においては，経営品質向上活動によって得られる成果生成プロセスに関して，下記の2つの仮説の検証と1つの仮説の抽出を目的とする．

(1) 従来研究にある "従業員満足の向上→顧客満足の向上→業績の向上" のプロセスが，経営品質向上活動においても存在することを検証する．

(2) "従業員満足の向上→顧客満足の向上→業績の向上" のプロセスにおける中間特性として，組織風土や従業員意識の変化など，いくつかの活動成果が発生することによって業績の向上につながるという仮説を検証する．

(3) 図6.1に示した経営品質のフレームワークを構成する7つの経営要素に関連する活動のうち，成果生成プロセスに反映され成果につながる経営要素を抽出する．

6.3 データ

6.3.1 アンケート調査の概要

6.2節に記した知見を得るため，経営品質向上活動に熱心な企業を対象としたアンケート調査を実施した．従業員満足度，顧客満足度，業績，中間特性に対する成果の程度，および，各経営要素に対する活動結果によるレベル間の相対的な向上度合いを，経営者あるいは経営品質活動の担当者に回答を依頼した．したがって，得られるデータは客観的指標ではなく，回答者の主観を含んだデータである．

本調査の趣旨の一つは，経営品質向上活動において，サービス・プロフィット・チェーンで指摘されたモデルが存在するかを検証することにある．そこで，特定企業や少数企業を対象とした調査ではなく，経営品質向上活動に取り組む多くの企業を調査対象とし，企業トップ（あるいは，経営品質向上活動の推進者）への回答を依頼するアンケート調査を実施した．

2008年11月段階で，インターネット上で公表されている情報により，日本経営品質賞および各地域経営品質賞を受賞している組織を対象とした．各賞を受賞している組織は，経営品質向上活動をすでに数年実施しており，何らかの成果を得ていると考えられ

る．なお，企業経営における参考情報を得ることを調査目的としたため，地方自治体およびその関連団体と考えられる組織は対象から除外した．調査対象は 206 組織となった．調査手法は，対象企業の経営品質担当者宛に調査票を送付し，回収する郵送方式とした．調査期間は，2008 年 11 月～12 月の約 3 週間である．結果的に，87 組織からの回答を得た (回答率：42.2 %).

6.3.2　活動成果の 3 要素に関する設問

　経営品質向上活動の成果として，"従業員満足の向上"，"顧客満足の向上"，"業績の向上" の 3 要素に関して，「経営品質向上活動に取り組んだ結果，現在までにどの程度の成果がありましたか」という設問とした．回答は，「大きな成果があった」「まあ成果があった」「どちらともいえない」「あまり成果がなかった」「ほとんど成果がなかった」の 5 段階の選択方式とした．

6.3.3　中間特性に関する設問

　前述したように，"従業員満足の向上→顧客満足の向上→業績の向上" のプロセスにおいて，組織風土，意識変化など中間的に変化する成果要素 (中間特性) が存在するという仮説を生成した．その成果要素を事前の経営者へのヒアリング調査から抽出した概念 ((1) めざすべきもの，(2) 4 つの基本理念) を中間特性として設定することにした．

　(1)　めざすべきもの　　経営品質向上活動でめざすべきものとして，日本経営品質賞委員会 (2007) では「経営品質向上プログラムは卓説した経営の実現をめざしている．卓越した経営とは，ある到達点を実現することではない．たえず変化するお客様の価値観，競合企業のイノベーションによっていつまでもいまのやり方がうまくいき続けるはずはない．さらに良い状態を追求し創造し続ける能力が組織に備わっているかどうかが重要」と述べている．このような，いわゆる変化に対応しようという組織風土への変化が，ヒアリング調査において経営者から聞かれた意見の一つであった．そこで，"経営革新をめざす創造的な風土の醸成" を設問として設定した．

　(2)　4 つの基本理念　　日本経営品質賞委員会 (2007) では，経営品質を向上していくうえでの基本理念として，"顧客本位"，"独自能力"，"従業員重視"，"社会との調和" を規定している．そして，「これらをすべて満たすことが卓越した経営に共通する条件」としている．この 4 要素も，経営者から聞かれた意見に近いと考えられたため，設問項目を設定した．ただし，設問上はそれぞれ "顧客満足を追及しようとする意識への変革"，"他社にはない自社独自の競争力の確立"，"経営者と従業員との信頼関係の強化"，"会社の社会性 (倫理性，健全性) の向上" とした．各設問で使用した用語と，経営品質向上プログラムのスキームでの用語には若干の相違があるが，回答者がイメージしやすくするための措置である．回答は，「大きな成果があった」「まあ成果があった」「どちらともいえない」「あまり成果がなかった」「ほとんど成果がなかった」の 5 段階の選択方式とした．

6.3.4 活動項目に関する設問

活動項目に関する設問は,経営品質向上プログラムにおけるアセスメント基準のフレームワーク (図 6.1) に従った. 同フレームワークにおいては,どの組織にも共通する経営品質を評価する要素として,カテゴリーとよばれる 8 つの要素を設定している (日本経営品質賞委員会 (2007)). 図 6.1 に示したカテゴリー 1~7 は "方法展開のカテゴリー" であり,まさに経営活動として力を入れるべき領域の分類を示している. なお,カテゴリー 8 は "活動結果のカテゴリー" であり,前述のとおり,従業員満足・顧客満足・業績の向上として調査項目を設定した.

活動項目を示すカテゴリー 1~7 については,経営品質向上活動の結果,各カテゴリーのレベルがどの程度上がったかを聞いた. 回答は,「最もレベルが上がった」「他と比べるとレベルが上がった」「標準的にレベルが上がった」「他と比べるとレベルが上がらなかった」「最もレベルが上がらなかった」の 5 段階の選択方式とした. 経営品質賞を受賞している企業であれば,全体的に,すなわち,すべてのカテゴリーにおいて力を入れて活動していると考えられる. そこで,各カテゴリーに対する活動状況を聞く際に,すべてのカテゴリーのレベルが上がったと回答されることが懸念された. そのため,上記のように "最も", "他と比べると", "標準的に" という副詞句をつけることによって,他のカテゴリーに対する相対的な程度を示すようにした. 以後,経営品質向上プログラムにおける「カテゴリー」をアンケート調査の「項目」とよぶ.

表 6.1 解析対象とするアンケート調査の項目

設問文	略称	変数名
活動成果に関する設問 (どの程度の成果がありましたか)		
業績の向上	業績	y
顧客満足度の向上	顧客満足	w_1
従業員満足度の向上	従業員満足	w_2
中間特性に関する設問 (どの程度成果がありましたか)		
顧客満足を追求しようとする意識への変革	CS への意識	z_1
他社にない自社独自の競争力の確立	競争力	z_2
経営者と従業員との信頼関係の強化	信頼関係	z_3
会社の社会性 (倫理性,健全性) の向上	社会性	z_4
経営革新をめざす創造的な風土の醸成	創造的風土	z_5
活動項目に関する設問 (経営要素のレベルがどの程度上がりましたか)		
経営幹部のリーダーシップ	リーダーシップ	x_1
経営における社会的責任	社会的責任	x_2
顧客・市場の理解と対応	顧客・市場	x_3
戦略の策定と展開	戦略	x_4
個人と組織の能力向上	能力向上	x_5
顧客価値創造のプロセス	顧客価値	x_6
情報マネジメント	情報マネジメント	x_7

アンケート調査の設問 (活動成果, 中間特性, 活動項目) を表 6.1 にまとめる. 表には以後の解析で用いる省略表現と変数名をあわせて表記する.

6.4 データ解析

6.4.1 解析の進め方

アンケート調査は典型的な社会科学分野での観察データであり, 前提条件がなければ因果モデルの構築はできないし, また, 無視できない効果をもつ共変量が観察できていないとミスリーディングをまねく (第 2 章, 第 3 章参照). 因果推論に必要な前提条件をおいたうえで因果分析を行う.

図 2.24 で示したように, 仮説とデータを行き来しながら, 因果構築を推論していく. 仮説をより精緻なものにしていくプロセスで, 本事例では新たなデータを獲得するのではなく, 回帰分析のステップワイズ法を用い, 説明変数を回帰モデルから出し入れすることによって, 個々の仮説の検証に対するデータによる裏付けを繰り返し確認しながら, モデルをより精緻なものにしていく. しかし, 観察データから統計的判断のみで因果構造の推論は難しい. いくつかの前提や事前情報による仮説を必要とする. 図 6.2 に 6.2 節で述べた初期の仮説を図示する.

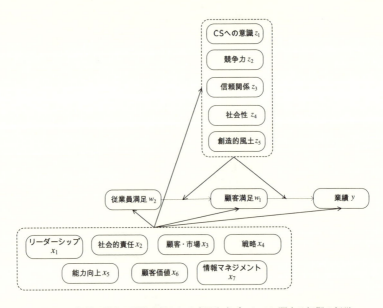

図 6.2 経営品質向上活動で得られる成果生成プロセスに関する初期の仮説

6.4 データ解析

6.4.2 データの概観

まず，解析対象とする変数間の相関係数を求める．表 6.2 に活動項目と業績との相関係数行列を示す．活動項目と業績との相関はすべて正であり，0.3 以上の値である．6.3.1 項で述べたように，回答は経営者の主観であることから，各活動項目の成果が何らかのプロセスを経て業績に結びついている感覚をもっていることが示唆される．また，従業員満足度，顧客満足度との相関が比較的高い (0.4 以上) 活動項目がリーダー，顧客，組織，プロセスである．これらの活動項目が従業員満足度や顧客満足度などを介して間接的に業績へ影響を与えていることが考えられる．

表 6.2　活動項目と業績との相関係数行列

		リーダーシップ	社会的責任	顧客・市場	戦略	能力向上	顧客価値	情報マネジメント	従業員満足	顧客満足	業績
リーダーシップ	x_1	1.000	0.268	0.330	0.156	0.285	0.365	0.247	0.405	0.451	0.408
社会的責任	x_2	0.268	1.000	0.278	0.120	0.292	0.178	0.279	0.336	0.421	0.293
顧客・市場	x_3	0.330	0.278	1.000	0.262	0.369	0.451	0.360	0.428	0.568	0.345
戦　略	x_4	0.156	0.120	0.262	1.000	0.298	0.238	0.273	0.184	0.169	0.271
能力向上	x_5	0.285	0.292	0.369	0.298	1.000	0.233	0.142	0.519	0.404	0.385
顧客価値	x_6	0.365	0.178	0.451	0.238	0.233	1.000	0.557	0.278	0.509	0.400
情報マネジメント	x_7	0.247	0.279	0.360	0.273	0.142	0.557	1.000	0.180	0.284	0.287
従業員満足	w_2	0.405	0.336	0.428	0.184	0.519	0.278	0.180	1.000	0.597	0.585
顧客満足	w_1	0.451	0.421	0.568	0.169	0.404	0.509	0.284	0.597	1.000	0.601
業　績	y	0.408	0.293	0.345	0.271	0.385	0.400	0.287	0.585	0.601	1.000

表 6.3 に中間特性，従業員満足度，顧客満足度と業績間の相関係数行列を示す．すべての項目間に正の相関がみられる．また，業績との相関係数の値は表 6.2 のそれらに比べて大きい．これは，活動項目にアクションがとられ，その効果が従業員満足度，顧客満足度や中間特性に現れ，最後に業績につながるという構造を示唆するものである．また，従業員満足度と顧客満足度との相関係数が 0.597 と比較的高い．この間にどのような因果構造が存在するのかが検討すべき一つの焦点である．

表 6.3　中間特性，従業員満足度，顧客満足度と業績間の相関係数行列

		CS への意識	競争力	信頼関係	社会性	創造的風土	従業員満足	顧客満足	業績
CS への意識	z_1	1.000	0.479	0.447	0.366	0.481	0.417	0.704	0.513
競 争 力	z_2	0.479	1.000	0.355	0.414	0.350	0.447	0.517	0.529
信頼関係	z_3	0.447	0.355	1.000	0.554	0.646	0.690	0.509	0.566
社 会 性	z_4	0.366	0.414	0.554	1.000	0.514	0.498	0.546	0.471
創造的風土	z_5	0.481	0.350	0.646	0.514	1.000	0.604	0.497	0.557
従業員満足	w_2	0.417	0.447	0.690	0.498	0.604	1.000	0.597	0.585
顧客満足	w_1	0.704	0.517	0.509	0.546	0.497	0.597	1.000	0.601
業　績	y	0.513	0.529	0.566	0.471	0.557	0.585	0.601	1.000

6.4.3 因果構造の構築

因果関係があるとは，ある要素が変化したとき，別の要素がその影響を受けて何らかの変化をすることであり，原因となる要素は結果となる要素より時間的に先行する．本事例の場合，各活動項目にアクションをとるので，$x_1 \sim x_7$ は他の成果に関連する要素よりも時間的に先行する．すなわち，原因系の要素となる．$x_1 \sim x_7$ は原因系の変数であるので，当該変数から他の活動成果の要素へ矢線が出る因果モデルが想定できる．加えて，

(1) 経営品質向上活動の成果の 3 要素のうち "業績 y" を最終特性とする．

(2) 因果モデルは逐次モデル[3] とする．

以上の 2 つを因果構造構築の際の前提とする．

各変数 $x_1 \sim x_7$ は活動項目であり，すでに成果プロセスに対して介入済みである．したがって，回帰分析によって活動成果の生成プロセスにおける変数間の因果構造を推論する際，変数 $x_1 \sim x_7$ は回帰モデルの説明変数として選択しておく必要がある．したがって，以後の回帰モデルは

$$y = f(w_1, w_2, w_3, z_1, z_2, z_3, z_4, z_5) + \beta_9 x_1 + \cdots + \beta_{15} x_7 + \varepsilon \qquad (6.1)$$

とする．ただし，$f(\cdot)$ は回帰モデルである．すなわち，因果構造上，解析対象とする変数群の上流[4] にある変数を説明変数として入れ込んだうえで解析をする．なぜ，活動項目の変数 $x_1 \sim x_7$ を説明変数として選択する必要があるのかは読者に考えてほしい．以後の解析では，特に記さない限り回帰モデルの説明変数に活動項目に関する変数 $x_1 \sim x_7$ を加える．ただし，回帰式の記述をわかりやすくするために，$x_1 \sim x_7$ の項は

$$g(x) = \beta_9 x_1 + \cdots + \beta_{15} x_7, \quad \hat{g}(x) = \hat{\beta}_9 x_1 + \cdots + \hat{\beta}_{15} x_7$$

と記述する．

"業績 y" を目的変数，成果の 3 要素の残りである "顧客満足 w_1" と "従業員満足 w_2" を説明変数とした回帰モデル

$$y = \beta_0 + \beta_1 w_1 + \beta_2 w_2 + g(x) + \varepsilon$$

を想定し，回帰式を求めると

$$\hat{y} = \underset{(F=6.788)}{0.44} \ w_1 + \underset{(F=7.486)}{0.35} \ w_2 + \hat{g}(x) \quad (\text{寄与率} = 0.487) \qquad (6.2)$$

となる．(6.2) 式の F 値から判断して，"顧客満足 w_1" と "従業員満足 w_2" は "業績 y" に効いていることが確認できる．ただし，この時点では，その効果が直接効果かどうかはわからない．

(6.2) 式に中間特性として想定した "CS への意識 z_1"，"競争力 z_2"，"信頼関係 z_3"，"社会性 z_4" と "創造的風土 z_5" を説明変数としてステップワイズ法 (F 値の閾値を 2.0

---

3) 因果の方向 (因果ダイアグラムの矢線) に後戻りがない因果モデルを逐次モデルという．

4) 宮川 (1997) では，変数 x から変数 y への有向道があるとき，変数 x を変数 y の "祖先"，変数 y を変数 x の "子孫" とよんでいる．本論文では "祖先" を "上流"，"子孫" を "下流" とよぶことにする．

6.4 データ解析

とした. 以後の解析も同様) によって逐次にモデルに含めていくと

$$\hat{y} = \underset{(F=3.570)}{0.31}\ w_1 + \underset{(F=6.836)}{0.29}\ z_2 + \underset{(F=4.606)}{0.28}\ z_3 + \underset{(F=1.421)}{0.16}\ w_2 + \hat{g}(x)$$

$$(\text{寄与率} = 0.561) \qquad (6.3)$$

の回帰式を得る. (6.2) 式と (6.3) 式を比較すると, (6.2) 式では "顧客満足 w_1" を説明変数としている条件の下で "業績 y" に効いていた "従業員満足 w_2" が, 想定した中間特性のうち, "競争力 z_2", "信頼関係 z_3" を説明変数に取り込むことによって "業績 y" に効かなくなっていることがわかる. この結果は, "従業員満足 w_2" は中間特性を経由して "業績 y" に効く間接効果をもつ変数であることを示唆するものである. "競争力 z_2", "信頼関係 z_3" を経由した "従業員満足 w_2" の擬似効果のモデルも想定できるが, そうであるならば, "業績 y" への "従業員満足 w_2" の効果がないことになるので, 前者の解釈が妥当である.

一方, "顧客満足 w_1" は中間特性を説明変数として取り込んでも依然として "業績 y" に効いている. したがって, "顧客満足 w_1" は "業績 y" に対して直接効果をもつ変数であることが示唆される. また, "顧客満足 w_1", "従業員満足 w_2" とすべての中間特性 ($z_1 \sim z_5$) を説明変数とした場合

$$\hat{y} = \underset{(F=1.874)}{0.27}\ w_1 + \underset{(F=0.953)}{0.14}\ w_2 + \underset{(F=0.061)}{0.04}\ z_1 + \underset{(F=5.638)}{0.28}\ z_2$$

$$+ \underset{(F=2.366)}{0.23}\ z_3 - \underset{(F=0.002)}{0.01}\ z_4 + \underset{(F=1.229)}{0.15}\ z_5 + \hat{g}(x) \quad (\text{寄与率} = 0.571)$$

を得る. このことから, "業績 y" に対して少なくても直接効果をもつ中間特性は "競争力 z_2" と "信頼関係 z_3" であると考えられる. ここで, "少なくても直接効果をもつ" とは, 間接効果をあわせもつ可能性を意味する. 擬似効果は含まない.

また, (6.3) 式の説明変数からから F 値が 2.0 より小さい "従業員満足 w_2" を除くと, "創造的風土 z_5" が追加され,

$$\hat{y} = \underset{(F=3.881)}{0.32}\ w_1 + \underset{(F=7.518)}{0.30}\ z_2 + \underset{(F=4.690)}{0.28}\ z_3 + \underset{(F_0=2.000)}{0.18}\ z_5 + \hat{g}(x)$$

$$(\text{寄与率} = 0.564)$$

を得る. "業績 y" に直接効果をもつ "顧客満足 w_1", "競争力 z_2" と "信頼関係 z_3" が説明変数に含まれていても "創造的風土 z_5" は "業績 y" に効いている. この時点で, 図 6.3 の因果構造が想定できる.

活動成果の一つである "顧客満足 w_1" を構成する因果構造を調べるために, "顧客満足 w_1" を目的変数, 業績を除くすべての変数を説明変数とした回帰モデルをステップワイズ法で変数選択を行うと

$$\hat{w}_1 = -0.272 + \underset{(F=21.07)}{0.388}\ z_1 + \underset{(F=3.918)}{0.177}\ z_4 + \underset{(F=5.106)}{0.173}\ w_2 + \hat{g}(x)$$

$$(\text{寄与率} = 0.706) \qquad (6.4)$$

を得る. (6.4) 式より, "CS への意識 z_1" と "社会性 z_4", "従業員満足 w_2" が "顧客

6. 経営品質向上活動で得られる成果に関する因果構造

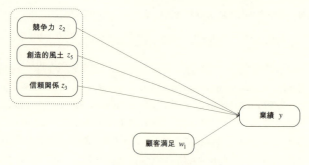

図 6.3 推論された因果構造 (その 1)

満足 w_1" に直接効いており，"競争力 z_2"，"信頼関係 z_3"，"創造的風土 z_5" は直接効果がないことが示唆される．ここまでの解析結果から図 6.4 の因果構造が推論できる．"業績 y" に対して直接効果をもつ変数群として "顧客満足 w_1"，"競争力 z_2"，"信頼関係 z_3"，"創造的風土 z_5" が，"業績 y" に対して直接効果をもたないが，"顧客満足 w_1" を介して "業績 y" に効く変数群 "CS への意識 z_1"，"社会性 z_4"，"従業員満足 w_2" に分類ができる．

表 6.3 の相関係数行列から，"顧客満足 w_1" と "競争力 z_2"，"信頼関係 z_3"，"創造的風土 z_5" は約 0.5 と比較的相関が高いにもかかわらず，説明変数として選択されなかった ((6.4) 式)．このことから，"CS への意識 z_1" と "社会性 z_4"，"従業員満足 w_2" のいずれかの変数が，"顧客満足 w_1" と "競争力 z_2"，"信頼関係 z_3"，"創造的風土 z_5" の直接効果を遮蔽している可能性がある．"CS への意識 z_1" と "社会性 z_4" をそれぞれ目的変数に，"競争力 z_2"，"信頼関係 z_3"，"創造的風土 z_5" を説明変数として変数選択を行うと，"CS への意識 z_1" では "競争力 z_2" と "創造的風土 z_5" が選択され，"社会性

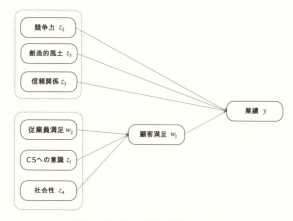

図 6.4 推論された因果構造 (その 2)

6.4 データ解析

z_4" では "競争力 z_2","信頼関係 z_3","創造的風土 z_5" のいずれも説明変数として選択された.

$$\hat{z}_1 = 1.033 + \underset{(F=6.816)}{0.227} z_2 + \underset{(F=5.208)}{0.210} z_5 + \hat{g}(x) \quad (寄与率 = 0.469), \tag{6.5}$$

$$\hat{z}_4 = 0.804 + \underset{(F=6.502)}{0.202} z_2 + \underset{(F=6.322)}{0.246} z_3 + \underset{(F=5.717)}{0.223} z_5 + \hat{g}(x)$$

$$(寄与率 = 0.593) \tag{6.6}$$

このことから,"競争力 z_2","創造的風土 z_5" から "CS への意識 z_1" への因果が,また,"競争力 z_2","信頼関係 z_3","創造的風土 z_5" から "社会性 z_4" への因果が考えられ,"競争力 z_2","信頼関係 z_3","創造的風土 z_5" から "顧客満足 w_1" への効果は間接効果であることが示唆される (図 6.5 に示す).

表 6.3 から "従業員満足 w_2" は中間特性の各変数と高い相関をもつ.しかし,(6.7) 式と (6.8) 式が示すように,"従業員満足 w_2" は (6.5) 式と (6.6) 式に追加する説明変数として選択されない.

$$\hat{z}_1 = 1.026 + \underset{(F=6.964)}{0.237} z_2 + \underset{(F=5.204)}{0.229} z_5 - \underset{(F=0.231)}{0.051} w_2 + \hat{g}(x), \tag{6.7}$$

$$\hat{z}_4 = 0.809 + \underset{(F=5.797)}{0.196} z_2 + \underset{(F=5.035)}{0.232} z_3 + \underset{(F=4.744)}{0.232} z_5 + \underset{(F=0.128)}{0.037} w_2 + \hat{g}(x) \tag{6.8}$$

以上のことから,"従業員満足 w_2" を**外生変数**[5] とした.ここまでの解析で図 6.6 の因果構造が推論できる.

図 6.6 から,成果の生成プロセスとして,"従業員満足 w_2" にはじまり,中間特性群

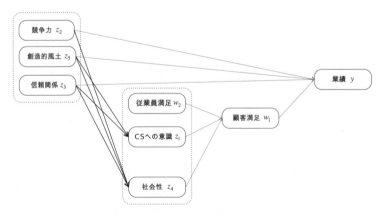

図 6.5 推論された因果構造 (その 3)

---

[5] 外生変数とはモデルの最も上流に位置する変数であり,因果の矢線が入ってこない変数をいう.一方,**内生変数**とは因果の矢線が入ってくる変数をいう.本事例では 7 つの活動項目に関する変数を含めると "従業員満足度 w_2" は内生変数となる.

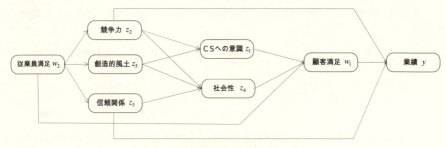

図 6.6 推論された因果構造 (その 4)

が存在し，"顧客満足 w_1" を介して "業績 y" に効くプロセスであることが示唆される．中間特性のなかでも "信頼関係 z_3" と "競争力 z_2" は直接 "業績 y" に効くことも示唆された．これまでの解析によって，6.2 節で提示した仮説 (1) と仮説 (2) は否定されないと結論づけられる．

次に，図 6.1 に示した経営品質のフレームワークを構成する 7 つの経営要素に関連する活動のうち，成果生成プロセスに反映され成果につながる活動項目を抽出する．ここでは，成果生成プロセスの外生変数である "従業員満足 w_2" の成果につながる活動項目を抽出する．"従業員満足 w_2" を目的変数，7 つの活動項目を説明変数として回帰分析を行う．(6.9) 式に変数選択後の回帰式を示す．"リーダーシップ x_1"，"顧客・市場 x_3" と "能力向上 x_5" が選択された．これら 3 つの活動 (介入) が成果の生成プロセスを経て業績につながっていることが示唆される．

$$\hat{w}_2 = 0.598 + \underset{(F=5.430)}{0.237} x_1 + \underset{(F=4.543)}{0.231} x_3 + \underset{(F=14.39)}{0.373} x_5 \tag{6.9}$$

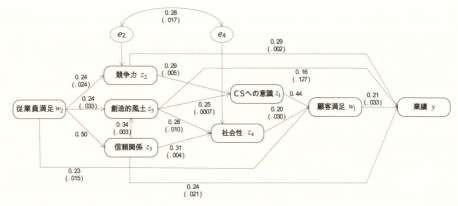

図 6.7 パス解析による成果の生成プロセスの因果モデル (数字は標準化パス係数を示し，括弧内の数字は P 値を示す．適合の指標を表す AGFI$= 0.947$ であり，本モデルの適合は良好である．)

6.4 データ解析

[参考] パス解析モデル　本章のデータ解析は回帰分析を用いている．しかし，回帰分析では個々の回帰式の評価はできても因果モデル全体でのモデルの当てはめの評価はできない．図 6.6 の因果構造をさらに探索して，**パス解析**[6]によって最終的な因果モデルとその評価をしたものを図 6.7 に示す．

演習問題

本章では典型的な観察データであるアンケート調査から，回帰分析を用いて因果構造を生成することを試みた．従業員満足度が企業風土を醸成し，顧客満足度から業績につながる因果構造と，その解析過程の理解を深めるために次の課題に取り組んでほしい．

6.1　なぜ，活動項目の変数 $x_1 \sim x_7$ を説明変数として選択をする必要があるのかを考えよ．

6.2　回帰分析で因果構造を探索する際に，なぜ最終特性を目的変数とした分析からはじめているのかを考えよ．

6.3　アンケートの質問項目を作成する際に工夫をしている点を答えよ．

6.4　事例の解析過程をフォローせよ．解析を追加してよい．

6.5　観察データから統計的判断のみで因果構造の推論は難しい．このことから，いくつかの前提や事前情報による仮説を必要とするが，今回の事例における前提や事前情報をあげよ．

6.6　"従業員満足 w_2" は中間特性を経由して "業績 y" に効く間接効果をもつ変数であることと，"競争力 z_2"，"信頼関係 z_3" を経由した "従業員満足 w_2" の擬似効果のモデルのどちらも想定できる可能性があったにもかかわらず，擬似効果のモデルが妥当でないと判断できたのはなぜか，説明せよ．

6.7　因果が想定できると考えられるデータを採取し，回帰分析を使って因果モデルを探索してみよ．

参 考 文 献

- J.L. ヘスケット，T.O. ジョーンズ，G.W. ラブマン，W.E. サッサー，L.A. シュレジンガー (1994)：サービス・プロフィット・チェーンの実践，ダイヤモンド・ハーバード・ビジネス，1994 年 6–7 月号，4–15.
- 三菱 UFJ リサーチ＆コンサルティング (株) (2009)：経営品質向上活動に関する調査報告書．
- Wilson, D.D. and Collier, D.A. (2000)：An Empirical Investigation of the Malcolm Baldrige National Quality Award Causal Model, *Decision Sciences*, Vol.31, No.2, 361–390.
- 日本経営品質賞委員会 (2007)：日本経営品質賞アセスメントガイドブック (2007 年度版)．
- 宮川雅巳 (1997)：グラフィカルモデリング，朝倉書店．
- 狩野裕，三浦麻子 (2002)：グラフィカル多変量解析，現代数学社．
- 宮川雅巳 (2004)：統計的因果推論，朝倉書店．

---

6)　パス解析に関しては本書ではふれない．狩野，三浦 (2002)，宮川 (2004) などの専門書を参考にしてほしい．

7 章

個人差を考慮した感性品質の評価構造

はじめに

　本章では，感性品質の評価構造を解析した3事例を取り上げる．3事例に共通するのは "感性評価の階層構造" と "個人差" である．感性評価の構造を下位層から刺激→感覚→イメージ→総合評価の上位層への階層的な変換であることを仮定する．その階層構造において，感覚レベルでは人の感覚センサーとしての個人差があり，感覚から印象への変換過程では感性の個人差が存在する．

　事例 7–1 では乗用車の内装樹脂の触り心地に関する感性の評価構造を一対比較法と回帰分析を用いて解析する．事例 7–2 は黒色のゴム製品の親近性 (類似感) の構造解析である．親近性データ (方向性のない一対比較) から試料の布置を解析する．事例 7–3 は Semantic Differential (SD) 法を用いたステアリングホイールの握り心地の感性構造の解析である．心地よいグリップ感の構造には個人差が存在するが，共通な構造もみえてくる．

　感性評価のための実験方法 (一対比較法，SD 法) と，その手法から獲得する個人差が大きい感性データの解析の勘どころを理解したい．

7.1　[事例 7–1*] 一対比較法による内装樹脂の触感性の構造[1]

　感性を，刺激を印象に変換する能力と定義しよう．感性による評価によって得たデータを感性データ，感性によって評価した特性を感性品質という．感性は能力であるので個人差があり，それが感性データにばらつきを生む要因となる．感性データはいわば個人差によるばらつきのかたまりのようなデータである．感性の計量化とは，人の感性能力の計量化と対象を人の感性によって評価したときの評価構造のモデル化の2つを意味する．本事例は，後者の感性による評価構造のモデル化を扱う[2]．

　感性評価の構造に物理量から刺激を受け感覚に変換する知覚・認知過程，感覚から評価に変換する評価過程からなる階層構造を仮定する．例えば，視覚感性の計量化において試料に色彩や形状の違いがある場合には，刺激→感覚→イメージ→評価という階層構

---

1)　仁科，永田 (2002) をもとにした事例である．
2)　前者に関しては，本書ではふれない．人の感性の計量化については，感性の豊かさの定量化を試みた Nishina, Niwa and Matsuda(2006) が参考になる．

136

7.1 [事例 7–1*] 一対比較法による内装樹脂の触感性の構造

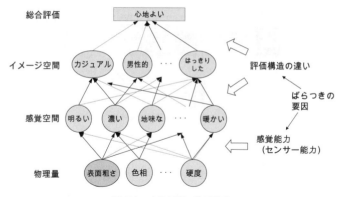

図 7.1 感性評価の階層構造

造を仮定することが多い (例えば，飯田他 (1995)，棟近他 (2000))．図 7.1 に感性評価の階層構造を示す．本章でいう感性の計量化とは，感性評価の構造をモデル化することにより，感性評価と物理量との関連を紐づけし，設計情報に落とし込むことである[3]．

感性データのばらつきの多くは，知覚・認知過程におけるセンサーとしての能力の違い，評価過程における感覚から評価への変換構造の違いに起因する．図 7.2 に感性の実データのばらつきを示す．これらは本事例で取り上げる触感性の解析の一部である．乗用車の内装樹脂の試料に対する 46 名の被験者間の触感性による評価のばらつきである．図 7.2(a) はある試料に対する "粗さ感" のスコア，図 (b) は "触り心地" のスコアのヒストグラムである．感性による評価過程の階層構造を考えたとき，"粗さ感" は物理量に近い下位層 (感覚レベル) であり，"触り心地" は上位層 (評価レベル) の心理量である．標準偏差は "粗さ感" が 0.37 であり，"触り心地" が 0.75 であり，上位層の心理量のほうがばらつきは大きい．分布形状にも違いがみられる．"触り心地" のヒストグラムが混合分布のような形状をしており，被験者の評価に複数のパターンがあることが示唆される．以上のように，階層構造の上位レベルのほうが下位レベルに比べて個人差が大きい．このことは感性による評価過程に階層構造を仮定することを支持する現象の一つである．

品質管理では従来から官能評価の分野がある．官能評価には人間の感覚をセンサーと

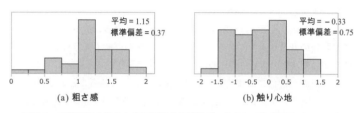

図 7.2 内装樹脂の握り心地に関連する感性データのヒストグラム ($n = 46$)

---

3) さらに広義にとらえて，感性をものづくりに応用する工学分野を感性工学という．

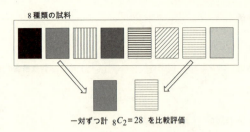

図 7.3 一対比較法の実験 (触感性評価の実験例)

みなしてものを評価する分析型と人の好みを調べる嗜好型の評価がある．上記の階層構造における刺激→感覚の変換でのばらつきは分析型，すなわちセンサーとしての精度を分析し，物理量に対して感度が悪い被験者や再現性に乏しい被験者の抽出が課題となる．一方，感覚→評価の変換でのばらつきは嗜好型の考え方，すなわち評価構造の違いによって被験者を分類し，グループごとに評価構造をモデリングすることが課題となる．グループ間の評価構造で異なる構造と共通な構造を抽出し，設計への指針を得る．

感性の評価構造のモデリングにおいて心理量の測定に用いられる代表的なツールとして，一対比較法と Semantic Differential 法 (SD 法) がある．SD 法については 7.4 節 (→事例 7-3) で述べる．

一対比較法[4] は一対の試料を比較し (図 7.3 参照)，被験者は，例えば図 7.4 のような評価表に「右の試料に比べて左の試料はやや粗い」などの得点をつける．一対比較法の原法としてシェッフェ (Scheffe) の方法がある．シェッフェの方法は1人の被験者が一対の評価しか行わないことから，1人の被験者がすべての組合せの一対比較を行う**中屋の変法**と**浦の変法**が多く用いられる．図 7.4 の評価シートは中屋の変法と浦の変法で使用される．試料数を I とすると，中屋の変法では1人の被験者が $_IC_2$ 組の一対比較を行う．浦の変法では順序効果を考慮するので，1人の被験者が $2 \times {}_IC_2$ 組の一対比較を行う．味覚や嗅覚に関する実験では一対のどちらを先に評価するかという効果 (順序効果) を無視できないことがあり，その場合は浦の変法を用いる．視覚や触覚 (図 7.3) のように同時に評価が可能な場合，中屋の変法を用いる．一対比較法は試料数 I が多いとき，さらには，評価項目が多いとき被験者への負担が問題となるが，相対評価ができることから絶対評価と比べて評価値の精度は良い．

SD 法が感性による評価構造を解析することを目的とすることが多いのに対して，一対比較法は試料の計量化を指向することが多い．ただし，個人差分析も重要である．中屋の変法や浦の変法における一対比較法では，センサーとしての感度を F 値によって計量化できる．試料の評価に対する個人差は，推定された被験者ごとの試料の評価点を，試料を変数，被験者をサンプルとした被験者×試料の多変量データとみなし，主成分分析によって行う方法が提案されている (野澤他 (1994))．

---

4) 一対比較法については佐藤 (1985) が参考になる．

7.2 実験概要とデータ

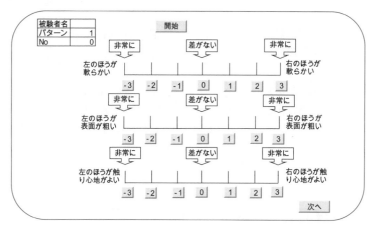

図 7.4　一対比較の評価シート例

事例 7-1 は乗用車の内装樹脂の触感性を取り上げたものである．表面処理を変えた内装樹脂の試験片を試料とした一対比較実験から，触り心地の評価構造を探り，設計への指針を得ることを目的とする．

7.2　実験概要とデータ[5)]

図 7.5 に本事例における一対比較実験の様子を示す．実験では被験者に触感性のみで評価してもらいたいため視覚情報を遮断したブラインドタッチで実施した．評価項目は"粗さ感"，"軟らかさ感"と"触り心地"である．被験者は一対の試料に触れ，ディスプレイ上のスコア (図 7.4) をクリックする．試料は表面処理が異なる 10 種類である．被験者はすべての組合せの一対を評価するので，$_{10}C_2$ の 45 対の評価を行う (一対比較中屋の変法)．実験時間は約 30 分である．

図 7.5　ブラインドタッチの実験 (実験ボックスの大きさ: 24 cm × 46 cm × 27 cm)

被験者が試料に触れる面積は 3 cm × 5 cm である．試料の硬度[6)] を表 7.1 に示す．試料はシボとよばれる形状が不規則な表面であるため，表面粗さは測定できない．

表 7.2 に一被験者が"粗さ感"を評価したときのデータを示す．データは，左の試料

---
5)　本事例のデータは高岡 (2002) による．
6)　JIS K 6253–1997 加硫ゴム及び熱可塑性ゴムの硬さ試験方法タイプ D デュロメータに準拠した．単位は HS である．

140　　　　　　　　　　　　　　　　　7. 個人差を考慮した感性品質の評価構造

表 7.1　試料の硬度 (単位は HS)

対　象	A	B	C	D	E	F	G	H	I	J
物理量	95	83	93	71	72	78	73	77	97	97

を行名，右の試料を列名としたとき，"左の試料のほうが右の試料より粗い" の評価スコアが各セルに入力されている．対称の列はその異符号の数値となる．触感性の評価の場合，被験者は一対の試料を交互に複数回評価できる．その意味で異符号の対称行列のデータとなる．表 7.2 を正方行列としたとき，その対角要素の評価値を自動的に 0 とする (表中では括弧で表記)．

表 7.2　一対評価の評価データ

粗さ感	A	B	C	D	E	F	G	H	I	J
A	(0)	−2	−2	0	2	−2	−2	−2	−1	−1
B	2	(0)	−1	−3	0	−2	−2	−2	−2	−1
C	2	1	(0)	2	3	−3	−3	−2	−2	−2
D	0	3	−2	(0)	0	−2	−3	−2	−2	−2
E	−2	0	−3	0	(0)	−3	−3	−3	−3	−2
F	2	2	3	2	3	(0)	−1	0	−1	−1
G	2	2	3	3	3	1	(0)	1	−2	−2
H	2	2	2	2	3	0	−1	(0)	−2	−2
I	1	2	2	2	3	1	2	2	(0)	−1
J	1	1	2	2	2	1	2	2	1	(0)

7.3　データ解析

7.3.1　解析の進め方

　データ解析は一対比較 (中屋の変法) の評価データ (表 7.2 がその一部) から，3 つの評価項目に対する各被験者の 10 試料への評価の推定値 (評価スコアとよぶことにする) を求めることからはじめる．

　感覚レベルである "粗さ感" と "軟らかさ感" に対する各被験者の感度を計量化する．センサーとしての機能の優劣を評価し，感覚レベルの感度に劣る被験者の抽出が解析目的となる．次に評価スコアのパターンに着目し，被験者間の個人差を解析する．本事例の場合，試料の硬度は物理量がわかっているので，被験者が物理的刺激をどのように感覚に変換しているかを探る．最後に，個人差を考慮したうえで感覚から評価への変換のモデル化を試みる．

7.3.2　被験者のセンサーとしての識別力

　被験者ごとに分散分析を行う．分散分析はモデルを

$$y_{ijk} = \alpha_i - \alpha_j + \varepsilon_{ijk} \tag{7.1}$$

7.3 データ解析

と仮定する．ここで，y_{ijk} は被験者 k が試料 i と試料 j の一対比較をしたときの評価スコア，α_i は試料 i の主効果，ε_{ijk} は誤差である．ただし，$\sum_{i=1}^{10} \alpha_i = 0$ とする．被験者 k の平方和の計算は以下のとおりである．

総平方和：$S_T = \sum_{i=1}^{10} \sum_{j>i}^{10} y_{ijk}^2$ （自由度 $= {}_{10}C_2$）

試料の平方和：$S_A = 10 \sum_{i=1}^{10} \bar{y}_{i \cdot k}^2$ （自由度 $= 10 - 1$）

誤差の平方和：$S_e = S_T - S_A$ （自由度 $= {}_{10}C_2 - (10 - 1)$）

一例として，表 7.3 に被験者 No.1 の粗さ感の分散分析表を示す．

表 7.3 被験者 No.1 の粗さ感の分散分析表

要因	平方和	自由度	平均平方	F 値
試料	132.8	9	14.756	10.797
誤差	49.2	36	1.367	
計	182.0	45		

被験者の感度の指標を分散分析表の F 値とする．図 7.6 に被験者 46 名の粗さ感と軟らかさ感の F 値のヒストグラム ((a) は粗さ感，(b) は軟らかさ感) を示す．F 値が 2 以下の被験者はみあたらない．極度に感度が低い被験者はいないと考えてよい．

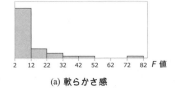
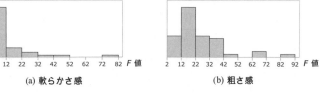

(a) 軟らかさ感　　　　　　　(b) 粗さ感

図 7.6 粗さ感と軟らかさ感の F 値のヒストグラム

次に，評価パターンが極度に異質な被験者の抽出を試みる．被験者 k の試料 i への評価の推定量 $\hat{\alpha}_{ik}$ は

$$\hat{\alpha}_{ik} = \bar{y}_{i \cdot k} \tag{7.2}$$

となる．表 7.4 に粗さ感の推定値を，表 7.5 に軟らかさ感の推定値を示す．表 7.4 と表 7.5 は 被験者 × 試料 の多変量データである．主成分分析によって $\hat{\alpha}_{ik}$ のばらつきを可視化し，評価パターンが異質な被験者の抽出を試みる．ここで，主成分分析の出発行列を分散共分散行列とする．相関係数行列ではない．各変数 (この場合は試料) の評価スコアのばらつきを加味した可視化が必要なためである．

主成分の成分はばらつきが大きい方向を探索することから，主成分分析は多変量データの外れ値の検出機能をもつ．すなわち，外れ値が存在するとき，寄与率の高い (高次

表 7.4　各被験者の粗さ感の推定値

被験者	A	B	C	D	E	F	G	H	I	J
1	1.0	1.1	0.4	1.0	1.9	−0.9	−1.1	−0.6	−1.4	−1.4
2	2.3	0.3	1.1	1.3	1.6	−0.8	−1.3	−0.5	−1.9	−2.1
3	0.7	0.4	1.1	0.6	1.2	−1.2	−0.7	−0.4	−1.0	−0.7
4	0.8	0.8	1.6	1.3	0.9	−1.1	−0.9	−0.5	−1.4	−1.5
5	1.3	1.2	1.5	1.6	1.3	−0.9	−1.3	−1.2	−1.6	−1.9
6	1.3	1.0	1.3	1.0	1.4	−1.3	−1.1	−0.8	−1.4	−1.4
7	0.5	0.4	0.9	0.6	0.4	−0.2	−0.5	−0.3	−1.0	−0.8
8	0.8	0.8	0.9	1.1	0.8	−0.2	−0.9	−0.2	−1.7	−1.4
9	2.3	1.3	1.6	0.8	1.0	−1.1	−0.5	−1.1	−1.9	−2.4
10	1.8	0.5	1.2	0.9	0.1	−0.4	−0.7	−0.5	−1.5	−1.4
11	0.8	0.5	1.3	1.2	0.9	−1.0	−0.6	−0.2	−1.5	−1.4
⋮		⋮				⋮				
38	0.9	0.9	0.6	0.9	0.6	−0.6	−0.7	−0.1	−1.3	−1.2
39	1.0	0.5	0.7	0.3	0.2	−0.2	−0.9	−0.3	−0.7	−0.6
40	1.1	1.0	1.2	0.8	0.6	−0.4	−0.9	−0.7	−1.3	−1.4
41	0.9	0.3	0.0	0.6	0.7	0.5	−0.3	−0.3	−1.1	−1.3
42	0.9	0.4	1.0	1.2	1.2	−0.4	−0.8	−0.4	−1.5	−1.6
43	1.4	0.8	1.0	1.2	1.2	−0.8	−1.4	−0.2	−1.6	−1.6
44	1.1	0.6	0.6	1.3	1.1	−0.2	−1.1	−0.4	−1.7	−1.3
45	0.9	0.8	1.1	1.1	1.1	−0.9	−0.8	−0.4	−1.5	−1.4
46	1.2	0.8	0.6	1.1	0.0	0.1	−1.0	0.2	−1.4	−1.6

表 7.5　各被験者の軟らかさ感の推定値

被験者	A	B	C	D	E	F	G	H	I	J
1	0.1	−0.3	0.7	0.0	−0.7	0.5	1.4	0.0	−1.2	−0.5
2	−1.2	−0.8	−1.1	−1.1	−1.1	0.5	0.6	0.2	2.1	1.9
3	−0.5	−0.1	0.1	0.0	0.1	−0.2	0.8	−0.5	−0.7	1.0
4	−0.3	−0.2	−0.2	0.1	−0.4	0.1	−0.1	0.2	−0.5	1.3
5	−1.3	−1.5	−1.1	1.3	1.2	1.2	1.8	0.4	−1.0	−1.0
6	0.4	0.5	0.7	1.1	0.8	−1.1	−1.2	−1.2	1.2	−1.2
7	−0.6	−0.6	−0.7	1.1	0.5	0.6	1.2	−0.2	−0.6	−0.7
8	−0.8	−0.8	−0.2	1.1	0.5	0.3	0.9	0.4	−0.3	−1.1
9	0.4	0.6	0.9	−0.1	0.0	0.3	0.4	−1.1	−0.7	−0.7
10	−0.9	−0.3	−0.3	1.1	0.6	0.9	1.4	−0.3	−1.6	−0.6
11	−0.8	−0.4	−1.0	−0.8	−0.3	0.7	0.3	0.0	1.1	1.2
⋮						⋮				
38	−1.0	−0.4	−1.0	−1.1	−0.5	0.3	1.9	0.5	0.1	1.2
39	−0.3	0.5	0.6	−0.3	−1.0	−0.4	1.2	0.0	−0.6	0.3
40	0.3	0.0	−0.4	0.9	0.8	0.1	0.4	−0.5	−0.7	−0.9
41	1.2	0.5	0.3	0.6	0.1	0.3	−0.8	−0.4	−0.9	−0.9
42	0.3	0.2	0.1	0.0	0.2	0.4	−0.2	0.4	−0.5	−0.9
43	−0.3	−0.1	−0.4	0.4	0.2	0.1	0.9	0.0	−0.5	−0.3
44	−1.2	−0.1	−0.4	−0.4	−1.1	0.3	1.8	0.4	−0.9	1.6
45	−1.2	−0.9	−0.7	−0.8	−0.9	0.8	1.1	0.0	0.9	1.7
46	0.8	1.0	0.7	0.7	0.3	0.0	−0.3	−0.6	−1.1	−1.5

7.3 データ解析

の) 主成分の方向がその外れ値をとらえる．この機能を利用して評価パターンが異質な被験者を抽出する．表 7.4 および表 7.5 の推定値は，各被験者の相対的な評価を示しており，被験者間のバイアスはない．すなわち，あらかじめ行平均化がなされている．図 7.7 に表 7.4 と表 7.5 データの第 1 主成分スコアと第 2 主成分スコアを示す．図に外れ値はみてとれない．したがって，異質な評価をしている被験者はいないと判断する．ただし，図 (b) の主成分スコアのばらつきは図 (a) に比べて大きく，個人差が大きいことを示唆している．

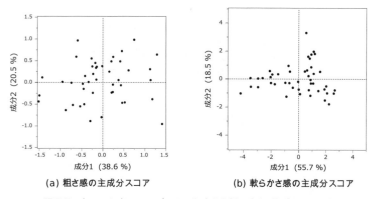

(a) 粗さ感の主成分スコア　　　(b) 軟らかさ感の主成分スコア

図 7.7 表 7.4 と表 7.5 のデータの主成分分析の出力 (主成分スコア)

7.3.3 評価パターンの個人差分析

次に，各被験者の評価スコアのパターンを検討する．(7.1) 式から，"粗さ感"，"軟らかさ感" と "触り心地" の評価スコアを求め，図 7.8(a), (b), (c) にそれぞれの評価スコアを可視化する．図 (b) の "粗さ感" の評価スコアにはさほど個人差はみえないが，図 (a), (c) の "軟らかさ感" と "触り心地" にはかなりの個人差がみてとれる．

分散分析によって個人差を定量化する．被験者 k の評価モデル (7.1) 式に評価パターンの個人差をモデルに組み込んだ

$$y_{ijk} = (\alpha_i + \beta_{ik}) - (\alpha_j + \beta_{jk}) + \gamma_{ij} + \varepsilon_{ijk} \tag{7.3}$$

を仮定する．ここで，β_{ik} と β_{jk} は試料×被験者の交互作用であり，γ_{ij} は被験者に共通な試料×試料の交互作用である．(7.3) 式に準じて平方和を分解する．(7.3) 式の各効果の推定量は

$$\begin{aligned}
\hat{\alpha}_i &= \bar{y}_{i\cdot\cdot}, \\
\hat{\beta}_{ik} &= \bar{y}_{i\cdot k} - \bar{y}_{i\cdot\cdot}, \\
\hat{\gamma}_{ij} &= \bar{y}_{ij\cdot} - (\bar{y}_{i\cdot\cdot} - \bar{y}_{\cdot j\cdot})
\end{aligned} \tag{7.4}$$

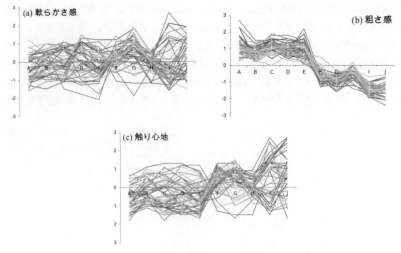

図 7.8　評価スコアの可視化

となる．平方和は

$$S_T = \sum_{k=1}^{46}\sum_{i=1}^{10}\sum_{j>i}^{10} y_{ijk}^2 \quad (\text{自由度} = 46 \times {}_{10}C_2 = 2070),$$

$$S_A = 46 \times 10 \times \sum_{i=1}^{10} \bar{y}_{i\cdot\cdot}^2 \quad (\text{自由度} = 10 - 1 = 9),$$

$$S_{A \times B} = 10 \times \sum_{i=1}^{10}\sum_{k=1}^{46} (\bar{y}_{i\cdot k} - \bar{y}_{i\cdot\cdot})^2 \quad (\text{自由度} = 9 \times 45 = 405),$$

$$S_\gamma = 46 \times \sum_{i=1}^{10}\sum_{j>i}^{10} (\bar{y}_{ij\cdot} - (\bar{y}_{i\cdot\cdot} - \bar{y}_{\cdot j\cdot}))^2 \quad (\text{自由度} = {}_{10-1}C_2 = 36),$$

$$S_e = S_T - S_A - S_{A \times B} - S_\gamma \quad (\text{自由度} = 2070 - 9 - 405 - 36 = 1620)$$

である．また，寄与率 (例えば，試料による平方和の寄与率) は

$$\frac{S_A - \phi_A V_e}{S_T}$$

となる．ここで，ϕ_A は試料による平方和の自由度を示し，

$$V_e = \frac{S_e}{\phi_e}$$

である．

"粗さ感"，"軟らかさ感" および "触り心地" の評価の分散分析表を，それぞれ表 7.6，表 7.7，表 7.8 に示す．統計的な判断からも "軟らかさ感" と "触り心地" の試料と被験者の交互作用の存在が明確である．一方，"粗さ感" の試料と被験者の交互作用は無視で

7.3 データ解析

表 7.6 評価パターンの個人差を考慮した分散分析表 (粗さ感)

要　因	平方和	自由度	平均平方	F 値	寄与率
試　料	4958.657	9	550.9618	804.034	0.726
試料 × 被験者	600.943	405	1.4838	2.165	0.047
組合せ効果	152.300	36	4.2306	6.174	0.019
誤　差	1110.100	1620	0.6852		0.208
計	6822.000	2070			

表 7.7 評価パターンの個人差を考慮した分散分析表 (軟らかさ感)

要　因	平方和	自由度	平均平方	F 値	寄与率
試　料	371.930	9	41.3256	47.560	0.083
試料 × 被験者	2560.670	405	6.3226	7.276	0.505
組合せ効果	30.743	36	0.8540	0.983	0.000
誤　差	1407.657	1620	0.8689		0.412
計	4371.000	2070			

表 7.8 評価パターンの個人差を考慮した分散分析表 (触り心地)

要　因	平方和	自由度	平均平方	F 値	寄与率
試　料	905.735	9	100.6372	104.637	0.169
試料 × 被験者	2737.865	405	6.7602	7.029	0.444
組合せ効果	91.330	36	2.5370	2.638	0.011
誤　差	1558.070	1620	0.9618		0.376
計	5293.000	2070			

きる．すなわち，"粗さ感" の評価スコアのパターンには個人差に特定の傾向はないと考えてよい．前述したように，試料の表面が不規則であるため，表面粗度を物理的に測定することができない．そこで，被験者の評価スコアの平均値を "粗さ感" の数値とする．

　感覚レベルである "軟らかさ感" の試料と被験者間の交互作用のパターン，すなわち，評価スコアのパターンの個人差分析を試みる．表 7.5 を，被験者をサンプル，試料を変数としたデータ行列とし，主成分分析を行う．表 7.5 は一対比較による評価スコアであることの特徴をもつ．すべての行和が 0 である．すなわち，評価スコアは相対的な値であり，被験者のバイアスは存在しない．表 7.5 のデータにさらに列中心化を施すならば，スコアのばらつきは被験者間の評価パターンのばらつきのみになる．つまり，試料 × 被験者の交互作用要素となる ((7.4) 式を参照)．交互作用要素を，被験者をサンプル，試料を変数とした多変量データとして主成分分析を行う．この解析は表 7.5 データの分散共分散行列を出発行列とした主成分分析に相当する．すなわち，異質な評価を行った被験者を抽出するために行った主成分分析 (図 7.7 に主成分スコアを示した) と同じである．

　図 7.9 に解析結果としてスクリープロットを示す．もし，個人差にくせがなくランダムなものであったならば 9 つの固有値の大きさに大きな違いはみられないはずである．図のスクリープロットは第 1 主成分と第 2 主成分のばらつきが 75 ％を含み，ある種の傾向をもった個人差が存在することを示している．

10 次元 (試料数 10) のデータであることから，個人差の傾向をつかむために主成分分析により次元の縮約を試み，被験者間の個人差を可視化する．図 7.10 (図 7.7 と同じ) に第 1 主成分スコアと第 2 主成分スコアを，表 7.9 に第 1 および第 2 固有値に対応する因子負荷量を示す．表には "粗さ感" の試料スコア (全被験者の平均値) と硬度の物理量を併記する．4 つの関係を調べるために，表 7.10 に相関係数行列を示す．表に示すように，第 1 主成分の因子負荷量と "粗さ感" の相関係数が 0.977 であり，第 2 主成分の因子負荷量と硬度の相関係数が −0.786 である．

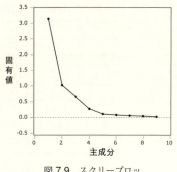

図 7.9 スクリープロット (軟らかさ感の主成分分析)

このことから，第 1 主成分は粗さ感を，第 2 主成分は物理量の硬度を示す軸と考えてよい．"軟らかさ感" の評価パターンの個人差が "粗さ感" に影響を受けていることがわかる．粗いから軟らかいと知覚する被験者となめらかだから軟らかいと知覚する被験者の存在を示している．また，第 2 主成分が硬度の物理量に対応していることから，硬度に反応して "軟らかさ感" を知覚する被験者も存在することがわかる．寄与率は第 1 主成分が 0.557，第 2 主成分が 0.185 であることから，"粗さ感" が "軟らかさ感" の評価に大きく影響していることがわかる．軟らかさ感が評価構造の個人差のポイントであることに気づく．

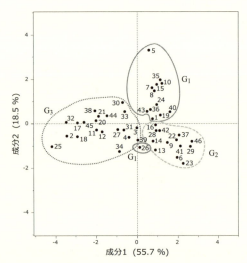

図 7.10 主成分スコア (軟らかさ感の主成分分析) とグループ分け

表 7.9 因子負荷量と試料の "粗さ感 (平均値)"，硬度

試料	主成分 1	主成分 2	硬度	粗さ感
A	0.731	−0.487	95	1.170
B	0.567	−0.661	83	0.746
C	0.742	−0.519	93	1.150
D	0.856	0.366	71	0.963
E	0.723	0.463	72	0.937
F	−0.530	0.543	78	−0.643
G	−0.436	0.645	73	−0.913
H	−0.646	0.350	77	−0.500
I	−0.812	−0.188	97	−1.454
J	−0.866	−0.248	97	−1.454

7.3 データ解析　　　　　　　　　　　　　　　　　　　　　　　　　147

表 7.10　表 7.9 の相関係数

	主成分 1	主成分 2	硬　度	粗さ感
主成分 1	1.000	−0.273	−0.205	0.977
主成分 2	−0.273	1.000	−0.786	−0.277
硬　度	−0.205	−0.786	1.000	−0.203
粗さ感	0.977	−0.277	−0.203	1.000

　"軟らかさ感" の評価スコアで被験者のグループ分けを試みる．グループ分けは，被験者の "軟らかさ感" の評価スコアと物理量の硬度，"粗さ感" の平均値との相関係数を計算し，硬度との相関係数の絶対値が，"粗さ感" の平均との相関係数よりその絶対値が大きいグループ (G_1 グループ) とした．硬度との相関係数が "粗さ感" の平均との相関係数の絶対値より小さく，"粗さ感" の平均との相関係数が正であれば G_2 グループに，負であれば G_3 グループに分類した．

　結局，被験者を次の 3 つのグループに分類できた．

G_1：硬度に反応して "軟らかさ感" を知覚するグループ

G_2：粗いから軟らかいと知覚するグループ

G_3：なめらかだから軟らかいと知覚するグループ

図 7.10 の被験者の布置に上記のグループ分けを加えてある．

7.3.4　評価構造の解析

　7.3.3 項で得た被験者のグループごとに触り心地の評価構造を解析する．感覚レベルでの解析結果から仮説として設定できる 3 つのグループ G_1，G_2，G_3 の評価構造に関して，ゆるやかな仮説を生成することができる．G_1 グループは "粗さ感" と "軟らかさ感" を別の刺激から知覚している．したがって，"粗さ感" と "軟らかさ感" の相関は低い．相関係数は 0.072 である．G_2 グループと G_3 グループは "軟らかさ感" を "粗さ感" から知覚している．したがって，"粗さ感" → "軟らかさ感" → "触り心地" の評価構造が想定できる．"軟らかさ感" は感覚レベルではなく，イメージレベルと考えることもできる．以上，生成した仮説を回帰分析によって検証しつつ，各グループの評価構造のモデル化を試みる．触り心地を y，粗さ感を x_1，軟らかさ感を x_2 とし，回帰分析の結果を以下に示す．

$$[G_1 \text{ グループ}] \quad \hat{y} = \underset{(F=56.21)}{-0.391} \, x_1 + \underset{(F=18.47)}{0.318} \, x_2 \quad (寄与率 = 0.376)$$

$$[G_2 \text{ グループ}] \quad \hat{y} = \underset{(F=36.70)}{-0.412} \, x_1 + \underset{(F=65.91)}{0.867} \, x_2 \quad (寄与率 = 0.333),$$

$$\hat{x}_2 = \underset{(F=73.33)}{0.375} \, x_1 \quad (寄与率 = 0.347)$$

$$[G_3 \text{ グループ}] \quad \hat{y} = \underset{(F=33.99)}{-0.313} \, x_1 + \underset{(F=70.10)}{0.569} \, x_2 \quad (寄与率 = 0.676),$$

$$\hat{x}_2 = \underset{(F=260.8)}{-0.595\ x_1} \quad (寄与率 = 0.568)$$

"軟らかさ感"が感覚レベルかイメージレベルかの違いがあるが，グループに共通する構造は「"軟らかさ感"があると"触り心地"がよい」である．また，G_1 グループでは"粗さ感"が低いことが"触り心地"の良さにつながる構造もみられる．G_2 グループでは"粗さ感"が"触り心地"につながっているものの，"粗さ感"が"触り心地"の良さを生んでいるのではなく，"軟らかさ感"が"触り心地"の良さを生んでいる．G_3 グループでは"粗さ感"の低さから"触り心地"の良さへの直接効果と"軟らかさ感"を介して"触り心地"の良さへの間接効果がみられる．各グループの因果ダイアグラムを図 7.11 に示す．

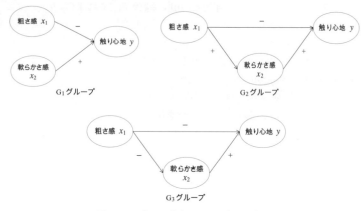

図 7.11　グループごとの因果ダイアグラム

以上のことから，「触り心地の良さは軟らかさに起因している．粗さを抑えることが軟らかさを介して，あるいは，直接に触り心地の良さにつながる．」が設計への指針となる．

また，この事例の結果から，「最初に受容する刺激 (本事例では粗さ感) が知覚・認知過程を形成する際に大きく寄与する」という仮説が生成される．

7.4　[事例 7–2] 黒色ゴムの接合部に対する親近性の評価

事例 7–1 は，図 7.4 の評価シートに示したように，"左のほうが○○"あるいは"右のほうが○○"という方向性のある一対比較データであった．一対比較データには方向性がないデータの場合もある．左の試料と右の試料の類似度を問う一対比較である．3.3.5 項で述べたように，例えば「右の試料と左の試料とどの程度似ていますか」という質問になる．このようなデータを親近性 (あるいは非親近性) データとよぶ．試料間の距離データであるが，心理的距離であることからユークリッド距離の公理を満足する距離で

7.4 [事例 7–2] 黒色ゴムの接合部に対する親近性の評価

はない．また，個人差が大きいデータとなる．

親近性データである試料間の距離データから試料を，例えば 2 次元上の布置する (地図を描く) 手法が多次元尺度構成法である．以下の事例におけるデータは 試料 × 試料 × 被験者の 3 相データとなり，個人差を考慮した解析が必要となる．ここでは，試料を多次元 (通常は 2 次元) 上に布置し，各次元へのウェイトを個人差とした解析手法として多次元尺度構成法の一つである INDSCAL (INdividual Differences multidimensional SCALing: Carroll and Chang(1970)) を用いる．

INDSCAL の応用例として，ウエザーストリップ (黒色ゴム) の接合部の見栄え品質に関する事例を簡単に紹介する (仁科他 (2000))．本事例は表面処理が異なる光沢があり無彩色，低明度のゴム切片 8 種類 (A～H) を試料とした見栄えの評価実験を行ったものである．目的は，受光の幾何学的条件を考慮し，黒色ゴムの類似性に対して光沢感が明度感に与える影響を明らかにすることである．

試料提示用の実験装置の略図を図 7.12 に示す．実験装置は，壁面を明度 6.0 の無彩色としたボックス内の上部に D65 蛍光ランプを設置 (上面に 6 本 (2 灯用 ×3) 前後各 1 灯計 8 本) し，拡散板によって光を拡散させたものである．蛍光ランプ設置部の壁面にはアクリルミラーを用いている．試料台での照度は 1000 ルックスである．反射光の幾何学的条件を変化させるため，試料台の後傾角度 θ を 30° と 60° に固定した 2 条件と，被験者が試料を保持し角度 θ を自由に変えることができる条件，あわせて 3 条件を設定した．$\theta = 30°$ のとき，被験者は正反射光を受光する角度から離れた条件である．$\theta = 60°$ のとき正反射光を受光する近傍の角度となる．以後，この 3 条件をそれぞれ "正反射光なし", "正反射光あり", "自由" と記す．

試料はボックスの壁面と同じ色の紙でマスクして提示した．提示サイズは 20 mm × 10 mm であり，一対の配置は 5 mm の離間配置である．試料の提示位置は拡散板から 30

図 7.12　実験装置の略図 (仁科他 (2000))

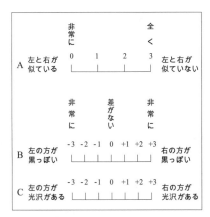

図 7.13　一対比較の評価シート (仁科他 (2000))

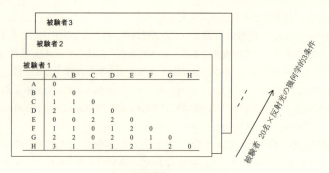

図 7.14　被験者ごとの評価結果

cm である．被験者はのぞき窓から約 50 cm の距離にある一対の試料を椅子に座って評価する．被験者の負担を少なくするために，被験者にはボックス内に掲示した質問票を見ながら口頭での回答を依頼し，記録者は別においた．被験者数は 20 名である．図 7.13 に評価シートを示す．方向性のないデータは図の項目 A であり，得たデータは試料 × 試料 × 被験者の 3 相データとなる (図 7.14)．

INDSCAL によって 8 試料の類似性を 2 次元尺度空間に表現した結果を図 7.15 に示す．モデル適合の評価尺度の一つである RSQ (2 次元モデルによって説明される分散比) は 0.468 である．モデルの適合度はそれほど高くはない．しかし，解析の目的が類似性の潜在構造分析であるので次元の解釈に重きをおくこととする．ここで，図中の番号は試料番号を表す．図 7.13 の項目 B と項目 C の方向性のある一対比較から求めた 8 試料の明度感と光沢感と照合することによって，構成した多次元尺度の次元 1 が光沢感に，次元 2 が明度感に対応していることが示唆された．

次に幾何学的条件間および個人差に着目する．図 7.16 に INDSCAL 分析による各条件 (3 条件) での被験者 (20 名) のウェイトを示す．ウェイトの大きさは，図 7.15 の共

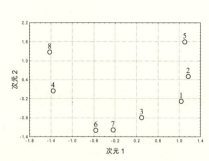

図 7.15　試料の類似性評価の解析出力

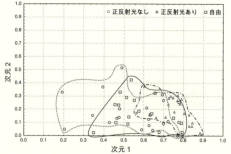

図 7.16　類似性評価の幾何学的条件による違いと個人差

通試料空間における 2 つの各次元の寄与を示す．図 7.16 から，類似性評価への寄与は明度感より光沢感のほうが高いこと，また，条件間の違いが被験者間の違いより大きいことが読みとれる．

7.5 [事例 7–3] SD 法によるステアリングホイールの握り心地の評価構造[7]

7.5.1 SD 法の設計

前述したように，一対比較法と同様に感性の計量化に使われる手法に Semantic Differential 法 (以後 SD 法とする) がある．ここでは，その応用事例を簡単に説明する．事例の目的は，個人差を考慮したうえで，ステアリングホイールの握り心地の評価構造をモデル化することである．

SD 法は図 7.17 のような一対の評価用語 (形容詞対) に対して絶対評価を行う方法である[8]．形容詞対は対義語を選択するが，実験試料によっては必ずしも辞書的な対義語とは限らない．形容詞対は慎重な選択を必要とする．一般には，関連文献のデータベースから選択し，予備実験によって吟味する．形容詞対には程度を表す副詞をつけたリッカート尺度 (5 段階か 7 段階の場合が多い) のスコアとなる．スコアが被験者ごとの絶対尺度であることから，解析時には被験者間のバイアスが問題となる．解析時にはバイアスを削除する前処理が必要となる．

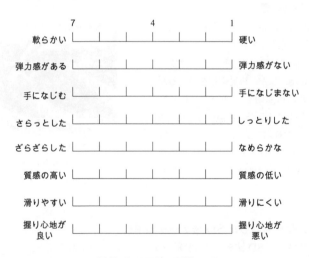

図 7.17 SD 法の評価シート

---

7) Nishina, Nagata, and Ishii(2006) をもとにした事例である．
8) 形容詞対の並べ方など回答用紙の設計は岩下 (1983) が詳しい．

元来 SD 法は評価対象をコンセプトとよび，情緒的意味を表現するいくつかの形容詞対でのスコアをもとに，その背後にある意味空間構造を抽出することに利用されてきた．したがって，観測変数 (形容詞対) 間の相関を生んでいる潜在因子を抽出する解析方法 (因子分析) が多く使われてきた．ただし，本事例では SD 法を意味空間構造の抽出に利用していない．すなわち，因子分析による解析を行っていない．図 7.1 に示す階層構造を仮定したうえでモデリングするために SD 法を用いる．意味空間構造の抽出ではなく，感性による評価プロセスのモデリングが目標となる．したがって，選択する形容詞対も感覚レベル，イメージレベル，総合評価レベルのものを選択する．本事例では次のように形容詞対を配置した．

感覚レベル："軟らかい―硬い"，　"弾力感がある―弾力感がない"，
　　"さらっとした―しっとりした"，　"ざらざらした―なめらかな"，
　　"滑りやすい―滑りにくい"
イメージレベル："手になじむ―手になじまない"，　"質感の高い―質感の低い"
総合評価レベル："握り心地が良い―握り心地が悪い"

感覚レベルでは物理的刺激を受け感覚に変換する知覚・認知過程である被験者のセンサー機能を評価するために，類似する形容詞対を準備する．以下の事例では，"軟らかい―硬い" と "弾力感がある―弾力感がない"，および "ざらざらした―なめらかな" と "滑りやすい―滑りにくい" である．被験者がもつセンサー機能を 2 つの形容詞におけるスコア間の相関係数で評価できる．

7.5.2 実験概要

実験環境を簡単に説明する．試料は国内外の乗用車の 10 種類のステアリングホイール (以後 SW と記す) であり，臨場感を増すために可動にした．また，視覚情報をできるだけ排除するために照明を 5 ルックスに設定した．実験室はできるだけ恒温恒湿 (23 ± 2 ℃，50 ± 5 % RH) にした．図 7.18 に実験風景を示す．被験者はドライバー歴が豊富な男性 21 名であり，実験に要した時間は約 30 分である．

図 7.18　ステアリングホイールの握り心地の実験 (Nishina *et al.*(2006))

7.5.3 個人差を考慮した SD 法データの解析

個人差を考慮した SD 法データの解析の要点は次の 3 点である．

1) 感覚レベルでの解析で，被験者の識別能力と再現性を吟味する．　感覚レベルでは物理的刺激を受け感覚に変換する知覚・認知過程である被験者のセンサー機能を評価する．解析の要点は識別能力と再現性である．10 種類の試料に対するスコアのばらつき

7.5 [事例 7–3] SD 法によるステアリングホイールの握り心地の評価構造　　153

が相対的に極端に小さい被験者は，物理量に近い感覚レベルの識別能力が低いと判断し，解析対象から外す．スコアにまったくばらつきがない被験者を識別能力が低いと判断する．再現性は，類似した形容詞対のスコアの相関係数で評価する．本事例の場合，前述した "軟らかい—硬い" と "弾力感がある—弾力感がない"，および "ざらざらした—なめらかな" と "滑りやすい—滑りにくい" である．

　試料の物理量がわかっている場合，物理量とその物理量に対応する形容詞対のスコアとの相関係数が被験者の評価指標となる．ただし，必ずしも物理量と心理量が一対一に対応せず，個人差としてとらえたほうがよい場合もある．そのとき，その心理量に対応する形容詞対を，感覚レベルではなくイメージレベルに移行させることも考えられる (7.3.4 項参照)．

　2) 感覚レベルからイメージレベルへのイメージ形成過程における個人差を探索する．

　感覚レベルからイメージレベルへのイメージ形成過程では，感覚レベルの形容詞対スコアとイメージレベルの形容詞対スコアの共分散が個人差の指標となる．本事例では，感覚レベルである "弾力感がある—弾力感がない"，"軟らかい—硬い" とイメージレベルである "手になじむ—手になじまない" のそれぞれの共分散に個人差が見いだせた．その結果，被験者を 2 つのグループに分類できた．

　3) 図 7.1 に示す階層構造を仮定したうえで，評価構造モデルを構築する．　評価構造をモデル化する際，複数の被験者の SD 法データをマージする必要がある．SD 法データは相対比較である一対比較の場合と異なり，絶対比較であることから，被験者間のバイアスとばらつきの違いに対して，一種の規準化をしておく必要がある．規準化の方法はいくつかあるが，以下に示す村上 (1990) が提案する方法を奨める．

x_{ijk} を，被験者 $k\,(=1,2,\cdots,K)$ が形容詞対 $j\,(=1,2,\cdots,J)$ に対する試料 $i\,(=1,2,\cdots,I)$ への評価スコアとすると，以下のような規準化データ y_{ijk} を得る．

$$y_{ijk} = \frac{x_{ijk} - \bar{x}_{\cdot jk}}{s_j},$$

ここで

$$\bar{x}_{\cdot jk} = \frac{\sum_{i=1}^{I} x_{ijk}}{I}, \quad s_{jk} = \sqrt{\frac{\sum_{i=1}^{I} (x_{ijk} - \bar{x}_{\cdot jk})^2}{I}}, \quad s_j = \sqrt{\frac{\sum_{k=1}^{K} s_{jk}^2}{K}}$$

である．以上の規準化によって，被験者間のバイアスは削除され，被験者間のばらつきの違いは保存されたままで，各形容詞対スコアの平均値 0，標準偏差 1 への規準化が可能となる[9]．

　本事例の解析では，感覚レベルからイメージレベルへのイメージ形成過程で被験者を 2 つのグループに分類し，**グラフィカルモデリング**[10] を用い，グループごとに評価構造

---

　9) SD 法における個人差分析は仁科，田中，永田 (1996) や仁科，山本，永田 (2002) が参考になる．

　10) 宮川 (1997) や日本品質管理学会テクノメトリックス研究会 (1999) が参考になる．

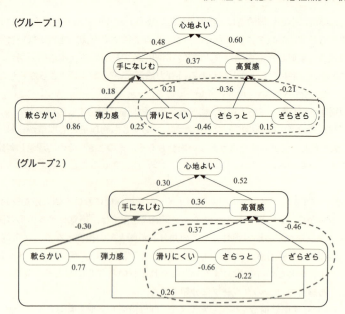

図 7.19 個人差の考慮した SW の握り心地の評価モデル

を求めた．それを図 7.19 に示す．図より，SW の握り心地の要因には弾力感と滑り感がある．弾力感と握り心地の関係には個人差があるが，一方，滑り感と握り心地の関係には個人差をみつけられなかった．したがって，SW の握り心地の改良にはなめらかさ感を高め，滑り感を抑える方向がよいことが示唆される．

演習問題

本章では 3 つの事例から個人差を考慮した感性データの解析を紹介した．感性データというある種特殊なデータではあるが，可視化によって個人差がみえてくる．感性データの獲得方法である一対比較法，SD 法の理解と個人差の可視化について理解を深めたい．

7.1 事例 7–1 の解析を各自で試みよ．

7.2 感覚レベルでの個人差とイメージレベルでの個人差の視点の違いについて議論せよ．

7.3 図 7.1 に示した感性評価の階層構造について，その妥当性を議論せよ．

7.4 身近なものを取り上げ，その使いやすさの評価構造を SD 法によって評価せよ．SD 法シートを設計し，感性評価の実験を試みよ．

7.5 一対比較法と SD 法で得られたデータの特徴をそれぞれ述べよ．

7.6 中屋の変法，浦の変法の特徴を述べ，それぞれの方法が有用であると考えられる実験例をあげよ．

7.7 方向性のない一対比較データが得られる実験例をあげよ．

7.5 [事例 7–3] SD 法によるステアリングホイールの握り心地の評価構造　　155

7.8 SD 法データの被験者間のバイアスとばらつきの違いについて，どのような前処理 (規準化) が妥当かを議論せよ.

7.9 表 7.7 に示した一対比較データの分散分析表における試料 × 被験者の交互作用のパターンが，主成分分析によって可視化できることを説明せよ.

参 考 文 献

- 仁科健，永田雅典 (2002)：一対比較による樹脂部品の触感性における個人差分析，人間工学，Vol.38 特別号，47–48.
- Nishina, K., Niwa, S. and Matsuda, S. (2006)：Measuring Human Ability on Kansei by Semantic Differential Method, *Kansei Engineering International*, Vol.6, No.4, 41–46.
- 飯田健夫，柳島孝幸，山崎起助，羽根義，渋谷惇夫 (1995)：感じる～ここちを科学する～，オーム社.
- 棟近雅彦，三輪高志 (2000)：感性品質の調査に用いる評価用語選定の指針，品質，Vol.30, No.4, 96–108.
- 佐藤信 (1985)：統計的官能検査法，日科技連.
- 野澤昌弘，飯田一郎，椿広計，芳賀敏郎，鎌田政男，吉澤正 (1994)：一対比較データにおける個人差の解析法について，品質，Vol.25, No.3, 81–89.
- 髙岡惠菜 (2002)：一対比較による樹脂触感性の個人差分析，名古屋工業大学生産システム工学科平成 13 年度卒業論文.
- 仁科健，石原久代，伊藤誠 (2000)：両極性イメージ用語対に関与する色の三属性に関する一考察，日本色彩学会誌，Vol.24, No.2, 93–102.
- 仁科健，槇野雄介，永田雅典，安井真由美 (2000)：黒色ゴム表面の光沢感と明度感に関する解析，日本色彩学会誌，Vol.24, No.3, 156–163.
- Nishina, K., Nagata, M. and Ishii, N. (2006)：Structural analysis of steering wheel grip comfort by Semantic Differential method, *Proc. IMechE Vol.220 Part I: Journal of Systems and Control Engineering*, Vol.220, No.8, 675–681.
- 岩下豊彦 (1983)：SD 法によるイメージの測定，川島書店.
- 仁科健，田中一男，永田雅典 (1996)：感性の個人差分析におけるデータ解析方法の提案～ステアリングホイールの意匠性評価を例として～，人間工学，Vol.32, No.3, 149–158.
- 仁科健，山本太司，永田雅典 (2002)：評価構造の個人差を考慮した Semantic Differential 法データの解析，品質，Vol.32, No.4, 111–122.
- 村上隆 (1990)：3 相データの階層的因子分析，人間行動の計量分析 (柳井，岩坪，石塚編)，東京大学出版会.
- 宮川雅巳 (1997)：グラフィカルモデリング，朝倉書店.
- 日本品質管理学会テクノメトリックス研究会編 (1999)：グラフィカルモデリングの実際，日科技連.

8 章

CAE における実験計画法の活用

は じ め に

実際に物を作って行う実験 (実機実験) に代わり，CAE によるコンピュータ上での
シミュレーション実験が多用され，開発期間の短縮，コストの低減，品質の向上
の実現に寄与している．しかし，シミュレーション実験といえども演算時間は無視
できない．場当たり的な実験はかえって非効率な業務を招いてしまうことになる．
本章では，CAE に実験計画を用いた 2 つの事例を紹介する．適合問題 (事例 8–1)
と合わせ込み問題 (事例 8–2) である．

第 2 章および第 4 章で述べたように，実験計画で取り上げる因子には制御因子，
標示因子，誤差因子などがある．事例 8–1 はこれらの因子間の交互作用の解析と解
釈を多く含む．また，事例 8–2 は実験計画法を用いた最適化問題の一つと位置づけ
られる．その意味から本章の事例は実験計画法の理解に絶好の題材である．

8.1 [事例 8–1*] 適合問題[1]

一般に設計は構想設計—基本設計—設計審査 (デザインレビュー[2])—詳細設計のス
テップからなる．構想設計では概略の仕様が決まり，基本設計では CAD を使った構造
の具体化が進み，設計審査を経て，詳細設計では公差決定が行われる．

構想設計段階で最適化を行い，最適条件を決めることができるが，特に，先行開発の
場合，開発が進むにつれて当初曖昧であった仕様が明確になってくる場合がある．他の
系列企業からの図面情報が明確になった時点で，思わぬ干渉が明らかになる場合もある．
このような場合，構想設計段階で決めた設計パラメータの値を見直し，設計のすり合わ
せ作業が必要となる (吉野，仁科 (2009))．この作業を適合という．

適合作業で "モグラ叩き" 的な設計パラメータの変更は避けなければならない．適合
は構想設計段階で求めた最適条件の見直しに相当するものの，条件を見直してもよい因
子と見直してはならない因子が存在する．例えば，因子 A の条件を変更したとする．も
し，因子 A と因子 B の交互作用効果が無視できないとすると，因子 A の条件を変更し

---

1) 本事例は吉野，仁科 (2009a) および吉野，仁科 (2009b) をもとにしたものである．
2) 設計部門をはじめ，営業や製造部門など，関連する部署が参加し，設計にユーザーニーズや
設計仕様がもれなく盛り込まれ，品質目標を達成できるかどうかについて審議すること (例えば，
田村 (2008))．

8.1 [事例 8–1*] 適合問題

たならば，同時に因子 B の条件も見直さなければならない場合がある．さらに，因子 B と因子 C の間に交互作用があったなら，それこそ "モグラ叩き" 的な見直しになってしまう．一つ間違えば，設計リードタイムの大幅な延長を余儀なくされる危険性がある．このリスクを避けるためには，詳細設計時に適合に用いる因子 (適合因子) を構想設計時に選定しておく必要がある．構想設計段階における適合因子の選定は，詳細設計段階でのパラメータ値の変更が見込まれることから，そのパラメータに関連する製造設備 (例えば，金型など) の発注を控えておくなどの対処によって，生産準備のコスト削減ができる．

　構想設計時では水準が未定である因子は最適条件を定める因子 (制御因子) ではなく，仕様によって決まる因子であり，標示因子として考えることになる．これを仕様因子とよぶこととする．一般に標示因子を含む実験での最適条件は，標示因子の値 (離散値の場合は水準) ごとに各制御因子の最適条件を求める．しかし，適合の場合，構想設計時にいったん最適条件を求めており，その後の過程で仕様因子の水準が決まることから，いったん求めた最適水準をむやみに動かしたくない．前述した "モグラ叩き" を避ける意味で，制御因子のなかから次のような条件をもつ因子を適合因子として選定する意義は大きい．

1) 他の制御因子と交互作用がない．

2) 適合による調整効果が大きい．

3) 当初 (構想設計時) 求めた応答を，条件を変更することによってできるだけ低下させない．

　1) の条件は，前述した無計画にいくつかの制御因子の条件を変更してしまう結果となる "モグラ叩き" を避けるための条件である．他の制御因子と交互作用がない制御因子を適合因子に選定することによって，適合因子の条件を見直したとしても，他の制御因子の条件を変更する必要はない．

　2) の条件は，仕様が決まることが遅れることから，全体最適化とはいかないまでも局所最適は確保したいという意図である．制御因子と仕様因子との交互作用のパターンを検討することによって，この条件を満たす制御因子をみつけることができる．図 2.12 を図 8.1 として再掲する．図 8.1 における焼き入れ温度を適合因子，鋼材の特性を仕様因子と考えたならば，適合の効果を可視化して説明するよい例である．仕様因子の値のばらつきの範囲が予想できたとして，交互作用効果があることによって適合因子による調整が期待できる．この条件は，適合因子による調整が対策 C であることを示している．

　3) の条件は，構造設計時に求めた最適条件での応答を，仕様因子の条件が決定後も維持させたいという意図である．構造設計時の最適条件は仕様因子の効果は考慮せず，その平均値を応答として解析する．したがって，その際の最適値は仮の値と考えてよい．しかし，仮に到達した応答であったとしても，それが適合によって低下することは避けたい．

　応答の一つである標準偏差は，誤差因子の主効果，および誤差因子 × 仕様因子の交互

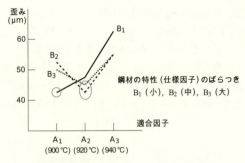

図 8.1 制御因子 A と仕様因子 B との交互作用のパターン例

作用によって構成される．したがって，上記の 3 つの条件は，いずれも交互作用の問題に帰着する．これらの交互作用解析に対処するには，制御因子を割り付ける**内側配置**として，二次多項式の 1 次項，2 次項，1 次の積項が互いに直交する中心複合計画を用い，**外側配置**として仕様因子と誤差因子を配置する実験計画を推奨する．二次多項式の各項の効果が互いに直交する中心複合計画を用いることによって，制御因子間の交互作用の有無を検証でき，また，各項の効果が互いに直交していることから，各項の効果を分解して仕様因子や誤差因子との交互作用を解析できる．

8.2 シミュレーションを用いた設計における適合因子の選定[3)]

事例 8-1 としてシミュレーションを用いたあるシステムの設計問題を取り上げる．本事例は当該システムにおける個々の部品を因子とし，望小特性である特性を応答としたシミュレーション実験による最適化問題である．ただし，データは人工的な数値である．取り上げる因子は表 8.1 に示すように具体的ではないものの，次のような場合を想定する．

因子は制御因子，標示因子 (仕様因子) と誤差因子からなる．制御因子は因子 A から因子 F の 6 つである．システム内での部品を想定する．誤差因子は天候に関連する外乱を想定する．しかし，天候に関するパラメータは本シミュレータには含まれていない．このとき，外乱→内乱 (外乱による部品の機能のばらつき) →システムの機能の因果を想定する．本事例では，外乱によって因子 A がばらつく (内乱) ことを想定し，因子 A を摂動させる (通常時の水準 1.0 に対して，悪条件では 0.7 に設定) ことによって外乱によるばらつきをシミュレートする．仕様因子は，構想設計段階では仕様 (実験での水準) が決定していない部品である．設計が進み詳細設計段階で仕様 (水準) が決定する．仕様因子を因子 M とする．

なお，表 8.1 における水準の $(-1, 0, 1)$ の表記はコード化 (4.2.6 項参照) を示す．

[3)] 本事例はシミュレーション実験を想定しているが，実機実験 (8.4.1 項参照) においても適用は可能である．

8.3 適合因子の選定のためのデータ解析　　　　　　　　　　　　　　　159

表 8.1　シミュレーションモデルのパラメータ

因子の種類	因子	水準			
		−1	0	1	
制御因子	A	1.28	1.60	1.92	
	B	56	70	84	
	C	2	4	6	
	D	0.68	0.85	1.02	
	E	0.0528	0.066	0.0792	
	F	0.26	0.56	0.86	
標示因子 (仕様因子)	M	M_1	M_2	M_3	M_4
誤差因子	N (因子 A を摂動)	N_1	N_2		

外乱	N_1	N_2
因子 A を摂動	×0.7	×1

適合因子の選定方法は吉野，仁科 (2009) に準じて次のような手順で行う．

① 構想設計段階を想定し，中心複合計画 (4.2.6 項参照) を用いて，最適化を行う．構想設計の段階であるので仕様因子 M の水準は決定していない．

② 8.1 節で述べた条件を満足する適合因子を制御因子のなかから選定する．

③ 仕様因子 M の水準が決定されたと想定し，適合因子を調整し，最適条件を再決定 (局所的最適化) する．

④ 最適条件における応答を再評価する．

実験計画は中心複合計画を内側に配置し，外側に仕様因子 M と誤差因子 N の二元配置実験を配置した直積実験とする．中心複合計画は，二次多項式の各項が直交する計画とする (4.2.6 項参照)．実験計画とシミュレーション実験の結果の一部を表 8.2 に示す．表 8.2 の計画は実際の水準を示している．表 8.3 にコード化した水準を示す．(4.15) 式において $c = 32$, $p = 6$, $r_{ce} = 2$ である．

8.3　適合因子の選定のためのデータ解析

8.3.1　仕様因子の水準が未定の段階での最適化

まず，実験結果 (表 8.2) の内側配置 (中心複合計画) の第 i 番目の応答の平方和を求める．y_{ijk} を内側配置の第 i 番目，外側配置の仕様因子 M の第 j 水準，誤差因子 N の第 k 水準の応答とする．内側配置の第 i 番目の実験は仕様因子 M (水準数 J) と誤差因子 N (水準数 K) の二元配置実験である (図 8.2)．したがって，内側配置の第 i 番目の全平方和

$$S_{(i)} = \sum_{j=1}^{J} \sum_{k=1}^{K} \left(y_{ijk} - \bar{y}_{i\cdot\cdot} \right)^2$$

表 8.2　中心複合計画のデザインとシミュレーション実験の結果

No	A	B	C	D	E	F	M₁ N₁ 0.7	M₁ N₂ 1	M₂ N₁ 0.7	M₂ N₂ 1	M₃ N₁ 0.7	M₃ N₂ 1	M₄ N₁ 0.7	M₄ N₂ 1
1	1.029	70	4	0.85	0.066	0.56	21.964	17.511	23.007	18.521	23.085	18.592	23.063	18.482
2	1.28	56	2	0.68	0.0528	0.86	20.934	17.938	20.251	17.252	20.025	17.013	21.425	18.407
3	1.28	56	2	0.68	0.0792	0.26	22.553	18.660	23.466	19.567	24.140	20.228	22.533	18.616
4	1.28	56	2	1.02	0.0528	0.26	21.339	18.076	22.263	18.999	22.944	19.651	21.389	18.064
5	1.28	56	2	1.02	0.0792	0.86	21.615	17.840	20.944	17.154	20.719	16.909	22.163	18.314
6	1.28	56	6	0.68	0.0528	0.26	21.825	19.582	22.626	19.780	23.177	19.989	21.519	18.294
7	1.28	56	6	0.68	0.0792	0.86	22.248	20.007	21.322	18.358	20.951	17.371	22.301	18.564
8	1.28	56	6	1.02	0.0528	0.86	21.103	18.998	20.302	17.652	19.932	17.032	21.327	18.336
9	1.28	56	6	1.02	0.0792	0.26	22.626	19.554	23.438	19.869	24.002	20.202	22.411	18.506
10	1.28	84	2	0.68	0.0528	0.26	21.609	18.286	22.544	19.222	23.249	19.916	21.658	18.327
...							...		...		...		...	
37	1.92	56	6	1.02	0.0792	0.86	19.141	18.356	17.634	16.580	16.760	15.144	18.046	15.879
38	1.92	84	2	0.68	0.0528	0.86	17.609	15.550	16.929	14.765	16.726	14.530	18.140	15.814
39	1.92	84	2	0.68	0.0792	0.26	18.266	15.916	19.190	16.677	19.886	17.344	18.287	15.614
40	1.92	84	2	1.02	0.0528	0.26	17.691	15.180	18.635	16.109	19.326	16.796	17.746	15.220
41	1.92	84	2	1.02	0.0792	0.86	17.462	15.137	16.799	14.395	16.596	14.179	18.010	15.602
42	1.92	84	6	0.68	0.0528	0.26	17.911	15.879	18.807	16.571	19.444	17.080	17.830	15.333
43	1.92	84	6	0.68	0.0792	0.86	17.823	16.165	16.982	15.033	16.721	14.542	18.100	15.730
44	1.92	84	6	1.02	0.0528	0.86	17.448	15.376	16.747	14.495	16.481	14.163	17.886	15.550
45	1.92	84	6	1.02	0.0792	0.26	18.073	15.684	18.960	16.358	19.604	16.940	17.996	15.327
46	2.171	70	4	0.85	0.066	0.56	14.231	12.521	15.197	13.259	15.237	13.156	15.131	12.907

8.3 適合因子の選定のためのデータ解析

表 8.3　表 8.2 の中心複合計画のコード化

No	A	B	C	D	E	F
1	−1.78419	0	0	0	0	0
2	−1	−1	−1	−1	−1	1
3	−1	−1	−1	−1	1	−1
4	−1	−1	−1	1	−1	−1
5	−1	−1	−1	1	1	1
6	−1	−1	1	−1	−1	−1
7	−1	−1	1	−1	1	1
8	−1	−1	1	1	−1	1
9	−1	−1	1	1	1	−1
10	−1	1	−1	−1	−1	−1
11	−1	1	−1	−1	1	1
12	−1	1	−1	1	−1	1
13	−1	1	−1	1	1	−1
14	−1	1	1	−1	−1	1
15	−1	1	1	−1	1	−1
16	−1	1	1	1	−1	−1
17	−1	1	1	1	1	1
18	0	−1.78419	0	0	0	0
19	0	0	−1.78419	0	0	0
20	0	0	0	−1.78419	0	0
21	0	0	0	0	−1.78419	0
22	0	0	0	0	0	−1.78419
23	0	0	0	0	0	0
24	0	0	0	0	0	0
25	0	0	0	0	0	1.784188
26	0	0	0	0	1.784188	0
27	0	0	0	1.784188	0	0
28	0	0	1.784188	0	0	0
29	0	1.784188	0	0	0	0
30	1	−1	−1	−1	−1	−1
31	1	−1	−1	−1	1	1
32	1	−1	−1	1	−1	1
33	1	−1	−1	1	1	−1
34	1	−1	1	−1	−1	1
35	1	−1	1	−1	1	−1
36	1	−1	1	1	−1	−1
37	1	−1	1	1	1	1
38	1	1	−1	−1	−1	1
39	1	1	−1	−1	1	−1
40	1	1	−1	1	−1	−1
41	1	1	−1	1	1	1
42	1	1	1	−1	−1	−1
43	1	1	1	−1	1	1
44	1	1	1	1	−1	1
45	1	1	1	1	1	−1
46	1.784188	0	0	0	0	0

実験番号 i	因子 M　天候 N	M_1	M_2	M_3	M_4
	N_1				
	N_2				

図 8.2　外側因子の実験計画

は仕様因子 M による平方和

$$S_{\mathrm{M}(i)} = \sum_{j=1}^{J} \sum_{k=1}^{K} \left(\bar{y}_{ij\cdot} - \bar{y}_{i\cdot\cdot} \right)^2 = K \sum_{j=1}^{J} \left(\bar{y}_{ij\cdot} - \bar{y}_{i\cdot\cdot} \right)^2$$

と誤差因子 N による平方和

$$S_{\mathrm{N}(i)} = \sum_{j=1}^{J} \sum_{k=1}^{K} \left(\bar{y}_{i\cdot k} - \bar{y}_{i\cdot\cdot} \right)^2 = J \sum_{k=1}^{K} \left(\bar{y}_{i\cdot k} - \bar{y}_{i\cdot\cdot} \right)^2$$

と仕様因子と誤差因子の交互作用

$$S_{\mathrm{M \times N}(i)} = \sum_{j=1}^{J} \sum_{k=1}^{K} \left(y_{ijk} - \bar{y}_{i \cdot k} - \bar{y}_{ij \cdot} + \bar{\bar{y}}_{i \cdot \cdot} \right)^2$$

に分解できる.

構想設計時には仕様因子の水準が決定していない. したがって, 内側配置の第 i 番目の総平方和を, 内側配置の第 i 番目の全平方和 $S_{(i)}$ から仕様因子の平方和 $S_{\mathrm{M}(i)}$ を除いたものとする. すなわち, 構想設計時の内側配置の第 i 番目の全平方和を $S'_{(i)}$ とすると

$$S'_{(i)} = S_{\mathrm{N}(i)} + S_{\mathrm{M \times N}(i)}$$

となる.

$S'_{(i)}$ の自由度は $4 \, (= 1 + 3)$ であるので, 内側配置の各条件での標準偏差 $SD_{(i)}$ は

$$SD_{(i)} = \sqrt{\frac{S'_{(i)}}{4}}$$

である. ここで, 応答の平均値 $\bar{y}_{i \cdot \cdot}$ と標準偏差 $SD_{(i)}$ を解析特性とする.

平均値 $\bar{y}_{i \cdot \cdot}$ と標準偏差 $SD_{(i)}$ を応答とした**応答曲面**をそれぞれ求める. 表 8.4 に応答曲面 (二次多項式) の係数を示す. 次に, 2 つの応答に対して**多目的最適化**[4] を行う. 多目的最適化における**満足度関数**として, 平均値は目標値を 13.0 として, 15.0 以上は満足度を 0 に, 標準偏差は目標値を 1.40 として, 3.0 以上は満足度を 0 に設定した. また, 目標値からの乖離には 2 乗のペナルティを与えた.

表 8.5 に最適条件とそのときの平均値と標準偏差を示す. ただし, この段階での最適水準は構想設計段階でのものである.

表 8.4 平均値および標準偏差を応答とする応答曲面 (二次多項式) の係数

応答：平均値

		A	B	C	D	E	F	切片
1 次項		-5.0274	-0.0107	0.0843	-0.7531	14.6582	-2.1286	24.8631
積項／2 次項	A	5.7408	-0.0210	0.1654	-0.4284	-23.3469	0.6705	
	B		0.0036	-0.0068	0.0033	-0.0614	-0.0023	
	C			0.0718	-0.0251	0.5170	0.0204	
	D				8.0909	-5.2606	0.0764	
	E					1275.5547	-13.0031	
	F						10.8197	

応答：標準偏差

		A	B	C	D	E	F	切片
1 次項		-1.4073	0.0080	-0.0591	0.2167	9.8667	-0.2664	3.2363
積項／2 次項	A	0.9426	0.0068	-0.0610	0.3909	-26.5034	-0.0509	
	B		-0.0003	0.0033	-0.0032	0.0520	0.0009	
	C			-0.0104	0.0288	-0.4303	-0.0074	
	D				-0.5332	5.0224	0.0491	
	E					107.9436	-0.8683	
	F						-0.2609	

---

4) 多目的最適化は, 山田, 立林, 吉野 (2012) が詳しい.

8.3 適合因子の選定のためのデータ解析

表 8.5　構想設計段階での最適条件

A	B	C	D	E	F
2.0600	71.500	3.0700	0.9000	0.0655	0.6500

構想設計時の最適条件	
平均値	14.24
標準偏差	1.62

8.3.2　適合因子の選定

8.1 節で述べた適合因子としての条件を満たす因子を制御因子のなかから選定する.適合因子の選定は,交互作用の応用を理解するための事例として適している.第 2 章と第 4 章で説明したように,交互作用とは,要因の効果が他の因子の水準によって再現しないことである.4.2.3 項では,このことを積の項によって説明した.1 次 (x_i)×1 次 (x_j) の積項は x_i (x_j) の 1 次効果が x_j (x_i) の値によって再現しない交互作用パターンを意味する.本事例では,中心複合計画によってモデル化した二次多項式における積項による平方和の大きさによって,交互作用効果の大小を判断する.ここで,各項が直交していることが役に立つ.

平均値および標準偏差を応答 w_i とした二次多項式の積項による平方和を表 8.6 に示す.例えば,因子 A と因子 B の積項の平方和 $S_{A \times B}$ は

$$S_{A \times B} = \frac{\left[\sum_{i=1}^{46} (z_i - \bar{z}.)(w_i - \bar{w}.) \right]^2}{\sum_{i=1}^{46} (z_i - \bar{z}.)^2},$$

$$\text{ただし,} z_i = (x_{(A)i} - \bar{x}_{(A).})(x_{(B)i} - \bar{x}_{(B).}), \quad \bar{z}. = \frac{\sum_{i=1}^{46} z_i}{46}, \quad \bar{w}. = \frac{\sum_{i=1}^{46} w_i}{46}$$

である.表 8.6 は因子 D と因子 F が他の制御因子との交互作用効果が小さいことを示している.したがって,「1) 他の制御因子と交互作用がない」の条件に抵触しない適合因子の候補として,因子 D と因子 F をあげる.

表 8.6　平均値および標準偏差を応答とした二次多項式の積項による平方和

応　答 上段：平均値／下段：標準偏差	B	C	**D**	E	**F**
A	0.2836 0.0300	0.3588 0.0487	0.0174 0.0145	0.3112 0.4011	0.1326 0.0008
B		1.1679 0.2972	0.0020 0.0018	0.0041 0.0030	0.0031 0.0005
C			0.0023 0.0031	0.0060 0.0041	0.0047 0.0006
D				0.0045 0.0041	0.0005 0.0002
E					0.0848 0.0004

次に，因子 D および因子 F と仕様因子 M および誤差因子 N との間の 2 因子交互作用 (D×M，D×N，F×M，F×N) と 3 因子交互作用 (D×M×N，F×M×N) を検討する．本事例での中心複合計画は，1 次成分と 2 次成分が各変数間でそれぞれ直交していることから，上記の適合因子候補の制御因子と仕様因子および誤差因子との交互作用を個別に検討できる．制御因子の 1 次項と 2 次項に分解することは，例えば，D×M の交互作用を「D の 1 次項が仕様因子 M の水準によってどの程度再現する (あるいは，再現しない) か」を量る D (1 次)×M と，同様に D の 2 次項の M の水準による再現性を量る D (2 次)×M の交互作用に分解することである．

まず，図 8.2 の仕様因子 M の第 j 水準と誤差因子 N の第 k 水準における，適合因子の候補である因子 D と因子 F の 1 次項と 2 次項の回帰係数を求める．各回帰係数を表 8.7 に示す．表 8.7 は 1 次項の回帰係数，あるいは 2 次項の成分を解析特性とした二元配置実験とみなすことができる．二元配置実験における仕様因子 M の主効果は仕様因子 M と適合因子候補の因子との交互作用に相当する．誤差因子 N に関しても同様である．因子 D と因子 F に関する仕様因子 M と誤差因子 N との交互作用に関する分散分析表を表 8.8 に示す．

表 8.7　因子 D と因子 F の 1 次項と 2 次項の回帰係数

適合因子の候補		D		F	
M	次項　＼　N	N_1	N_2	N_1	N_2
M_1	1 次	−0.719	−1.288	−0.915	−0.489
	2 次	13.366	14.176	12.538	12.531
M_2	1 次	−0.615	−1.014	−3.634	−3.249
	2 次	5.351	6.096	9.615	9.915
M_3	1 次	−0.561	−0.807	−4.526	−4.158
	2 次	5.375	6.462	10.861	11.409
M_4	1 次	−0.471	−0.549	−0.200	0.142
	2 次	6.779	7.123	9.554	10.133

表 8.7 および表 8.8 の結果から，適合因子の選択に関して次のような考察ができる．

1)　誤差因子 N との交互作用は因子 D より因子 F のほうが小さい．したがって，適合の効果の再現性に関しては因子 D より因子 F が優れている．

2)　仕様因子 M との交互作用は因子 F より因子 D のほうが大きい．しかし，因子 D の 1 次項×M の交互作用が小さい．これは因子 D を適合因子にしても仕様因子 M の決定によって水準変更は小さいことを意味する．一方，因子 F は 1 次項×M の交互作用が大きい．すなわち，因子 F のほうが"適合のしがいがある"ということを示唆している．

以上のことから，適合因子として因子 F を選択する．

表 8.9 に，仕様因子の条件が決定されたときの適合因子 F の最適条件とそのときの平均値と標準偏差を示す．構想設計時に想定した最適条件での応答と比較する．適合前後

8.3 適合因子の選定のためのデータ解析 165

表 8.8 因子 D と因子 F の 1 次項，2 次項と仕様因子，誤差因子との交互作用

因子 D に係る交互作用

交互作用	D の次項	平方和	自由度	平均平方
* × M	1 次	0.2607	3	0.0869
	2 次	87.7736	3	29.2579
	計	88.0343	6	14.6724
* × N	1 次	0.2087	1	0.2087
	2 次	1.1145	1	1.1145
	計	1.3232	2	0.6616
* × M × N	1 次	0.0661	3	0.0220
	2 次	0.1410	3	0.0470
	計	0.2071	6	0.0345
* × N + * × M × N	計	1.5303	8	0.1913

因子 F に係る交互作用

交互作用	F の次項	平方和	自由度	平均平方
* × M	1 次	26.1327	3	8.7109
	2 次	10.2106	3	3.4035
	計	36.3433	6	6.0572
* × N	1 次	0.2892	1	0.2892
	2 次	0.2521	1	0.2521
	計	0.5412	2	0.2706
* × M × N	1 次	0.0019	3	0.0006
	2 次	0.1107	3	0.0369
	計	0.1126	6	0.0188
* × N + * × M × N	計	0.6538	8	0.0817

表 8.9 仕様因子 M の決定時の平均値と標準偏差

決定された仕様因子	因子 F の条件	適合後		適合前	
		平均値	標準偏差	平均値	標準偏差
M_1	0.588	13.61	1.53	13.67	1.52
M_2	0.710	14.30	1.59	14.35	1.61
M_3	0.748	14.25	1.60	14.34	1.64
M_4	0.549	14.48	1.73	14.59	1.69
構想設計時に想定した最適条件での応答	0.650			14.24	1.62

での平均値に適合効果がみられる．一方，標準偏差には適合効果がみられない．これは，因子 F と摂動させた因子 A との交互作用がそれほど小さくないことに起因する．平均値に関して適合による局所最適化の効果がみられる．

8.4 工程設計における適合の活用

適合の説明に対策 C の図 2.12 の例を用いたように，本事例の適合作業の考え方は，製造段階におけるばらつき低減の体系化のうち，対策 C の設計に応用できる．例えば，材料の組成や加工上の条件が変更された (あるいは変化した) 場合，その条件に対応して加工条件を調整するアクションの標準化が要求される．このとき，どの加工パラメータを操作変数とすべきなのかを選定するとき，8.1 節で述べた本事例の適合因子の選定条件を次のように応用できる．すなわち，

1) 他の工程パラメータと交互作用がない．
2) 調整による効果が大きい．

である．特に，1) の条件は流動準備期に確認しておくのがよい．流動期での対応で "モグラ叩き" となる調整を避けることができる．

第 9 章において，量産流動期の外乱内乱によるばらつき問題を流動準備期に前倒ししたうえで，工程能力調査を行う事例を紹介する．製造段階での適合因子の選定を流動準備期に行っておくことも，量産流動期のばらつき問題を前倒しした管理行為である．

8.5 [事例 8–2] 合わせ込み問題[5]

8.5.1 合わせ込みの必要性

製品設計や工程設計では実際に物を作って行う実験 (以降は実機実験とする) に代わり，CAE (工業製品の設計などを支援するコンピュータシステム) などによるコンピュータ上でのシミュレーション実験が行われることが多い．実機実験の代用としてシミュレーション実験を行うには，「シミュレーション実験でも実機実験と同様の結果が得られる」という大前提が必要である．しかし実際には，3D モデル (立体形状) を 2D モデル (平面形状) で表現することや，シミュレータでは考慮されていない要因があること，さらには正確に実測することができない値があるため，実機実験の結果とシミュレーション実験の数値解が有意に乖離することがある．実機実験の結果とシミュレーション実験の数値解に有意な乖離があるときに，シミュレーションモデルのパラメータを理論 (初期) 条件から変更することによって，シミュレーション実験の数値解を実機実験の結果に近似させることを合わせ込みという．合わせ込みはシミュレーションのモデルをつくるた

---

5) 本事例は，Nishina and Yoshino(2007) をもとにしたものである．

8.5 [事例 8–2] 合わせ込み問題

めに行うもの，つまり最適化や適合などの本解析をする前段階に行うものである．

図 8.3 は，シミュレーション実験の位置づけを階層構造によって示したものである．上記のように，シミュレーション実験には **validation** (妥当性確認) と **verification** (検証) が必要である．合わせ込みは実機実験に対するシミュレーション実験の validation のための作業である．合わせ込みによって実機実験とシミュレーション実験との違いが埋まらない場合，シミュレーション実験のもととなる数値モデル自体が理論を反映していないことになる．合わせ込みの作業を効率的に行う方法がなければ，合わせ込み

図 8.3 シミュレーション実験の位置づけ (椿 (2008) をもとに改訂)

ができない，すなわち，深追いを避ける意味で verification の問題であることを早期に認識できる．したがって，合わせ込みは validation と verification の両方にかかわる作業であるといえる．

8.5.2 実験計画法を用いた合わせ込み方法

合わせ込みは，理論条件からパラメータを変更することに "うしろめたさ" があるためか，これまで合わせ込みの手順が明示的に提案されていない．Nishina and Yoshino (2007) は，合わせ込みの業務の効率化と合わせ込みに有効な技術蓄積につなげることを意識し，実験計画法を活用した合わせ込みの方法を提案した．実施例として，合わせ込みの再現性向上を取り上げたワイヤボンディングの共振問題 (吉野他 (2008)) をあげておく．

合わせ込みに用いる因子を "合わせ込み因子" とよぶこととする．合わせ込み因子はモデルをつくるために用いる因子であり，例えば，有限要素法による構造解析では，材料物性値であるヤング率やポアソン比などである．これらの因子は最適条件を探る制御因子ではなく，シミュレーションモデルをつくるためのパラメータであり，合わせ込み因子の候補となる．

合わせ込みの作業には，実機実験での応答とシミュレーション実験での応答との対応が必要である．対応はピンポイントではなく，再現性がある合わせ込みの効果を考えるならば，ある実験因子の水準を変更したいくつかの実験条件での対応が必要である．対応する実機実験において取り上げる因子を検証因子とよぶことにする．シミュレーション実験がメインであることから，実機実験にはできるだけコストをかけたくない．したがって，検証因子には水準変更が容易であり，かつ，水準変更にコストがかからない因子を選ぶことが望ましい．

本事例で紹介する合わせ込みの方法はタグチメソッドのロバスト設計における 2 ステップ法の応用である．図 8.4 に合わせ込みのための実験計画例を示す．図に示すよう

8. CAEにおける実験計画法の活用

	合わせ込み因子 A　B　…						実機実験		
							G_1	G_2	G_3
							$x_{jr}(j=1,\cdots,J;r=1,\cdots,R)$		
							検証因子 (G)		
							G_1	G_2	G_3
1	1	1	1	1	1	1			
1	1	2	2	2	2	2			
1	1	3	3	3	3	3			
1	2	1	1	2	2	3			
1	2	2	2	3	3	1			
1	2	3	3	1	1	2			
	例えば L_{18}						c_{ij}		
2	3	1	3	2	3	1	2		
2	3	2	1	3	1	2	3		
2	3	3	2	1	2	3	1		

図 8.4　合わせ込みのための実験計画例

に，内側配置に直交配列表 (図では L_{18} 直交表) を用い，合わせ込み因子を割り付ける．外側に検証因子を配置する．ここでの2ステップ法は，図 8.5 に示すように，第1ステップとして，実機実験結果とシミュレーション結果とのパターンの違いを合わせ込む．この段階で適切な合わせ込みの方法がみつからない場合は，深追いを避け verification の問題であると認識し，根本的にシミュレーションモデルを含めたシミュレーション実験そのものを見直すべきである[6]．第2ステップとして，バイアスを合わせ込む．パターンを合わせ込む因子とバイアスを合わせ込む因子を区別できるとは限らない．その場合，バイアスの合わせ込みはあきらめ，パターンの合わせ込みを優先させる．

実機実験で取り上げる検証因子 G の水準は最適条件に近いと想定される値 (G_2) を中心に，正方向と負方向に 3 水準 (G_1, G_2, G_3) を設定するのがよい．その他の設計変数

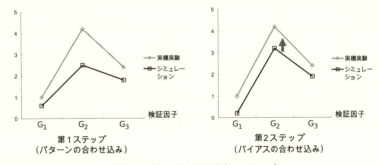

図 8.5　合わせ込み因子選定のステップ

---

6) 実機実験の精度不足や不安定性などによる，実機実験のデータ自体に信頼性がない場合もある．

8.5 [事例 8–2] 合わせ込み問題　　　　　　　　　　　　　　　169

は実機実験が容易な水準に固定しておく．可能であれば最適条件に近いと想定される水準に固定しておく．

　実機実験は少なくとも 2 回の繰り返しを行う．繰り返しを行うことによって実機実験での実験誤差が評価できる．

　シミュレーションモデルのパラメータから合わせ込み因子を選ぶ．前述したように，ヤング率，ポアソン比，密度，降伏点などの材料物性や計算上の拘束条件の有無などから因子を選択する．選択した合わせ込み因子を内側直交表に割り付ける (図 8.4 参照)．

　次に，材料物性を合わせ込み因子とした実験を行う．水準数は 3 でよい．物性の初期条件を第 2 水準とし，水準幅を材料の本来の物性が大きく異ならない範囲とする．通常は初期条件 ±10 ％程度を水準幅とする．内側の実験配置には，L_{18} 直交表などの混合系直交表を用いるのがよい．

8.5.3　実験データの解析と解釈

　検証因子が第 j 水準 (G_j) における r 番目の実機実験の結果を x_{jr}，内側直交表の第 i 実験，検証因子が第 j 水準のシミュレーション実験値を c_{ij} とする．乖離が問題なので，シミュレーション実験値と実機実験の乖離

$$y_{ij} = c_{ij} - \bar{x}_{j\cdot}, \quad\text{ただし}\quad \bar{x}_{j\cdot} = \frac{\sum_{r=1}^{R} x_{jr}}{R} \quad (R：実機実験の繰り返し数)$$

を特性値とする．

　解析の目的は，乖離に寄与する合わせ込み因子をみつけだすことである．シミュレーションモデルのパラメータが初期条件 (合わせ込み以前) のとき，シミュレーション実験値と実機実験の乖離を y_{0j} とする．まず，y_{0j} を図示することによって乖離のパターンを調べる．乖離のパターンが "バイアス" あるいは "1 次の傾向" が強い場合，その乖離のパターンの合わせ込みを重視した解析を行うことも考えられる．

　パターンの乖離を量る統計量を

$$S_i = \sum_{j=1}^{J} (y_{ij} - \bar{y}_{i\cdot})^2, \quad \text{ここで，} \quad \bar{y}_{i\cdot} = \sum_{j=1}^{J} y_{ij} \Big/ J \tag{8.1}$$

とし，バイアスを

$$\bar{y}_{i\cdot} = \sum_{j=1}^{J} y_{ij} \Big/ J \tag{8.2}$$

とする．

　実機実験の結果とシミュレーション結果の乖離をパターンとバイアスに分離することに着目した理由は以下のとおりである．パターンの違いとバイアスとは技術的な解釈が異なる．例えば，理論上は 2 次の変化を示すべきものが，シミュレーション結果では直線的変化を示すというようなパターンの違いは，モデルそのものの見直しにつながる可

能性もある．これに対して，バイアスの違いは単に定数項の違いであったり，定数倍すれば調整可能であったりするように，技術者が別途対処法をもちあわせている場合が多い．また，宮川 (2000) は目標値 (合わせ込みの目標値は 0) からの二乗和を解析特性にすることによって，見かけ上の交互作用が出てしまうことを指摘している．

合わせ込みの具体的ステップを以下に示す．

ステップ 1：乖離のパターンの違いに効く因子の選択と最適条件の探索．　式 (8.1) の偏差平方和 S_i を解析特性とし，その最小化を行う．

ステップ 2：乖離のバイアスに効く因子の選択と最適条件の探索．　式 (8.2) の平均値 $\bar{y}_{i\cdot}$ を解析特性とし，その最小化を行う．

なお，第 1 ステップと第 2 ステップで最適水準が異なる場合は，基本的には第 1 ステップの水準を優先する．

第 1 ステップの解析特性として，(8.1) 式から分解した自由度 1 の 1 次成分 $S_{i(l)}$，あるいは 2 次成分 $S_{i(q)}$，すなわち，

$$S_{i(l)} = \frac{(y_{i3} - y_{i1})^2}{2}, \qquad (8.3)$$

$$S_{i(q)} = \frac{(y_{i3} - 2y_{i2} + y_{i1})^2}{6} \qquad (8.4)$$

を抽出しておくとよい．(8.3) 式，(8.4) 式は $J = 3$ の場合の直交分解である．乖離パターンに 2 次成分が大きい場合，その乖離パターーによっては verification の問題であると考えたほうがよい．解析結果から，合わせ込み因子の水準を初期条件から変更しても 2 次パターンの乖離を抑えることができないならば，シミュレーションモデル自体の問題としてとらえることも考えられる．

8.5.4　合わせ込みの妥当性評価

8.5.3 項の手順によって求めた合わせ込み因子の最適条件における乖離の程度を確認する．c_{0j} を検証因子の水準 G_j における合わせ込み後のシミュレーションモデルの数値解としよう．このとき，次の (8.5) 式の統計量 F を合わせ込みの評価指標として用いる．(8.5) 式の分子は合わせ込みの欠如を，また分母は実機実験の実験誤差を意味する．実機実験の結果の期待値がシミュレーション結果に一致するという仮説検定を合わせ込みの評価とすることになる．

$$F = \frac{\sum_j (\bar{x}_{j\cdot} - c_{0j})^2}{J} \bigg/ \frac{\sum_{j,r} (x_{jr} - \bar{x}_{j\cdot})^2}{J(R-1)} \qquad (8.5)$$

ここで注意すべき点は，合わせ込みのために行った実機実験では，検証因子として取り上げた設計変数以外の設計変数の水準は固定されている点である．当然，最適化のプロセスでは検証因子以外の設計変数の水準を変更する．検証因子のみを用いて行った合わせ込み結果の，最適化の際での再現性が問題となる．

8.5 [事例 8–2] 合わせ込み問題 171

　合わせ込みの再現性への対処は 8.5.3 項で示した解析ステップの第 1 ステップにある．第 1 ステップでは設計変数の一つである検証因子の水準内での再現性を確保するための解析特性を提案している．しかし，この対処が他の設計変数に対して合わせ込みの再現性をも保証しているとは限らない．

　限られた実機実験に基づいた合わせ込みは，その再現性の保証に限界がある．しかし，8.5.3 項で示した方法によって，シミュレーションモデル自体の問題につながる情報として，合わせ込みによる乖離パターンの 2 次成分の定量化は有用である．また，限られた合わせ込み因子の条件を初期条件から大きく変更するよりも，合わせ込みに効く複数の因子を抽出することによって，初期条件からの変更を小さくして，できるだけ多くの合わせ込み因子による合わせ込みの方法を示すことができる．

演 習 問 題

　2 つの事例から，CAE における実験計画法の活用の一端を学んだ．特に，交互作用の理解とその応用について理解を深めたい．

　8.1　事例 8–1 の適合問題において，制御因子の一つである因子 A を摂動させることによって誤差因子としている．これをヒントとして，応答の一つである標準偏差は交互作用によってどのように構成されているのかを議論せよ．

　8.2　制御因子，標示因子と誤差因子とは何かを理解したうえで，適合問題において制御因子間の交互作用，制御因子 × 標示因子の交互作用，制御因子 × 誤差因子の交互作用，および，制御因子 × 標示因子 × 誤差因子が意味するものは何か，また，適合問題ではこれらの交互作用をどのように利用しているのかについて議論せよ．

　8.3　事例 8–1 および事例 8–2 において，制御因子の平方和を 1 次成分と 2 次成分に分解する意義について議論せよ．

参 考 文 献

- ・吉野睦，仁科健 (2009a)：ロバスト化と適合のためのパラメータデザイン，品質，Vol.39, No.3, 35–41.
- ・吉野睦，仁科健 (2009b)：シミュレーションと SQC，日本規格協会．
- ・田村泰彦 (2008)：トラブル未然防止のための知識の構造化，日本規格協会．
- ・山田秀，立林和夫，吉野睦 (2012)：パラメータ設計・応答曲面法ロバスト最適化入門，日科技連．
- ・Nishina, K. and Yoshino, M. (2007)：Application of DOE to Computer Aided Engineering, *The Grammar of Technology Development*, Springer, 153–161.
- ・椿広計 (2008)：シミュレーションにおける SQC の貢献—シミュレーションと SQC 研究会の成果をもとに—，品質，Vol.38, No.1, 6–11.
- ・吉野睦，近藤総，仁科健 (2008)：シミュレーションモデルの合わせ込みにおける実験計画法の活用，品質，Vol.38, No.2, 92–98.
- ・宮川雅巳 (2000)：品質を獲得する技術，日科技連．

9 章

流動準備期における工程能力調査

はじめに[1]

　流動準備期からはじまった製造ラインの設計をいかにして早期に本流動期へと移行させるかは，生産技術者にとって重要な課題である．その課題のキーとなるのが流動準備期の工程能力調査である．ライン編成前の流動準備期では，まず個々の設備の機械能力を把握し評価すのが従来の進め方である (例えば ISO 22514-3). 具体的には，5M1E のうち machine (機械) 以外の要素をできるだけ一定にしたうえでテストピースを加工し，結果のばらつきをもって機械能力を評価する．しかし，この方法は効率的とはいえない．流動期に発生すると思われる設備以外の 5M1E の変動 (流動期のラインの内乱や材料関係の外乱) を因子として取り込んだ実験を実施することが望ましい (葛谷，岩本 (2001)). このことは，流動期の問題の前倒しであり，本流動期への早期の移行を可能にする．

　事例 9 では溶接工程の流動準備期を想定し，流動期の 5M1E の内乱を因子とした実験計画とその解析，および，流動期の工程能力を評価するための解析結果の解釈について解説する．

9.1 [事例 9*] 量産流動期の内乱外乱によるばらつき問題の前倒し[2]

　図 2.22 をみてほしい．2.1 節では流動準備期における統計的管理として**機械能力**の確保をあげた．ライン編成前の流動準備期では，まず個々の設備の機械能力を把握し評価することが従来の進め方である．例えば ISO 22514-3 では，5M1E のうち machine (設備) 以外の要素をできるだけ一定にしたうえでテストピースを少なくても 30 個加工し，結果のばらつきをもって機械能力を評価するとしている．テストピースの加工結果の特性値を y_i $(i = 1, 2, \cdots, n)$ とすると，5M1E のうち machine (設備) 以外の要素をできるだけ一定にした条件下では，その標準偏差

---

　1)　工程能力に関する書籍として，バイブル的な文献として木暮 (1975)，入門書として永田，棟近 (2011) を奨める．

　2)　本事例は仁科 (2009) をもとにしている．

9.1 [事例 9*] 量産流動期の内乱外乱によるばらつき問題の前倒し

$$s = \sqrt{\frac{\sum_{i=1}^{n}(y_i - \bar{y}.)^2}{n-1}} \tag{9.1}$$

は，計測誤差が加わるものの，設備に起因するばらつきを表すことになる．機械能力は

$$\bar{y}. \pm 3s, \quad あるいは \quad 6s$$

である．また，**機械能力指数** P_m は規格の幅とばらつきの比として

$$\hat{P}_m = \frac{S_U - S_L}{6s}$$

となる．ライン編成後，時間の要素が絡んだ設備以外の要素によるばらつきが加わることを考慮して，機械能力指数は工程能力指数よりも厳しい評価をする．そこで，機械能力指数自体を厳しめに定義し

$$\hat{P}_m = \frac{S_U - S_L}{8s}$$

とすることもある．

しかし，テストピースによる繰り返しのばらつきのみを評価する方法は効率的とはいえない．ライン編成前であることから実験の実施が比較的容易であり，積極的に因子を取り上げた実験を計画すべきである．この場合，流動期に発生すると思われる設備以外の 5M1E の変動 (流動期のラインの内乱や材料関係の外乱) を因子として取り込んだ実験を実施することが望ましい (葛谷，岩本 (2001))．例えば，鋼材メーカーから納入される鋼材のある特性が図 9.1 のようなばら

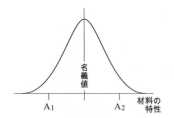

図 9.1 納入される鋼材のばらつきと実験の水準

つきをもつならば，$\mu \pm 2\sigma$ を水準とした因子を配置する．鋼材の特性のばらつきは製造ラインからみれば外乱である．このように，流動期でのばらつきを生む要因を積極的に因子として取り込んだ実験を行えば，量産準備において，流動期でのばらつきをまえもって把握できる．また，設備に起因するばらつきは実験の各条件での繰り返しから計算できる．

ライン編成後の流動期に入ると実験の実施は難しくなる．ライン編成前の流動準備期に流動期での再現性を考慮した効率的かつ効果的な実験を行い，ライン編成後の問題を前倒ししたほうが本流動期への早期の移行を可能にする．

本章では，スポット溶接の新工法を反映した流動準備期を想定した事例を紹介する．ただし，実データではないことをお断りしておく．

9.2 実験計画と実験結果

新規材料に対するスポット溶接の新工法を反映した量産機の最適条件を求め，機械能力を確保する目的で，以下のような実験を行った．最も重視した特性はせん断強さ (kN) である．データの採取には破壊をともなうため，できるだけ少数サンプルとしたい．

実験に取り上げる因子は溶接電流 (因子 A) と加圧力 (因子 B)，および，溶接点数 (因子 C) である．通電時間もせん断強さに効く因子であるが，設定値に対してばらつきが小さいのでここでは取り上げない．因子 A と B は，流動時には設定値に対してばらつきをもつ．溶接電流 (因子 A) は，せん断強さとは別の特性であるスパッタを防ぐために微調整を行う．加圧力 (因子 B) は，設定誤差 (設定の名義値と実際の値との乖離) によってばらつく．また，電極は溶接点数によって摩耗する．これらのばらつきを考慮したうえで，実験の水準設定を行う．

今回の実験計画では，因子 A と因子 B の水準をそれぞれ $A_0 \pm 0.5$ A, 5.8 ± 0.3 kN の 2 水準とする．溶接電流の ± 0.5 A は調整によるばらつきであり，加圧力の ± 0.3 kN は 5.8 kN の名義値に対する設定誤差である．ここで，A_0 は溶接電流の名義上の設定値であり，後述するように，溶接点数によって設定値 A_0 を変更する．なお，今回の実験では，せん断強さと加圧力が設定幅内では 1 次の効果であることを想定している．

溶接点数は電極の新品を水準 C_1 とし，電極を交換する直前の溶接点数を経た電極を水準 C_3，その中間の溶接点数を経た電極を水準 C_2 とする．電極の摩耗によって接触面積が増加し電流密度が低下する．これによるせん断強さの低下を防ぐために，溶接点数に対応して溶接電流値を自動的に上昇させる機能が溶接機にはある．このような適応制御[3] の実施を想定し，溶接電流 (因子 A) の名義上の設定値 A_0 は，適応制御による溶接点数の水準 (C_1, C_2, C_3) に対応した値とする．電極の摩耗によるせん断強さ不足の制御には，溶接電流値を大きくすることで対応するので (C_1 の A_0) < (C_2 の A_0) < (C_3 の A_0) とする．

表 9.1 機械能力を評価するための実験計画と実験結果

		C_1	C_2	C_3
A_1	B_1	18.1	19.0	16.2
		20.3	19.0	16.9
		18.7	17.4	17.7
	B_2	22.1	19.2	16.6
		19.8	18.9	17.4
		21.3	17.4	16.9
A_2	B_1	20.2	19.4	22.9
		20.3	21.8	22.8
		19.5	20.4	22.3
	B_2	24.0	21.6	22.1
		23.2	22.7	23.3
		20.8	22.5	23.0

実験条件は $2 \times 2 \times 3$ の 12 条件となる．この実験を 3 回繰り返す．したがって，テストピースは 36 個準備する．実験計画とその結果を表 9.1 に示す．以後，処理条件 $A_i B_j C_k$ での第 l 番目の繰り返しの応答を y_{ijkl} とし，繰り返し数を r とする．

---

3) せん断強さのばらつき (低下) の原因である電極の摩耗にアクションをとらず，溶接電流を調整変数としたフィードフォワード制御である．すなわち，ばらつきを抑える対策 C である．

9.3 データ解析

表 9.2 に表 9.1 のデータの分散分析表を示す. 分散分析表に至る計算過程は 4.2.2 項を参考にしてほしい. 4.2.2 項での数値例は二元配置であるが, 本事例はその拡張の三元配置である. ここでは, 計算過程を省略する.

分散分析の結果から, 流動化を想定したとき, それぞれの要因によるばらつきが機械能力に関連して何を意味するか, そして, 機械能力の向上への指針を述べる.

表 9.2 表 9.1 のデータの分散分析表

要　因	平方和	自由度	平均平方	P 値
A	99.6669	1	99.6669	<0.0001
B	11.0003	1	11.0003	0.0016
C	5.1800	2	2.59	0.0697
A × B	1.4802	1	1.4802	0.2040
A × C	31.1356	2	15.5678	<0.0001
B × C	7.9289	2	3.96445	0.0209
A × B × C	0.9956	2	0.4978	0.5712
誤　差	20.8400	24	0.868333	
計	178.2275	35		

まず, 表 9.2 の分散分析表における誤差の平均平方に着目する. 自由度 24 の誤差平方和から推定される誤差の平均平方は繰り返しの変動である. これは従来の機械能力 σ_e に相当する. 平均平方を V_e とすると

$$\hat{\sigma}_e = \sqrt{V_e} = \sqrt{\frac{\sum_{i,j,k,l} \left(y_{ijkl} - \bar{y}_{ijk\cdot} \right)^2}{2 \times 2 \times 3 \times (3-1)}} = 0.9318 \tag{9.2}$$

であり, したがって, 従来の機械能力は

$$6\hat{\sigma}_e = 5.59 \tag{9.3}$$

である. ただし, (9.2) 式の値には電極の摩耗, 溶接電流の微調整, 加圧力の設定誤差など通常の操業状況における内乱によるせん断強さのばらつきは含まれていない.

以下, 表 9.2 の分散分析表の結果をふまえ, 溶接工程の主な内乱 (電極, 溶接電流, 加圧力) によるばらつき評価を行う.

1) 溶接点数 C の主効果が有意ではない.

9.2 節で述べたように, 溶接電流は適応制御 (対策 C に相当) によって, 溶接打点数に応じた溶接電流値が設定されている. 溶接点数が有意でないことは, 設定された適応制御が効果的であることを意味する. しかし, P 値は 0.07 であり, 効果を調べる必要がある. 図 9.2 に電極の摩耗の効果を示す. 溶接点数に従い, せん断強さが低下する傾向がみえる. 溶接電流による適応制御, あるいは, 電極の交換時期を見直す必要がある. しかし, A × C が有意であり, スパッタを防ぐための溶接電流の効果は電極の摩耗によって異なることを示しているので, その効果 (A × C) のパターンを検討する必要がある.

2) 溶接点数 C と溶接電流 A の交互作用効果が無視できない.

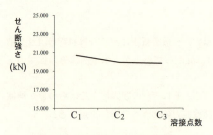
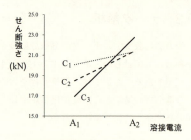

図 9.2 (溶接電流による適応制御を加味した) 電極の摩耗の要因効果

図 9.3 溶接点数 C と溶接電流 A の交互作用効果

A × C の交互作用パターンを図 9.3 に示す．溶接電流は適応制御における調整変数である．1) で示したように，溶接点数に応じた溶接電流による適応制御の効果は十分認められる．しかし，図 9.3 から，溶接点数が増すに従って，すなわち，電極が摩耗するに従って，溶接電流の微調整によるせん断強さのばらつきが大きくなっていることがわかる．一般には，溶接電流のように他の設備パラメータ (本事例では電極) と交互作用がある因子を調整因子として選択することは適切ではない．しかし，図 9.3 に示すように，溶接電流は電極の摩耗によるせん断強さの低下に対して大きな効果をもつ．電極との交互作用というネガティブな要素を越えた主効果がある．

電極交換時における溶接電流の微調整によるせん断強さのばらつきを推定してみよう．電極の摩耗レベルが C_3 のとき，溶接電流の効果は

$$\frac{\bar{y}_{2\cdot3\cdot} - \bar{y}_{1\cdot3\cdot}}{A_2 - A_1} = \frac{22.75 - 16.93}{1} = 5.82$$

である．溶接電流のばらつきが $\sigma_A = 0.25$ [A] であるとすると，溶接電流の微調整によるせん断強さのばらつき $\hat{\sigma}_y$ は

$$\hat{\sigma}_y = 5.82 \times \sigma_A = 5.82 \times 0.25 = 1.46$$

となる．これに，(9.2) 式の値を加味すると

$$\sqrt{\hat{\sigma}_y^2 + \hat{\sigma}_e^2} = \sqrt{1.46^2 + 0.8683} = 1.73$$

である．C_3 における応答の母平均 $\mu(C_3)$ の推定値は

$$\hat{\mu}(C_3) = \bar{y}_{\cdot\cdot3\cdot} = 19.84$$

であるので，電極交換直前の機械能力は

$$\bar{y}_{\cdot\cdot3\cdot} \pm 3\sqrt{\hat{\sigma}_y^2 + \hat{\sigma}_e^2} = 19.84 \pm 5.19$$

である[4]．この指標を規格と比較することになる．

---

4) 電極が C_3 レベルのとき，加圧力によるばらつきはほとんどないので，ここでは考慮しない．次の加圧力の場合，電極が C_1 レベルのとき，溶接電力によるばらつきはほとんどない．

9.3 データ解析

電極の交換時期を延ばしたいという要求があるとしよう．このとき，A×C の交互作用が問題となる．交互作用によるばらつきを抑える対策には，溶接電流の設定許容差 (ΔA の大きさ) を小さくする (ばらつきを抑える対策 B) か，あるいは，A×C×D の 3 因子交互作用をもつ別の因子 D，すなわち，A×C の交互作用効果を緩和させる (因子 C の増加に対する因子 A の効果の変動を抑える) 因子 D を発見し，その条件出しを行う (ばらつきを抑える対策 D) ことが考えられる．A×C×D の 3 因子交互作用の効果が，図 9.4 のようなパターンとなる因子 D をみつけることに注力すべきである．因子 D が存在するならば，因子 A の効果 (因子 A によるばらつき) が，溶接点数の増加に対して一様に小さい水準 D_1 がよい．

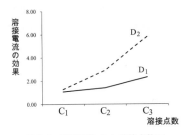

図 9.4 溶接電流 A と溶接点数 C の交互作用効果を緩和させる因子 D の効果

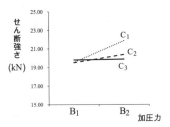

図 9.5 溶接点数 C と加圧力 B の交互作用効果

3) 溶接点数 C と加圧力 B の交互作用効果が無視できない．

B×C の交互作用のパターンを図 9.5 に示す．図より，電極の摩耗時より新品時のほうが加圧力のセッティングのばらつきがせん断強さのばらつきに効いていることがわかる．電極が C_3 レベルのときの溶接電流と同様に，加圧力のセッティングによるせん断強さのばらつきを評価する．

$$\frac{\bar{y}_{\cdot 21 \cdot} - \bar{y}_{\cdot 11 \cdot}}{B_2 - B_1} = \frac{21.86 - 19.54}{0.6} = 3.88$$

である．加圧力のばらつきが $\sigma_B = 0.15$ [kN] であるとすると，加圧力の設定誤差によるせん断強さのばらつき $\hat{\sigma}_y$ は

$$\hat{\sigma}_y = 3.88 \times \sigma_B = 3.88 \times 0.15 = 0.58$$

となる．(9.1) 式の値を加味すると

$$\sqrt{\hat{\sigma}_y^2 + \hat{\sigma}_e^2} = \sqrt{0.58^2 + 0.8683} = 1.10$$

である．C_1 における応答の母平均 $\mu(C_1)$ の推定値は

$$\hat{\mu}(C_1) = \bar{y}_{\cdot\cdot 1 \cdot} = 20.70$$

であるので，電極交換直後の機械能力は

$$\bar{y}_{\cdot\cdot 3\cdot} \pm 3\sqrt{\hat{\sigma}_y^2 + \hat{\sigma}_e^2} = 20.70 \pm 3.30$$

である.

もし, 電極交換時の機械能力が十分でないのであれば, 加圧力の設定精度の向上 (対策 B), あるいは, A×C の場合と同様に, B×C の交互作用効果を緩和させるような因子 D の条件出しを行うこと (ばらつきを抑える対策 D) が考えられる.

また, 溶接工程では電極交換直後の品質チェックが重要であり, 初物チェックが行われている. このように, 事前に電極交換前後の機械能力の変化がわかることにより, **変化点管理の徹底**を指示することができる.

4) 溶接電流 A と加圧力 B の交互作用 A×B が有意でない.

溶接電流 A と加圧力 B の交互作用は技術的にはあると考えられる. 加圧力が増すと材料の接触面積が増えるので, 溶接電流がせん断強さに与える影響は加圧力によって変化すると考えるのが妥当である. 本事例では, 加圧力の水準幅が小さいので交互作用効果が現れなかったと考えられる.

本事例では, 適応制御の調整因子が溶接電流のみであった. 加圧力も調整因子の候補である. しかし, 加圧力も電極の摩耗と交互作用があることから, 実験での水準幅を考慮したうえで A×B×C の 3 因子交互作用を検討する必要がある.

9.4 流動準備期におけるばらつき退治の重要性

統計的工程管理のライフサイクルについては 2.4 節ですでに述べた. ここでは, 流動期前のばらつき退治の重要性を再度強調しておきたい. データの獲得方法には, 観察と実験があることも 2.3 節で述べた. ライン編成前である流動準備期には実験が実施しやすいがライン編成後は実験が実施しづらい. 観察データが主流になる. 実験は効果が直交するように計画することができる. これは, 要因解析にとって大変ありがたいことである. 本事例で示したように, いくつかの要因効果を単独に評価することができる. 工程の結果系のばらつきはいくつかの要因から構成されている. 要因解析は, 結果系のばらつきへの各要因の寄与を明確にできれば大成功である. 実験による観察データはそれを可能にする.

極端ないい方をするならば, 実験における単なる繰り返しは大変非効率である. もちろん, Fisher の三原則の一つにあるように, 誤差の大きさを評価するためには実験の繰り返しが必要である. しかし, それは最低限でよい. 本事例では, 36 個のテストピースを要している. (9.1) 式に示したように, 従来の方法で機械能力を算出したとして, (9.1) 式の平方和の自由度は 35 である. 本事例のような実験を行ったとしても誤差の平方和の自由度は 24 である. もし, 3 因子交互作用 A×B×C を誤差にプールしたならば自

9.4 流動準備期におけるばらつき退治の重要性

由度は 26 である[5]．それなりの数字である．もちろん実験は手間がかかる．しかし，流動期に移行した場合のばらつきの要因解析を前倒しで実施するだけの価値はある．直交した計画データはそれだけの魅力がある．

8.4 節で述べたように，適合問題を流動準備期の段階で検討することも重要である．本事例でいえば，適応制御における調整因子の選択についてである．流動期に移行すると，どうしても要因系の意図しない (歓迎されない) ばらつきに対応するため，調整を行うのが現実である．第 8 章でも述べたように，その際，"モグラ叩き" に陥ることは避けたい．さわってもよいパラメータと絶対にさわってはいけないパラメータの区別を流動準備期の段階で区別しておくことが必要である．

演 習 問 題

流動期でのばらつきの要因を流動準備期に前倒しして検討することが，安定した流動期に移行させる近道である．第 2 章で述べたように，実験計画による計画データの解析は裁判官のスタンスである．確かめたい仮説 (本事例では流動期における要因のばらつきによる影響) を積極的に因子に取り込んだ実験計画が必要である．なお，ここでも交互作用の解釈がポイントである．実験することのうまみを理解したい．

9.1 本事例のデータ解析を行い，解析結果を確認せよ．

9.2 溶接電流による適応制御が第 2 章で述べたばらつきを抑える 4 つの対策のうち，対策 C である理由を述べよ．

9.3 対策 B によって，溶接電流の微調整によるせん断強さのばらつきを小さくする方法を提案せよ．

9.4 テストピースによる従来の機械能力評価は，本事例ではどのばらつきに相当するかを説明せよ．

9.5 今回の事例では内乱に対するアプローチであったが，外乱が問題となる場合をあげ，同様なアプローチを検討してみよ．

9.6 制御に用いる調整因子は，どのような性質を保有していることが望ましいかを考えよ．

参 考 文 献

- ・葛谷和義，岩本伸夫 (2001)：活用「多変量管理図」，日本品質管理学会第 67 回研究発表会発表要旨集，1–4.
- ・木暮正夫 (1975)：工程能力の理論とその応用，日科技連出版社.
- ・永田靖，棟近雅彦 (2011)：工程能力指数—実践方法とその理論，日本規格協会.
- ・ISO 22514-3 (2008)：Statistical methods in process management—Capability and performance— Part 3: Machine performance studies for measured data on discrete parts.
- ・仁科健 (2009)：統計的工程管理，朝倉書店.

---

5) "3 因子交互作用 A×B×C を誤差にプールする" とは，表 9.2 において A×B×C の効果が無視できるので，A×B×C の平方和を誤差の平方和に加え，同時に自由度 2 も誤差の自由度 24 に加えることである．

10 章

工程改善における要因解析

はじめに[1]

　本章では，対策 B の事例として，回転部品プーリのアンバランス量のばらつきを生むネック工程 (原因) の探求を回帰分析を用いた因果分析によって行ったものを紹介する．第 6 章の事例と同様に，因果分析では相関係数の解釈がポイントになる．ただし，第 6 章は社会科学分野であり，一方，本章の事例はエンジニアリングである．解析において事前情報の量に違いがある．

　図 2.24 で示した観察データによる仮説の確度向上のための解析プロセスにそって解析を進める．エンジニア (仮説サイド) とデータ解析者 (事実サイド) のキャッチボールによって，仮説をより確度の高い精緻なものにしていくプロセスと，そのツールとしての回帰分析を学びたい．

10.1　[事例 10*] 対象工程の概要と目的

　対象とする工程は回転部品プーリの製造工程である．プーリには V 型の溝があり，そこにファンベルトを掛けることによって回転を伝達する機能をもつ．製造工程は直列ラインを構成する要素工程 (予備成形→成形→焼きならし→ツバ拡げ→ V 溝成形→シャフト端面／内径切削) からなる (図 10.1 参照)．予備成形品はプレス機で成形加工されて成形品となり，焼準炉による焼きならしによって焼きならし品となる．次に，プレス機でツバを拡げ，ツバ拡げ品となる．最後に，成形機による V 溝成形と内径を切削して完成品となる．

　プーリの重要特性は回転アンバランス量である．本事例の目的は工程解析である．プーリの回転アンバランスという "悪さ" をつくり込んでいるネック工程を抽出することである．

---

　1)　本事例は仁科，藤原，入倉 (1997) の一部をアレンジしたものである．原論文ではグラフィカルモデリングを用いて要因系変数の絞り込みを行っているが，本事例では絞り込み後を扱っている．

10.2 データ

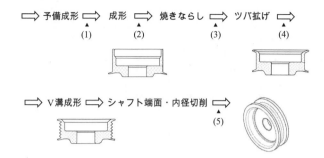

図 10.1 回転部品の製造工程と部品外観図 (注：図中の数字はデータをとった地点を示す)

10.2 データ

本データは操業中の半部品をサンプリングして得たデータであり，典型的な観察データである．ただし，後述するように，トレーサビリティのあるデータである．その意味では日常管理のためのデータというわけではない．要因分析を意識してデータを獲得している．

対象部品であるプーリが回転部品であることから，データは方向性とその量となる．本事例の場合，フレが最大量を示す方向とその量である．前者をフレ方向，後者をフレ量という．データにトレーサビリティをもたせるため，方向データは対象工程の最初の要素工程である予備成形後の内外径のフレ量 (B_1) が最大となる方向を基準とした角度とする (図 10.2)．内外径のフレとは，ドーナツ型のプーリの内径を基準として外径の軌跡を描き，真円からのずれの最大量とそ

図 10.2 回転部品のフレ方向の基準 (仁科他 (1997))

の方向を意味する．後工程での加工結果の特性の方向データは，このときのフレ方向を基準とする．成型工程，焼きならし，ツバ拡げの各工程では，トレーサビリティのあるデータとして，基準としたフレ方向を 0° とした，フレ量が最大となる方向とそのフレ量のデータをとる．成型工程後のフレ量とフレ方向を B_2, D_2，焼きならし後のフレ量とフレ方向を B_3, D_3，ツバ拡げ後のフレ量とフレ方向を B_4, D_4 とする．V 溝成形→シャフト端面／内径切削後の中央の V 山のフレ量，フレ方向をそれぞれ C_5, E_5 とする．最終特性はバランス精度 y_1 とバランス精度方向 y_2 である．回転アンバランスが最大値となる方向が y_2 であり，その最大値が y_1 である．表 10.1 に対象とする特性を示す．

仁科他 (1997) では表 10.1 の特性の他に，底厚，カップ深さ，拡げフランジ径と重量

表 10.1 解析対象とする特性

半製品 特性	予備成形品 (1)	成形品 (2)	焼きならし品 (3)	ツバ拡げ品 (4)	V 溝成形・切削品 (5)
内外径のフレ量	B_1	B_2	B_3	B_4	
内径 V 山たてフレ量					C_5
内外径のフレ方向		D_2	D_3	D_4	
内径 V 山たてフレ方向					E_5

(注) 番号と記号の添え字は図 10.1 におけるデータ入手の地点を意味する.

が取り上げられ,重量を除く他の 3 つの特性は,内外径フレに関連する特性と同様にトレーサビリティのあるデータがとられている.したがって,予備成形では,底厚,内外径のフレ量,カップ深さ,重量が,成形では,底厚,内外径のフレ量,内外径のフレ方向,カップ深さが,焼きならしでは成形と同様の 4 特性が,ツバ拡げでは底厚,内外径のフレ量,内外径のフレ方向,拡げフランジ径が,それぞれ変数群を形成する.しかも,その変数群には順序の情報がある.このようなときに,変数群間の因果関係を探索するには,グラフィカルモデリングが効率的である.ただし,本事例では,表 10.1 に示した特性が底厚,カップ深さと拡げフランジ径とは因果関係がないことを確認できているものとして議論を進める.

10.3 データ解析

本事例のデータ解析の要点は,第 6 章と同様に因果分析によって相関関係を紐解くことである.しかし,第 6 章が社会科学分野の事例であるのに対して,本章はエンジニアリングの事例であり,しかも,各要素工程が直列につながる工程の事例である.一般に製造工程の事例においては,仮説を生成する際の事前情報の量は比較的多い.特に,本事例が対象とする工程では,最も重要な情報は加工順序である.トレーサビリティのあるデータは変数の時間的順序に関する事前情報があることになる.時間的に前の変数が後の変数の結果になることはありえない.因果分析の解析過程において変数の時間的情報があることは大きい.事実,回転アンバランスというばらつきをつくり込んだネック工程をみつけたいという明確な目的があり,そのために工程をさかのぼったトレーサビリティのあるデータがとられている (表 10.2).

まず,方向性を表す変数と量を表す変数を分類し,それぞれの相関係数行列を表 10.3 に示す.図 2.24 で示した観察データによる仮説の確度向上のための解析プロセスにそって解析を進めていく.仮説側にたつエンジニアと事実側にたつデータ解析者の間でキャッチボールをしながら (互いがもつ情報を共有しながら),表 10.3 の相関係数行列を紐解き,仮説をより精緻なものにしていく.本事例では,因果分析に回帰分析における F 値による変数選択を活用する.

10.3 データ解析

表 10.2 回転部品のデータ

B$_1$	B$_2$	D$_2$	B$_3$	D$_3$	B$_4$	D$_4$	C$_5$	E$_5$	y$_1$	y$_2$
0.10	0.09	−10	0.10	−15	0.11	−5	0.08	−45	2.12	18
0.09	0.05	−5	0.08	30	0.06	50	0.04	−10	1.15	15
0.07	0.03	20	0.03	20	0.05	35	0.03	−10	0.86	43
0.07	0.04	10	0.06	40	0.06	0	0.03	−35	0.98	29
0.07	0.10	10	0.09	−10	0.09	0	0.07	−35	2.32	24
0.06	0.05	15	0.05	35	0.05	0	0.08	−15	1.79	29
0.06	0.06	15	0.08	−15	0.07	−10	0.04	0	1.35	15
0.08	0.08	−5	0.09	−5	0.09	−5	0.09	0	2.77	26
0.06	0.05	65	0.06	65	0.07	40	0.05	75	1.10	92
0.07	0.07	−15	0.08	35	0.06	35	0.04	0	1.30	29
0.07	0.04	15	0.07	65	0.07	65	0.02	−80	1.00	29
0.08	0.06	−15	0.07	−35	0.06	−15	0.05	−60	1.45	−5
0.07	0.07	−25	0.07	0	0.07	0	0.07	−40	1.88	15
0.09	0.06	20	0.07	30	0.07	30	0.02	50	1.21	61
0.07	0.03	0	0.04	−65	0.04	5	0.06	−75	1.25	−18
0.07	0.06	−20	0.05	0	0.06	−10	0.05	−45	1.85	4
0.07	0.08	5	0.09	−25	0.08	−10	0.05	0	1.81	17
0.07	0.05	0	0.08	60	0.06	60	0.03	30	1.02	24
0.08	0.06	25	0.09	30	0.09	30	0.09	25	1.88	50
0.05	0.06	−20	0.06	−25	0.06	−20	0.05	−105	1.50	−31
0.08	0.05	0	0.07	−30	0.07	−10	0.06	−5	1.79	46
0.07	0.05	15	0.06	−10	0.05	−10	0.03	−10	0.88	57
0.09	0.09	10	0.09	−15	0.09	0	0.09	35	1.97	60
0.05	0.05	−20	0.07	−60	0.06	−55	0.03	−10	0.68	2
0.08	0.06	15	0.11	40	0.10	15	0.05	45	1.55	54
0.06	0.08	15	0.08	0	0.09	5	0.07	20	1.82	45
0.07	0.08	−15	0.09	−40	0.09	−30	0.07	−30	1.88	5
0.05	0.05	−55	0.09	−90	0.07	−90	0.02	−45	0.70	−29
0.05	0.05	15	0.09	−10	0.10	−10	0.06	25	1.67	50
0.07	0.10	15	0.10	15	0.10	15	0.06	15	1.95	56
0.09	0.09	−30	0.10	−20	0.10	−20	0.09	−30	2.14	−8
0.07	0.07	30	0.07	20	0.07	20	0.05	10	1.41	59
0.07	0.08	20	0.08	30	0.08	30	0.10	30	2.31	62
0.07	0.06	15	0.06	20	0.08	35	0.02	−55	0.83	55
0.07	0.06	0	0.07	15	0.07	15	0.03	0	0.86	30
0.10	0.06	−20	0.06	−25	0.07	−15	0.04	−15	1.03	12
0.10	0.08	0	0.09	−35	0.10	−5	0.09	10	1.98	28
0.07	0.07	10	0.10	−40	0.08	−40	0.08	30	2.01	41

表 10.3 特性間の相関係数行列

量的特性の相関係数行列

	B$_1$	B$_2$	B$_3$	B$_4$	C$_5$	y$_1$
B$_1$	1.000	0.324	0.237	0.334	0.294	0.287
B$_2$	0.324	1.000	0.683	0.737	0.606	0.733
B$_3$	0.237	0.683	1.000	0.824	0.427	0.517
B$_4$	0.334	0.737	0.824	1.000	0.541	0.615
C$_5$	0.294	0.606	0.427	0.541	1.000	0.891
y$_1$	0.287	0.733	0.517	0.615	0.891	1.000

方向特性の相関係数行列

	D$_2$	D$_3$	D$_4$	E$_5$	y$_2$
D$_2$	1.000	0.619	0.600	0.571	0.843
D$_3$	0.619	1.000	0.868	0.357	0.611
D$_4$	0.600	0.868	1.000	0.243	0.532
E$_5$	0.571	0.357	0.243	1.000	0.748
y$_2$	0.843	0.611	0.532	0.748	1.000

10.3.1 仮説 I モデルの検討

エンジニアが図 10.3 の仮説 I を提示した．仮説 I は，ネック工程が予備成形工程であるというものである．予備成型時 B_1 は最下流の変数である．仮説 I が成立しているとすれば，直接効果の連鎖が B_1 から最下流の変数であるバランス精度 y_1 へつながる．表 10.3 の相関係数 $r_{B_1, B_2} = 0.324$ であり，それほど相関が高くない．また，次の回帰分析の結果が

$$\hat{y}_1 = 0.713 + \underset{(F=3.223)}{11.29} B_1 \quad (寄与率 = 0.08),$$

$$\hat{y}_1 = 0.039 + \underset{(F=0.207)}{2.157} B_1 + \underset{(F=34.74)}{20.919} B_2 \quad (寄与率 = 0.539) \tag{10.1}$$

であり，予備成型時 B_1 より下流の変数である成形時 B_2 を説明変数に加えることによって，B_1 が効かなくなってくる．このことから，予備成型はネック工程であるとする仮説 I は否定される．そこで，(10.1) 式から，成型工程をネック工程とした仮説 II（図 10.4）が提示された．

図 10.3 予備成型をネック工程とする仮説 I

図 10.4 成型工程をネック工程とする仮説 II

10.3.2 仮説モデル II の検討

仮説 II が成立しているとすると，成型工程でつくり込まれた特性 B_2 が，焼きならし後の特性 B_3 へ，そしてツバ拡げ工程後の特性 B_4 に反映され，隣り合う工程における特性間の相関は高いはずである．表 10.3 の相関係数行列から $r_{B_2, B_3} = 0.683$，$r_{B_3, B_4} = 0.824$，$r_{D_2, D_3} = 0.619$，$r_{D_3, D_4} = 0.868$ である．また，

$$\hat{B}_4 = 0.0038 + \underset{(F=1.088)}{0.124} B_1 + \underset{(F=5.971)}{0.288} B_2 + \underset{(F=25.41)}{0.573} B_3 \quad (寄与率 = 0.744),$$

$$\hat{D}_4 = 3.235 + \underset{(F=0.930)}{0.149} D_2 + \underset{(F=58.33)}{0.678} D_3 \quad (寄与率 = 0.760)$$

であることから，成型時の特性 B_2 がツバ拡げ工程後の特性 B_4 に反映されていることは支持される．また，(10.2) 式と (10.3) 式が示すように，最終特性である回転アンバラ

10.3　データ解析　　　　　　　　　　　　　　　　　　　　　　　　　　　　185

ンス y_1, y_2 に対して，最下流の工程である V 溝成型・端面切削後の特性 C_5 と E_5 を説明変数に加えても，B_4 と D_4 は効いている.

$$\hat{y}_1 = 0.174 + \underset{(F=4.835)}{5.679} \ B_4 + \underset{(F=85.51)}{17.349} \ C_5 \quad (寄与率 = 0.819), \tag{10.2}$$

$$\hat{y}_2 = 31.94 + \underset{(F=14.69)}{0.331} \ D_4 + \underset{(F=45.87)}{0.462} \ E_5 \quad (寄与率 = 0.690) \tag{10.3}$$

ところが，(10.4) 式と (10.5) 式が示すように，上流工程の特性である成型工程の特性 B_2 と D_2 をそれぞれの回帰式の説明変数に加えることによって，下流工程であるツバ拡げ工程の特性 B_4 と D_4 が効かなくなったことがわかる. この結果から仮説 II を棄てざるをえない.

$$\hat{y}_1 = 0.145 - \underset{(F=0.114)}{0.966} \ B_1 + \underset{(F=7.031)}{8.610} \ B_2 + \underset{(F=0.000)}{0.024} \ B_3$$
$$+ \underset{(F=0.029)}{0.697} \ B_4 + \underset{(F=65.44)}{15.542} \ C_5 \quad (寄与率 = 0.853), \tag{10.4}$$

$$\hat{y}_2 = 24.49 + \underset{(F=24.30)}{0.696} \ D_2 + \underset{(F=1.137)}{0.124} \ D_3 - \underset{(F=0.028)}{0.023} \ D_4 + \underset{(F=18.53)}{0.275} \ E_5$$
$$(寄与率 = 0.829) \tag{10.5}$$

(10.3) 式と (10.5) 式から，結果特性に最も近い V 溝成型・切削工程の特性の C_5 と E_5 は回転バランスに効いている. そこで，C_5 と E_5 をそれぞれ目的変数とした回帰分析を行うことによって，V 溝成型・切削工程後のフレ特性の因果構造を探る.

$$\hat{C}_5 = -0.010 + \underset{(F=0.308)}{0.143} \ B_1 + \underset{(F=5.175)}{0.622} \ B_2 - \underset{(F=0.420)}{0.209} \ B_3 + \underset{(F=1.266)}{0.413} \ B_4$$
$$(寄与率 = 0.401), \tag{10.6}$$

$$\hat{E}_5 = -10.501 + \underset{(F=12.11)}{1.134} \ D_2 + \underset{(F=1.520)}{0.372} \ D_3 - \underset{(F=2.362)}{0.549} \ D_4$$
$$(寄与率 = 0.370) \tag{10.7}$$

(10.6) 式と (10.7) 式が求めた回帰式である. (10.6) 式は (10.4) 式と，(10.7) 式は (10.5) 式と同じ構造をしていることがわかる. すなわち，成型工程後のフレ特性が効いている. ただし，寄与率は高くない. V 溝成型や切削が加わることから，成形工程でつくりあげたフレの寄与が低下することが考えられる.

10.3.3　仮説モデル III の生成とその検討

10.3.2 項の解析結果から，仮説モデル III を生成する. 成形工程がネック工程であるが，そこでつくり込んでしまったフレ特性のばらつきは，最終特性である回転アンバランスに直接影響を及ぼしているわけではない. しかし，成形工程でつくり込んでしまったフレ特性のばらつきは焼きならし，ツバ拡げに伝播している. ここで，回転アンバランスを生む要因として，フレ特性以外の特性 W があるのではないかという仮説 III を

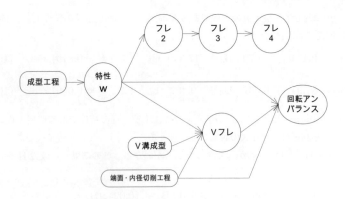

図 10.5 特性 W の存在を含めた仮説 III

生成した (図 10.5).「成形工程のフレ特性, V 溝成形・切削工程のフレ特性と最終特性である回転アンバランスの共通原因である特性 W が存在する」という仮説である.

まず,仮説 III が支持できることを確認する.フレ特性に成形工程から下流の工程であるツバ拡げに至る因果の連鎖がある.しかし,最終特性の回転アンバランスへの直接効果はない.仮説 III が成立していたならば,

$$r_{B_4,y_1} < r_{B_3,y_1} < r_{B_2,y_1}, \qquad r_{D_4,y_2} < r_{D_3,y_2} < r_{D_2,y_2}$$

が成立しているはずである.表 10.2 の相関係数行列から,$r_{B_4,y_1} < r_{B_3,y_1}$ が成立していないものの,その他は成立している.

$$r_{B_4,y_1}\,(=0.615) > r_{B_3,y_1}\,(=0.517)$$

ではあるが,

$$r_{D_4,y_2}\,(=0.532) < r_{D_3,y_2}\,(=0.611)$$

であることから,仮説 III は否定できない.もちろん,$r_{B_4,y_1} < r_{B_3,y_1}$ が成立していないことは,サンプルを増やすなどして確認する必要がある[2]).

エンジニアと特性 W の存在を議論した.以下はエンジニアによる仮説 III の説明である.特性 W として偏肉が考えられる.成形工程における金型が原因となり,成形品に偏肉が生じる.前述したように,内外径フレはドーナツ型のプーリの内径を基準とした外径のフレの最大値である.したがって,成型時に発生した偏肉が成形品の内外径フレ B_2 を生む.ただし,その測定方法は回転部品の高さ方向の中心であること,およびフレの最大値であることに注意すべきである.焼きならし工程で成形品が塑性加工されることにより,成形時に発生した偏肉にずれが生じる.このとき高さ方向へのずれが大きいことが考えられる.したがって,高さ方向の中心を測定位置とした焼きならし後の内外径フレ B_3,ツバ拡げ加工後の内外径フレ量 B_4 は回転アンバランスの直接原因には

---

2) 解析時には対象工程はすでに存在しなかったので確認はできていない.

10.3 データ解析

ならない. しかし, 偏肉発生時の内外径フレである B_2 は回転アンバランスの直接原因となる.

また, 高さ方向にずれた偏肉は V 溝成形により, 高さ方向に平均化される. したがって, 回転アンバランスと同様に高さ方向の中心を測定位置とした焼きならし後の内外径フレ B_3, ツバ拡げ加工後の内外径フレ B_4 は V フレの直接原因にならない. 成形時の内外径フレ B_2 が V フレの直接原因となる.

前述したように, V フレ, V フレ方向は内径を基準としたフレ最大値とその方向である. したがって, V フレ, V フレ方向は内径切削加工におけるチャッキング時の心ずれを含む可能性がある. この心ずれが回転アンバランスの原因の一つとなる. 回転アンバランスの単位は g·cm である. アンバランスの質量の原因は偏肉にあり, 心ずれの大きな原因は内径切削加工時のずれであることが考えられる.

演 習 問 題

事例 10 は事例 6 と同様に回帰分析による因果分析の事例である. もちろん基本的な考え方は同じであるが, 2 つの事例では事前情報の質, 量ともに異なる. 事例 10 を通じて, データ解析の結果にエンジニアリングセンスを取り込んだ仮説生成と仮説検証のプロセスについて理解を深めたい.

10.1 事例 10 における仮説生成から最終特性である回転アンバランスをつくり込んだメカニズムの追究を, データ解析を行いながらレヴューせよ.

10.2 因果分析における事前情報という立場から, 本事例と第 6 章の事例の違いを述べよ.

10.3 品質問題における仮説を図 10.3 のように図示してみよ. その際に, 因果分析に役立つ事前情報を列挙してみよ.

10.4 仮説 III が成立していたならば, なぜ $r_{B_4,y_1} < r_{B_3,y_1} < r_{B_2,y_1}$, $r_{D_4,y_2} < r_{D_3,y_2} < r_{D_2,y_2}$ が成立しているはずなのかを答えよ.

10.5 仮説 I および仮説 II を棄却した根拠を説明せよ.

10.6 10.3.2 項の解析結果から, どのような仮説を生成できるかについて考えてみよ.

参 考 文 献

· 仁科健, 藤原寛, 入倉則夫 (1997)：グラフィカルモデリングを用いた部品加工工程の要因分析, 品質, Vol.27, No.4, 160–169.

11 章

シューハート管理図の理念とその実践

は じ め に

　シューハート管理図は，品質管理における伝統的な手法である．その基本的考え方に品質管理そのものの考え方が凝縮されている．また，データ解析の視点からも示唆に富んだ手法であるといえる．シューハート管理図のなかで最もポピュラーな $\bar{X} - R$ 管理図を 3.6 節で説明した．本章ではシューハート管理図の理念と製造環境の変化にともなう不易流行について事例を通じて解説する．

　管理図の運用にはフェーズ I とフェーズ II がある．フェーズ I は偶然変動のみの状態である "いつもの状態" を把握する (管理限界線を構成する) 時期をさし，フェーズ II は構築された管理限界線を用い "いつもの状態" であることを検証する時期をさす．統計的工程管理のライフサイクル (図 2.22 参照) を参照しながら，シューハート管理図の理念である "プロセス管理"，Shewhart は管理限界線になぜ 3 シグマルールを適用したのか，また，管理図による母集団の形成への道筋として，仮説検定と対峙する "帰納的アプローチ" に関して理解を深めたい．

11.1　シューハート管理図の理念[1]

11.1.1　シューハート管理図のルーツ

　管理図の思想は，W.A. Shewhart の著書 Economic Control of Quality of Manufactured Product (1931) と Statistical Method from the Viewpoint of Quality Control (1939) に述べられていることはよく知られている[2]．管理図それ自体は Shewhart(1931) で提案されているが，その理念については Shewhart(1939) が詳しい．管理図のルーツを探るにはこの 2 冊に加え，北川 (1948) と西堀 (1981) が参考になる．これらの文献から，シューハート管理図の基本的な理念が，"帰納的アプローチによるプロセスの管理" であることがわかる．

---

1)　11.1 節と 11.2 節は仁科 (2011) をもとにしている．
2)　それぞれの和訳版は白崎 (1951) と坂元 (1960) である．

188

11.1.2 プロセスの管理

西堀 (1981) は，管理図の基本的思想に「プロダクツの管理ではなくプロセスの管理である」ことをあげている．Shewhart(1931, 1939) では，経済的な生産は工程を統計的管理状態に近づけることによって実現し，そのための手法が管理図であることが述べられているものの "プロセスの管理" ということばが明示的に強調されているわけではない．むしろ，1950 年の Deming によるセミナーにはじまる日科技連品質管理リサーチ・グループの研究によるところが大きいのではないかと思われる．Deming によるセミナーの講義内容は，そのほとんどが管理図であった (日本科学技術連盟 (1997))．

"工程管理と検査の違い"，"異常と不良の違い" などが強調され，"品質は工程でつくり込む" という品質管理そのものの思想を象徴する手法として管理図が位置づけられたのは，我が国における品質管理の発展過程においてではないかと推察する[3]．

11.1.3 帰納的アプローチ

西堀 (1981) のなかで坂元平八は「管理図は演繹的アプローチではなく，帰納的アプローチである」ことを指摘している．特に，管理図とネイマン・ピアソンの仮説検定[4]との違いを強調している．このことは Shewhart(1939) に強く述べられている．

管理図が帰納的アプローチであることの説明は北川 (1948) がわかりやすい．北川は「ネイマン・ピアソンの仮説検定の理論は，母集団の存在を想定し，任意抽出を前提とするものである．統計的管理自体は，この想定と前提とが，その管理の進行の過程において，次第に近似的に具現していくのである．」と述べている．また，以下のように，詳細な解説を加えている．

1) 統計的仮説検定の数学的理論
2) 統計的管理状態のモデルとしての袋の中の球の抽出
3) 大量生産の管理

の 3 つの相違がよく理解されなければならない．3) が 2) のモデルのもとで考えられるということは，管理の最初において期待されないのであって，それは，管理そのものの過程を経て逐次近似的に，それに接近するだけである．そうした接近の程度が進むにつれ，3) は 2) として，確率論的に同一形式になり，したがって，1) が 2) に適用されて，その妥当性が保証されると，次第にその程度において，1) が理論的モデルとして役立つようになるのである．この思想は，管理図のキーワードである 3 シグマ法，統計的管理状態，合理的群によって特徴づけられ，工程を管理状態にもっていくフェーズ I から，工程の管理状態を維持するフェーズ II への移行の過程に対応する．

---

3) "プロセスの管理" のルーツについては確かなエビデンスによるものではない．
4) 3.5 節で述べた仮説検定がネイマン・ピアソンの仮説検定と考えてよい．

11.2 管理図の思想を特徴づけるキーワード

11.2.1 3シグマ法

管理限界の設定について，Shewhart(1939) は次の 4 つの条件をあげている.

1) 突き止められる原因が存在する場合，その原因を示すことができること.
2) 単に示すだけでなく，突き止められる原因の発見を容易にするものであること.
3) 経験的，かつ自律的であり，簡単であること.
4) 突き止められる原因が存在しないとき，それを探求する機会をあらかじめ決められた確率以下にすること.

これらの条件を満たす方法として，Shewhart は 3 シグマ法を考案した．3 シグマ法は Shewhart が経験的に編み出したものであり，そこに演繹的な根拠はない．3 シグマ法の考案は，ネイマン・ピアソンの仮説検定をベースとした (Peason の提案である) 確率限界法と対峙する．確率限界法はネイマン・ピアソンの仮説検定を管理図にそのまま持ち込んだものであり，イギリス，ドイツを中心とした欧州の流儀である．3 シグマ法を採用した ISO 8258 Shewhart control charts の制定の過程で，原案に 3 シグマ法が採用さされていたことから，イギリス，ドイツが反対投票をした経緯もある．イギリスで発行された管理図係数表 (1998) には，片側と両側の有意水準を与えた係数の値が掲載されている．一方，3 シグマ法による係数表は "American Usage" として別表になっている[5].

確率限界法への批判を北川 (1948) は以下のように述べている.「管理の初期段階では突き止められる原因が存在する．これらを除去していくことが問題であり，こういう場合には合理的な群の形成が重要であって，確率表に基づく詳細な管理限界を設定することはそれほど意味がない.」演繹的なアプローチであるネイマン・ピアソンの仮説検定に対して，3 シグマ法は管理図が帰納的なアプローチであることを特徴づけるものである.

3 シグマ法以外の提案に関する研究も少なくない．例えば Duncan(1956) に端を発する一連の研究では，工程管理に関わるコストの最小化問題として管理限界の値を求める方法が提案されている.

11.2.2 統計的管理状態

"統計的管理状態" とは，過去の経験によって，ある現象の将来の変動が少なくてもある限度内で予測できる状態をいう．ここで，"ある限度内での予測" とは，その現象の観測値が与えられた限度内に落ちる確率が少なくとも近似的に述べられるという意味である (坂元 (1960))．この定義に "過去の経験によって" とある．このことからも，管理図が帰納的なアプローチであることがわかる.

11.1.3 項で述べた帰納的なアプローチに関する北川 (1948) の説明とあわせると，統計的管理状態とは，"3) 大量生産の管理" が管理の過程を経て (突き止められる原因が

---

5) 実務上はイギリスでも 3 シグマ法が使われている (Bissel(1992)).

11.2 管理図の思想を特徴づけるキーワード 191

逐次に取り除かれて), "2) 統計的管理状態のモデルとしての袋の中の球の抽出" の状態になり, "1) 統計仮説検定の数学的理論" が適用できる状態になったことである.

久米 (1976) は, 統計的管理状態を "データをどのような因子で層別しても有意な差が出てこないこと" と説明している. "どのような因子で層別しても" という説明は, 統計的管理状態が "2) 統計的管理状態のモデルとしての袋の中の球の抽出" の状態という抽象的な定義を, 生産工程において 2) の状態をつくりだすことができるような状態に維持する "プロセスの管理" によって実現することを意味する. 生産の結果を時系列のデータとして獲得し, それを袋の中の球の抽出と比べることによってプロセスの状態を認知する手段が管理図である.

11.2.3 合理的な群

11.2.1 項で述べた管理限界の設定の 4 つの条件のうち「2) 単に示すだけでなく, 突き止められる原因の発見を容易にするものであること」を実現するために, Shewhart は時間的なブロックである "群" を形成し, その群内変動の大きさをもとに管理限界を求める画期的な方法を考案した.

11.2.2 項で述べた統計的管理状態は "突き止められる原因がすべて取り除かれ, 偶然原因によるばらつき (偶然変動) のみになって状態" という説明もできる. 時間的なブロック (群) 内において工程の要因ができるだけ均一であるならば, 群内変動は, 統計的管理状態を実現したときの工程変動を見積もっていることにもなる. このように, 工程の要因をできるだけ均一にするための時間的ブロックを "合理的な群" という.

JIS Z 8101-2 統計—用語と記号—第 2 部：統計的品質管理用語 (ISO 3534-2 Statistics —Vocabulary and symbols—Part 2: Statistical quality control terms) では, 合理的な群を「ブロック内の変動は, 偶然原因のみによるものであり, ブロック間の変動に, 検出可能であり, かつ重要な突き止められる原因によるものが想定できる工程のブロック. ここで, ブロックとは, その内部では比較的均一な条件になるように工程を時間的に分割したものである」と定義している.

群をどのように設定するかは, 何を偶然と考えるかによる. しかしながら, 実用上, 群の設定は生産形態や保証単位などに依存せざるをえないことから, 必ずしも群内変動と偶然変動が一致するとは限らない.

11.2.4 異常判定ルール

11.2.2 項で述べたように, 統計的管理状態とは "2) 統計的管理状態のモデルとしての袋の中の球の抽出" の状態である. いわゆるデータの時系列の "ランダムネス" が達成された状態である. ランダムネスでない状態が実現したとき "突き止められる原因" が存在すると判断する. したがって, Shewhart が主張する管理図の見方はチップ実験が実現する点の並びとの比較である.

11. シューハート管理図の理念とその実践

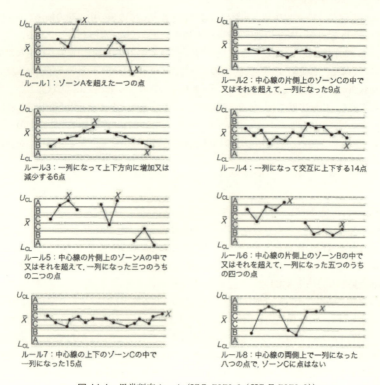

図 11.1 異常判定ルール (ISO 7870-2 (JIS Z 7870-2))

3シグマ法の管理限界線を越えたならば突き止められる原因が存在する,という判定を異常判定ルール (**3シグマルール**とよばれる) の一つとし,ランダムネスからの乖離を判定するためのルールを加え,8つのルールにまとめたものが ISO 7870-2 Control charts Part 2: Shewhart control charts (JIS Z 9020-2 管理図 第2部:シューハート管理図) の付録に掲載されている (図 11.1). このルールのルーツは, Western Electric(1956) のハンドブックである[6]。

以上が,シューハート管理図の理念とそれを具現化するための方法である.当然のことながら,シューハート管理図が普及した時代と近年では製造工程を取り巻く環境は様変わ

---

[6] Shewhart(1931, 1939) に3シグマルール以外のルールが明示されているわけではない.連のルール (Weiler(1953)) や**警戒限界線**によるルール (Page(1955)) は Shewhart 以降の提案である. ISO 7870-2 の前身である ISO 8258 Shewhart control charts の制定過程において,日本は異常判定ルールを ISO に規定することに反対し,付録に移すことを主張し続けた.管理図の異常判定ルールは工程固有の変動に依存して決めるべきものであり, ISO に規定することによってルールが一人歩きすることをおそれたからである.投票結果,反対は日本だけであり, ISO 8258 には規格本体に8つのルールが制定された経緯がある. ISO 7870-2 では,8つの異常判定ルールは付録に移行された.しかし,規格本体には別の異常判定ルール,例えば,連7のルールとしてが記載されており,玉虫色の決着といわざるをえない.

11.3 [事例 11–1, 11–2] 管理図活用上の留意点　　　　　　　193

りし，また，製造技術，計測技術のめざましい発展があった．以降，本章では Shewhart
の理念の不易流行を，事例を通じて解説する．

11.3　[事例 11–1, 11–2] 管理図活用上の留意点

11.3.1　管理図の見方

　これまで述べてきた管理図の基本的思想である "帰納的アプローチによるプロセスの
管理" を管理図の見方にどのように反映させるべきであろうか? 管理図の見方は 3.5 節
の仮説検定における有意水準の考え方とも関連する．

　11.2.2 項において，統計的管理状態とは，突き止められる原因が逐次に取り除かれて，
偶然原因による変動のみになった状態 (袋の中の球の抽出の状態) であることを，そし
て，突き止められる原因を逐次に取り除く過程では，帰納的なアプローチをとることを
理解した．

　製造工程のライフサイクル (図 2.22) において，管理図が活用されるのは初期流動期
と本流動期である．ここで，初期流動期を考えてみよう．この段階では工程改善による
工程能力の向上が課題となる．したがって，管理図の見方は，少しでもいつもと違う打
点の並びに気づいたならば，その原因を調べる態度が必要である．このとき，第一種の
過誤を定め厳密な仮説検定を行うべきではない．例えば，ISO 7870-2 (JIS Z 9020-2)
の諸ルール (図 11.1) を参考に，いつもとは違う打点の並びへの気づきが工程改善のき
っかけとなる．第 3 章の観察データの解析で述べた "犯人捜しの探偵" のスタンスで管
理図の打点をみる．いつもと違うと判断したならば，いつもと何が違うのかに対する仮
説を生成する．このとき，図 11.1 の複数のルールを適用すれば，当然第一種の過誤は大
きくなる．それでもかまわない．この段階がフェーズ I である．

　このような解析によって，突き止められる原因が除去され工程能力が向上し，本流動
期に移ることが意思決定されたとしよう．それでも存在するばらつきを偶然変動とし，
工程が統計的管理状態になったと判断する．統計的管理状態であれば，工程に母集団を
想定した仮説検定が適用できる場になったとみなすことができる．ここからがフェーズ
II である．具体的には，そのときのばらつきでフェーズ II の管理限界線を構成する．

　本流動期に移ったならば，工程能力の維持管理が重要となる．この段階での管理図は
第一種の過誤を定めた仮説検定の役割をもつことになる．すなわち，$\bar{X}$ 管理図であるな
らば，3 シグマ法は有意水準 0.0027 の仮説検定とみなすことができる．有意水準を小さ
く設定する理由は管理外れという "事の重大" をいわんとするためである (宮川 (2000))．
複数のルールを併用することは第一種の過誤をいたずらに大きくする[7]．

　3 シグマルールによって異常が検出されたならば，管理図の打点をさかのぼることに
よって異常の原因究明のための気づきを求める．このとき，再び管理図の打点を探偵の

---

　7) 宮川 (2000) は 3 シグマルールだけでよいと述べている．

立場で原因の探索行為に移る (仁科 (2009))[8]．

11.3.2 [事例 11–1] 工程固有の偶然変動

11.2.3 項において述べた "合理的な群" は，フェーズ I において統計的管理状態に到達したことを想定したばらつきを把握する方法として提案された．Shewhart の提案は合理的な群を構成し，群内変動を偶然変動とみなすものであった．

葛谷 (2000) は，本流動中の重要特性の管理図 63 枚を調査し，すべての工程の工程能力が 1.33 以上であるが，X 管理図あるいは $\bar{X}$ 管理図に管理限界外の点が多発する管理図が約半数あったことを示している．この現象が管理図無用論の原因の一つになっているとも述べている．その一例が図 11.2 の $\bar{X} - R$ 管理図である．図の対象工程は熱処理工程である．群はバッチである．すなわち，群内変動はバッチ内変動である．上記のように，$\bar{X}$ 管理図に管理限界外の点が多発している．

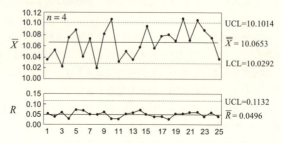

図 11.2　バッチ内変動 (群内変動) を偶然変動とした $\bar{X} - R$ 管理図 (Nishina et al.(2005))

この現象は次のように説明できる．$\bar{X}$ 管理図の変動の原因を調査したところ，**群間変動の主原因は投入される材料の成分のロット間変動 (熱処理工程ではバッチに対応)** であることがわかった．材料の成分のロット間変動に比べて，熱処理バッチ内 (群内) 変動が小さくなっている状況では図 11.2 のような現象が起こる．しかし，熱処理のバッチ間変動にくせはなく，材料成分のばらつきも JIS の規格範囲内であった．また，熱処理工程の工程能力も十分であった．当該工程にとって材料の成分の変動は管理対象外である．自工程 (熱処理工程) の工程能力は十分であるので，群間変動の一部である材料の成分の変動に起因する変動を偶然変動とみなすことにした．すなわち，材料のロット間変動を偶然変動に加えた $\bar{X}$ 管理図に変更した．その管理図を図 11.3 に示す．

図 11.3 の $\bar{X} - R$ 管理図は統計的管理状態を示している．葛谷は対応策として "維持したいいつもの状態" に偶然変動とみなすことができる群間変動を含めることを提案した[9]．この提案は，群に品質保証上の意味と生産形態上の意味をもたせたままで，その

---

[8] "管理図は仮説検定か?" という命題に対して Woodall(2000) は同様な見解を述べている．
[9] この事例は Nishina, Kuzuya and Ishii(2000) と仁科 (2009) に紹介され，また，ISO 7870-2 (JIS Z 9020-2) の 13 章 "シューハート管理図の諸注意" に掲載されている．

11.3 [事例 11-1, 11-2] 管理図活用上の留意点

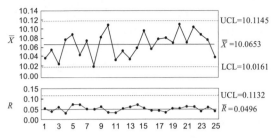

図 11.3 材料のロット間変動を偶然変動に加えた $\bar{X} - R$ 管理図 (Nishina *et al.*(2005))

群内変動を R 管理図で管理し，初期流動時につくり込んだ工程能力の大きさまで群間変動を許容した変動を偶然変動とし，それをもとに $\bar{X}$ 管理図の管理限界を設定するものである．すなわち，$\bar{X}$ 管理図の中心線と管理限界線は

$$\text{UCL} = \bar{\bar{X}} + 3\sqrt{\frac{\sum_{t=1}^{k}(\bar{X}_t - \bar{\bar{X}})^2}{k-1}}, \quad \text{LCL} = \bar{\bar{X}} - 3\sqrt{\frac{\sum_{t=1}^{k}(\bar{X}_t - \bar{\bar{X}})^2}{k-1}}$$

となる．葛谷の提案は，偶然変動を群内変動に求めたシューハートの方法とは異なるが，帰納的なアプローチによって管理限界を求めている点でシューハートの理念をベースとしている．「3 シグマルールだと管理限界の幅が狭すぎるので，4 シグマ (あるいは 5 シグマ) の管理限界線が妥当なケースが結構ある」という声を聞く．これは葛谷が指摘した "群内変動が必ずしも偶然変動ではない" ということに起因していると考えると説明がつくのではないか．

また，イギリスでの調査結果をもとに Caulcutt(1995) が葛谷 (2000) と同じ報告をし，群間変動を偶然変動に含める同じ提案をしている．Caulcutt はこの場合の群間変動を中期間変動とよんでいる．Bissell(1992) は Caulcutt との private communication のなかで $\bar{X} - R$ 管理図に加えて $\bar{X}$ の移動範囲管理図を描き，それによって中期間変動のランダム性を調べることを奨めている．

11.3.3 [事例 11-2] 計数値管理図における偶然変動

Kawamura *et al.*(2008) は，半導体拡散工程におけるパーティクル (微小な塵埃) による工程管理に使われている c 管理図において同様な管理外れが頻発する問題を取り上げ，その対応策を示している．

半導体拡散工程ではパーティクルは大敵である．多くの工程で定期点検や清掃がパーティクルを防ぐために行われる．しかし，パーティクルを完全になくすことは難しい．"いつもの状態" であっても，ある程度は付着することもある．したがって，パーティクルの付着状況の "いつもの状態" を把握しておき，"いつもの状態" を超えてパーティク

ルが付着したならば，設備が異常であると判断する．すなわち，パーティクル数を管理特性として，設備の状態を管理することになる．

半導体拡散工程のある工程において，ウェハ表面に付着するパーティクル数を管理特性とした c 管理図を図 11.4 に示す．c 管理図はポアソン分布

$$f(x) = \frac{e^{-\lambda}\lambda^x}{x!}$$

を仮定して管理限界線を算出する．ポアソン分布は母平均と母分散がともに λ である．λ の推定値として

$$\bar{c} = \frac{\sum_{t=1}^{k} c_t}{k} \quad (ただし，c_t は第 t 群の不適合数 (パーティクル数) を示す．)$$

を用い，3 シグマ法によって c 管理図の中心線 (CL) と管理限界線 (UCL, LCL) は

$$\mathrm{CL} = \bar{c}, \quad \mathrm{UCL} = \bar{c} + 3\sqrt{\bar{c}}, \quad \mathrm{LCL} = \bar{c} - 3\sqrt{\bar{c}}$$

となる．ただし，LCL が負のときは考えない．

図 11.2 と同様に，図 11.4 の c 管理図は管理限界線を越える点が多発している．しかし，エンジニアの経験から，この程度の付着数は設備の異常によるものではないと考えられた．エンジニアから，管理限界線は現状より大きな値に設定するほうがよいとの提案があった．

図 11.4 の c 管理図の管理限界線は，パーティクルの付着率はウェハ表面上では均一であるという仮定の下で，パーティクル数がポアソン分布に従うことから算出される．しかし，ウェハ表面上のパーティクル数にポアソン分布の仮定は妥当ではなく，負の二項分布が妥当であるという報告が Stapper(1986) や Kawamura *et al.*(2008) によってなされている．ウェハ表面でのパーティクルの付着率 λ は均一ではなく，ウェハの位置ごとにクラスターを形成する傾向にある．各クラスター内での付着率は均一であるが，クラスター間での付着率 λ が**ガンマ分布**

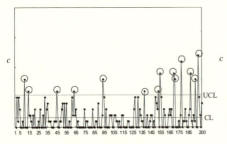

図 11.4 半導体拡散工程におけるパーティクル数の c 管理図 (Kawamura *et al.*(2008))

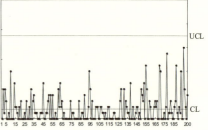

図 11.5 負の二項分布を仮定した c 管理図 (図 11.4 と同データ)

11.3 [事例 11–1, 11–2] 管理図活用上の留意点

$$f(\lambda) = \frac{b^a \lambda^{a-1} e^{-b\lambda}}{\Gamma(a)} \quad (\lambda \geq 0), \quad \text{ここで}, \ a > 0, \ \Gamma(a) = \int_0^\infty x^{a-1} e^{-x} \, dx$$

に従うとするモデルである．このとき，パーティクル数は**負の二項分布**

$$f(x) = \frac{\Gamma(a+x)}{x! \, \Gamma(a)} p^a (1-p)^x \quad (x = 0, 1, \cdots), \quad \text{ここで}, \ p = \frac{b}{1+b} \tag{3.12}$$

に従う．負の二項分布の仮定の下では，偶然変動に付着率の変動を加えることになる．負の二項分布を仮定した c 管理図を図 11.5 に示す．

不適合品管理図 (np 管理図，p 管理図) の場合，二項分布を仮定したうえで設計する．しかし，藤野 (1987) は，上記の c 管理図の場合と同様に，二項分布のパラメータ π (不適合品管理図の場合は工程不適合品率) の変動も偶然変動に含める[10] 管理図を提案した．

計数値管理図における偶然変動の考え方として，従来は不適合品率あるいは不適合率 (本事例ではパーティクルの付着率) が均一であることを前提としていた．しかし，この前提では偶然変動としてサンプリング誤差しか考慮しないことになる．事例 11–2 に示したように，実工程では均一性の前提が妥当ではない場合もある．このとき，従来の計数値管理図での対応では，"いつもの状態"と考えてよいときであっても管理限界線外の点が多発する．サンプリング誤差に加えて，何を偶然誤差とすべきかを日常データと製造技術の両面から判断すべきである．

演 習 問 題

本章では，シューハートの理念は「帰納的アプローチによるプロセスの管理」であることを述べた．この理念のもとに，フェーズ I とフェーズ II における管理図の見方に違いや偶然変動のとらえ方について，2 つの事例を通じて，その実践的な対応を述べた．

11.1 管理図に対する Shewhart の基本的な理念について述べよ．その理念を具現化した管理図の設計方法や管理図の見方について述べよ．

11.2 シューハート管理図の異常の判定方法と仮説検定との関係を述べよ．

11.3 Shewhart が提案した "群" と Fisher が提案した "ブロック" の共通点について述べよ．

11.4 3 シグマルールの是非について議論せよ．

11.5 工程の偶然変動とは何かを議論せよ．

11.6 伝統的な c 管理図の管理限界線の問題点とその問題が発生する理由を述べよ．

11.7 確率限界法の是非について議論せよ．

11.8 群間変動に偶然変動が含まれる例を考えよ．

参 考 文 献

・仁科健 (2011)：シューハート管理図，品質，Vol.41, No.4, 44–49.

・Shewhart, W.A. (1931)：*Economic Control of Quality of Manufactured Product*, D. VAN Nostrand company, Inc. (和訳) 白崎文雄 (1951)：工業製品の経済的品質管理，日本

---

10) ベータ二項分布を仮定することになる．

規格協会.

- Shewhart, W.A. (1939) : *Statistical method from the viewpoint of Quality Control*, The Graduate School, The Department of Agriculture, Washington. (和訳) 坂元平八監訳 (1960) : 品質管理の基礎概念―品質管理の観点からみた統計的方法―, 岩波書店.
- 北川敏男 (1948) : 統計学の認識, 白揚社.
- 西堀榮三郎 (1981) : 品質管理心得帖, 日本規格協会.
- 日本科学技術連盟 (1997) : 創立五十年史, 日本科学技術連盟.
- Murdoch, J. and Barnes, J.A. (1998) : *Statistical Tables*, Fourth Edition, Macmillan Press LTD.
- Bissel, A.F. (1992) : Private communication.
- Duncan, A.D. (1956) : The Economic Design of Charts used to Maintain Current Control of a Process, *Journal of the American Statistical Association*, Vol.51, 228–242.
- 久米均 (1976) : 管理状態の巻 (II), 品質管理, Vol.27, No.12, 46–47.
- ISO 3534-2 Statistics―Vocabulary and symbols―Part 2: *Statistical quality control terms* (JIS Z 8101-2 統計―用語と記号―第 2 部 : 統計的品質管理用語).
- ISO 7870-2 Control charts Part 2 *Shewhart control charts.* (JIS Z 9020-2 管理図 第 2 部 : シューハート管理図).
- Western Electric (1956) : *Statistical Quality Control Handbook American Telephone and Telegraph Company*, Chicago, IL.
- Weiler, H. (1953) : The Use of Runs to Control the Mean in Quality Control, *Journal of American Statistical Association*, Vol.48, 816–825.
- Page, E.S. (1955) : Control Charts With Warning Lines, *Biometrika*, Vol.42, 243–257.
- 宮川雅巳 (2000) : 品質を獲得する技術, 日科技連.
- 仁科健 (2009) : 統計的工程管理, 朝倉書店.
- Woodall, W.H. (2000) : Controversies and Contradictions in Statistical Process Control, *Journal of Quality Technology*, Vol.32, No.4, 341–350.
- 葛谷和義 (2000) : 蘇る管理図！新 JIS への適合, 日本品質管理学会第 65 回研究発表会要旨集, 72–75.
- Nishina, K., Kuzuya, K. and Ishii, N. (2005) : Reconsideration of control charts in Japan, *Frontiers in Statistical Quality Control*, Vol.8, 136–150.
- Caulcutt, R. (1995) : The Rights and Wrongs of Control Charts, *Applied Statistics*, Vol.44, No.3, 279–288.
- Bissel, A.F. (1995) : Private communication.
- Stapper, C.H. (1986) : On yield, fault distribution, and clustering of particles, Vol.30. *IBM J. Res. & Development*, 326–338.
- Kawamura, H., Nishina, K. and Higashide, M. (2008) : Control Charts for Particles in the Semiconductor Manufacturing Process, *Economic Quality Control*, Vol.23, No.1, 95–107.
- 藤野和建 (1987) : 不良個数が多いときのための管理図, 品質, Vol.17, No.4, 9–14.

12 章

因果関係のモニタリング

はじめに

第 3 章と第 4 章で観察データと計画データについて述べた．データの獲得における両者の大きな違いは "ありのまま" か "介入" かである．従来のモニタリングは典型的な観察データであり受動的である．本章の事例では，これを計画データに近い "介入データ" のモニタリング，すなわち能動的なモニタリングに変えることを提案する．

事例 12–1 はフィードバック制御の操作変数を介入とした事例である．操作変数を "介入" としたならば，結果特性の挙動はまさに "介入" の結果である．そこに生じた因果関係をモニタリングすることを提案した．事例 12–2 は部品の劣化を介入に見立てた事例である．Takahashi *et al.*(2013) は部品の劣化を広義の "介入" ととらえ，上記と同様に半導体ウェハ製造工程を事例として，部品の劣化と結果系特性の因果をモニタリングすることを提案した．

2 つの事例を通じて，因果関係をモニタリングすることの有用性について議論したい．

12.1 問題の背景とその対応策

12.1.1 受動的なモニタリングの問題点

計測技術，制御技術やその周辺技術の発展にともない，製造工程を取り巻くデータ獲得の環境は大きく変化し，それらの発展は結果系のばらつきの減少に大きく貢献している．半導体ウェハ製造工程はその代表的な工程の一つである．統計的工程管理においても，第 11 章で述べた管理図がもつ時代を超えたシューハートの理念である "帰納的アプローチによるプロセスの管理" を大切にしつつ，一方では，このような製造工程を取り巻く技術の発展に対応した進化が要求される．

半導体ウェハ製造工程では，外部要因や原材料の影響を受けやすく，また，変動要因が非常に多いことから，チューニング (主にフィードバック制御) が多用される．このような工程でのモニタリングを考えたとき，従来の管理図管理における "結果系のデータ" の挙動を (観察によって) モニタリングする受動的な方法では対応しきれない．結果系のデータはチューニングによってばらつきが制御されていて，プロセスの鏡とはなりにく

い状況にあると考えられるからである.

データを獲得する方法には観察と実験があること,観察から得たデータを観察データ,実験から得たデータを計画データということを 2.3 節で述べた.観察データと計画データの大きな違いは介入の有無である.介入があれば,そこには介入による因果が生じる.生じた因果関係は工程のしくみに関連する.したがって,介入による因果をモニタリングすることは工程の状態をモニタリングすることに相当する.

これまでの管理図におけるモニタリングは典型的な観察データであり,かつ,結果系データのモニタリングである.これは受動的なモニタリングである.介入によって生まれる因果をモニタリングすることによって能動的なモニタリングが可能となる.本章で紹介する事例は,能動的なモニタリングによる工程のモニタリングを実施したものである.能動的なモニタリングの考え方,管理特性や関連する統計手法について述べる.

12.1.2 能動的なモニタリング

能動的なモニタリングの要素は "介入" と介入によって発生する "因果" である.もちろん日常の操業のなかで,実験による介入を実施することはできない.しかし,ある種の介入を行い,その結果をチェックする管理行為が行われている.例えば,変化点管理である.変化点管理は工程の要因のなかで[1] "条件を変えたもの" あるいは "条件が変わったもの" があったとき,その初物のチェックを行うという管理行為である. "条件を変える" 行為は介入であり,また, "条件が変わる" ことも広義の介入と考えると,日常の操業でも介入行為は行われている.能動的なモニタリングはこのような介入が定期的に実施されているのであれば,その介入とその介入結果の因果をモニタリングしようというものである.

その一つが事例 12–1 のフィードバック制御である.事例の対象工程は減圧 CVD (Chemical Vapor Deposition) 工程である.減圧 CVD 工程における重要な特性は膜厚である.フィードバック制御の操作変数は成膜時間であり,すなわち,成膜時間を変えることが介入に相当する.さらに,成膜時間は加工エネルギーである.成膜時間が入力 (原因),膜厚が出力 (結果) の因果関係のモニタリングは,成膜生成のプロセスの状態のモニタリングに相当する.

もう一方は事例 12–2 の部品の劣化である.部品の劣化はフィードバック制御の操作変数のように "条件を変える" のではなく "条件が変わる" という広義の介入の例である.対象工程はドライエッチング工程である.ドライエッチングは,材料とガスの反応を利用して材料薄膜に形状加工を施す作業である.エッチング工程では複数の膜を取り除くためには,膜ごとに段階をふんでエッチングを行う必要がある.それらの役割に加え,不要になったレジストをプラズマなどでアッシング (灰化) する作業など,さまざまな役割をもつ複数のステップに分けて加工を行っている.部品の劣化が各ステップの出

---

1) どの要因を変えたとき (あるいは,変わったとき) を変化点とするかは,まえもって標準化されている.

力特性であるプラズマ発光度に影響を与える．したがって，部品の劣化を介入としてとらえ，複数のステップのプラズマ発光度を結果とする因果関係のモニタリングを取り上げる．ただし，部品の摩耗度のデータをとることができない．そこで，直近のメンテナンスからの稼働時間を部品の摩耗度の代用特性とする．

多品種混合生産ラインでは品質特性そのものを管理特性とすることは得策ではない．品種ごとに管理特性のデータ分布の特性が異なるからである．中心化や規準化などの数値変換によって対応するにしても限界がある．品種をまたいだモニタリングが可能な管理特性の選定が要求される．事例 12-2 はその問題に対する一つの答えである．設備パラメータ間と品質特性 (あるいは，その代用特性) との因果関係をモニタリングする考え方である．

12.2 [事例 12-1] フィードバック制御をもつ工程における管理図管理

12.2.1 対象工程 (減圧 CVD 工程) の概要

減圧 CVD 工程 (以下，CVD 工程) は，炉芯管内にガスを流すことによりウェハ表面で化学反応を起こし，多結晶シリコン膜を成長させる工程である．ヒーターによって炉心管内の温度調整をしており，温度調整は供給されたガスとの化学反応を促進する役割を担っている．本工程の操作変数は成膜時間である．ここでの成膜時間とは一定の流量のガスを流し続ける時間のことである．

CVD 工程では，最大 4 ロット (ウェハ 25 枚／1 ロット) をバッチ処理する．図 12.1 に CVD 工程の概要図を示す．

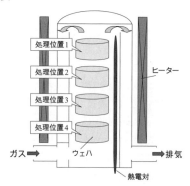

図 12.1　CVD 工程の概要図 (川村他 (2008))

12.2.2 フィードバック制御によるばらつき低減

フィードバック制御については 2.3.2 項でばらつきを抑える対策 A の補正として説明した．ここでは，上記 CVD 工程を例に，フィードバック制御による具体的なばらつき低減を示す．

CVD 工程の重要な特性は膜厚である．不可避な副生成物が炉心管に付着し，炉内温度をバッチ間，およびバッチ内で一定に保つことが難しいことから，膜厚のバッチ間変動とバッチ内変動が生じる．バッチ間変動は処理バッチに対して膜厚が徐々に減少する変動である．図 12.2 に工程調節を行っていない CVD 工程におけるバッチ間変動を示

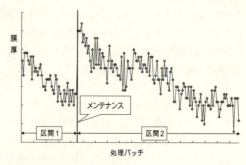

図 12.2 （工程調節を行っていない場合の）CVD 工程のバッチ間変動 (Kawamura et al.(2008))

す．図の横軸はバッチ，縦軸は膜厚の平均値である．ここで，膜厚の平均値とは，バッチ内の各処理位置に挿入されたリファレンスウェハの決められた複数ポジションの膜厚の平均値である．

　副生成物が炉内の下部に多く付着することから，炉内の下部に位置するロットほど膜厚の減少傾向が著しい．したがって，バッチ内変動は処理バッチに対して下部ロットの膜厚ほど減少が著しいという特有のパターンをもつ．

　バッチ間における膜厚の減少によるばらつきを抑えるためにフィードバック制御による工程調節が行われる．時点 t の膜厚の平均値 y_t を $t-1$ 時点までの膜厚の平均値により予測し，成膜時間 w_t を操作変数とした工程調節を行う．ここで，時点 t の膜厚の平均値 y_t とは，複数のリファレンスウェハの膜厚平均値を，さらに平均した値である．フィードバック制御はバッチ間変動に対する対策であり，バッチ内変動への対策ではない．したがって，バッチ内変動を平均した値をフィードバック制御に用いる．以後，時点 t の膜厚の平均値 y_t を単に特性値とよぶことにする．

　一方，バッチ内変動の対策はメンテナンスである．CVD 工程ではメンテナンス行為として，副生成物の付着量から判断したインターバルで炉心管の交換が行われている．メンテナンスによって，大量に付着した炉内下部および炉内全体に付着した副生成物は排除され，膜厚の低下は解消される．工程調整はバッチ間変動を抑制し，メンテナンスはバッチ内変動を変動の小さいもとの状態に戻す役割をもつ（東出他 (2009)）.

　操作変数 w_t と特性値 y_t との関係式は 1 次式で表現できる関係であることが多い．ここでは効果の遅れは考えない．工程調整メカニズムの安定性から，効果に遅れがある要因を操作変数とすることはできるだけ避けたほうがよい．

　操作変数による調節の基本となる関係式は

$$y = a + bw \tag{12.1}$$

である．半導体製造工程では (12.1) 式を関係式とする場合がほとんどである．(12.1) 式から，操作変数 w による補正式として

12.2 [事例 12–1] フィードバック制御をもつ工程における管理図管理

$$w_t = \frac{1}{b} \times (y_0 - y_{t-1}) \times \beta + w_{t-1} \quad (12.2)$$

を用いる．ここで，y_0 はウェハ膜厚の目標値，調節ゲイン β は $0 < \beta < 1$ である．調節ゲインは調節によるハンティング現象を防ぐための係数である．(12.2) 式による調節は積分制御を意味する．

Kawamura *et al.*(2008) は，図 12.2 のデータに対して EWMA (Exponential Weighted Moving Average) による方法で調節ゲイン β を求めた．EWMA モデルでは (12.3) 式によって y_t を予測する．パラメータ λ は，過去のデータから非線形最小二乗法によって推定する (Montgomery(2001))．λ が補正式 (12.2) 式の調節ゲイン β となる (例えば，仁科 (2009) 参照)．

$$\hat{y}_{t+1} = \lambda y_{t-1} + (1-\lambda)\hat{y}_{t-1} \quad (t = 1, 2, \cdots) \quad (12.3)$$

図 12.2 の区間 1 のデータを用いて λ を求めたならば $\lambda = 0.333$ となった．図 12.2 に示した区間 2 の実データに対して，(12.2) 式によるフィードバック制御の効果をシミュレートした結果を図 12.3 に示す．目標値からの平均二乗誤差がもとデータの約 1/4 になった (Kawamura *et al.*(2008))．このように，ばらつき減らしに対するフィードバック制御の貢献は大きい．しかし，フィードバック制御の効果をもつ結果系の特性を受動的にモニタリングしていても，工程を管理していることにならない．

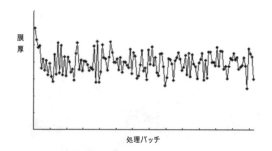

図 12.3 図 12.2 の区間 2 に対するフィードバック制御による変動のシミュレーション結果 (Kawamura *et al.*(2008))

12.2.3 能動的なモニタリングによる管理図管理

前述したように，フィードバック制御における操作変数である成膜時間を変えることは一種の介入であり，出力である膜厚は介入の成果である．したがって，入力と出力の因果関係，すなわち，(12.1) 式が維持されているかどうかをモニタリングできれば，対象工程の状態のモニタリングに相当する．いつもの状態 (関係) である (12.1) 式ではないということは，図 12.4 に示すように (12.1) 式の傾きが変化する状態 (傾き b が b' に変わる状態) を意味する．この状態は操作変数 w と交互作用をもつ外乱，あるいは，工

程内パラメータがいつもの状態ではなくなっていることを意味する.

具体的には傾き b,すなわち,膜厚／成膜時間 (デポレート：deposition rate) を管理特性としてモニタリングする (Kawamura et al.(2012)).図 12.5 にデポレートの時系列データを示す.図中のラインはメンテナンスで区切った期間を示す.

デポレートの時系列データは自己相関をもつ.そこで,期間 a をフェーズ I としてデポレートの時系列モデルを構築する.時系列モデルとして EWMA モデル (12.3) 式を仮定する.EWMA モデルは次の時点での予測精度が良い比較的ロバストな時系列モデルだからである (Montgomery and Mastrangelo(1991)).推定した EWMA モデルを (12.4) 式に示す.

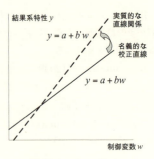

図 12.4 フィードバック制御における校正直線の変動

$$\hat{y}_{t+1} = 0.519 y_t + (1-0.519)\hat{y}_{t-1} \quad (\text{ただし } y_0 = 0) \tag{12.4}$$

(12.4) 式から,フェーズ II を想定し,残差

$$z_t = y_t - \hat{y}_t$$

を管理特性として残差管理図により管理図管理を行う.図 12.5 の期間 d のデータをフェーズ II のデータとした残差管理図を図 12.6 に示す.

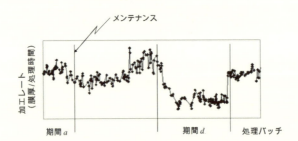

図 12.5 デポレートの時系列データ (Kawamura et al.(2012))

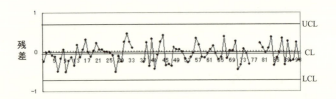

図 12.6 EWMA モデルの残差管理図 (Kawamura et al.(2012))

12.3 [事例 12–2] 系統変動をもつ工程の管理図管理　　　　　　　　205

12.2.4　残差管理図

図 12.5 のデポレートのデータは自己相関をもつ時系列データである．自己相関を
もつデータに対する管理図の設計の一つに Model-Based アプローチがある (例えば，
Montgomery(2001))．この方法は，フェーズ I で適切な時系列モデルによって自己相
関構造をモデル化しておき，モデルによる予測値と観測値との差である残差を統計量と
するものである．時系列モデルの仮定が適切であれば，残差は自己相関をもたないデー
タ (白色ノイズ) となるので，フェーズ I で通常の管理図を設計できる．本事例では，デ
ポレートの時系列データに EWMA モデルを仮定し，モデル構築 ((12.4) 式) をしたう
えで，残差管理図での管理図管理を実施している．Montgomery(2001) は EWMA モ
デルが次の時点の予測精度が良いことを利用して，t 時点で $t + 1$ 時点での管理限界値
を逐次に決めていく管理図を考案している．事例 12–1 では EWMA モデルからの残差
をモニタリングする方法を採用している．

12.3　[事例 12–2] 系統変動をもつ工程の管理図管理

12.3.1　対象工程 (ドライエッチング工程) の概要とデータ

12.1.2 項で述べたように，ドライエッチングは，材料とガスの反応を利用して材料薄
膜に形状加工を施す作業である．最終特性はウェハ面内で数カ所測られているエッチン
グ寸法である．エッチング工程では複数の膜を取り除くためには，膜ごとに段階を踏ん
で複数のステップに分けてエッチングを行う．各ステップにおける装置自体の出力特性
であるプラズマ発光度が中間特性に位置づけられる．最終特性であるエッチング寸法よ
り，装置の出力であるプラズマ発光度のほうが日常のデータとしてサンプリングコスト
がかからない．本事例では，エッチング工程における複数のステップのうち，最終特性
のエッチング寸法と相関が高い 8 つのステップ (STEP3, 6, 8, 10, 13, 14, 17, 18) を
選択した．また，前述したように，部品の劣化を介入としてとらえ，8 つのステップに
おけるプラズマ発光度を結果とする因果関係のモニタリングする (図 12.7)．しかし，部
品の劣化度をモニタリングすることはできない．そこで，直近のメンテナンスからの装
置の稼働時間を部品の摩耗度の代用特性とする．装置の稼働時間は部品へのストレスの
代用と考えると，

　　　ストレス (メンテナンスからの稼働時間) →部品の劣化→プラズマ発光強度
　　　→エッチング寸法

の因果関係であり，モニタリング自体は，稼働時間→プラズマ発光強度の因果関係とす
る．ここで，最終特性であるエッチング寸法はコストの関係から測定頻度が低いのでリ
アルタイムのモニタリングには含めない．

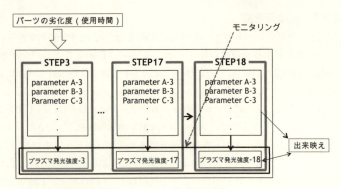

図 12.7　ドライエッチング工程の概略

12.3.2　活用する管理図 ($T^2 - Q$ 管理図)

事例 12-2 のデータは 8 変量データである．これを稼働時間との因果をモニタリングするためには多変量管理図であり，かつ，稼働時間との因果をとらえた統計量が要求される．これに応える管理図が Jackson et al.(1979) で提案された $T^2 - Q$ 管理図である．$T^2 - Q$ 管理図はマハラノビス距離 D^2 による多変量管理図を T^2 と Q の 2 つの距離に分解したものである．

p 次元データのマハラノビス距離 D^2 は，3.3 節で解説した主成分スコア ((3.2) 式参照) によって次のように分解される (事例では $p = 8$).

$$D^2 = \frac{z_1^2}{\lambda_1} + \frac{z_2^2}{\lambda_2} + \frac{z_3^2}{\lambda_3} + \cdots + \frac{z_p^2}{\lambda_p}$$

ここで，λ_k は k 番目に大きい固有値であり，z_k は第 k 主成分スコアである．T^2 統計量は

$$T^2 = \frac{z_1^2}{\lambda_1} + \cdots + \frac{z_m^2}{\lambda_m} \quad (m < p) \tag{12.5}$$

であり，Q 統計量は

$$Q = z_{m+1}^2 + \cdots + z_p^2$$

である．注意すべきは，T^2 統計量はマハラノビス距離 (主成分スコアの規準化の 2 乗) の一部であるが，Q 統計量はマハラノビス距離ではなく，ユークリッド距離である点である．

T^2 統計量と Q 統計量の分解によって，それぞれに役割をもたせる．T^2 は稼働時間にともなう系統変動 (すなわち因果関係) のモニタリングを，Q 統計量には系統変動以外の変動のモニタリングの役割である．Jackson et al.(1979) は Q 統計量を残差とよんでいる．上記の Q 統計量の役割はまさに残差である．

3.4.2 項で述べたコンビニエンスストアの売上高の回帰分析において，店舗 No.4 が回帰残差で外れ値を示したことを思い出してもらいたい．店舗 No.4 は最も小さい固有値

12.3 [事例 12–2] 系統変動をもつ工程の管理図管理 207

に対応する固有ベクトルで構成される主成分スコアで外れ値となっていた．すなわち，値が小さい固有値に対応する固有ベクトルの方向にはほとんどデータがばらついていない．したがって，その法線方向には因果関係を説明する方向があり，Q 統計量はその因果関係からのずれを検出するための統計量である．

$T^2 - Q$ 管理図の管理限界線は以下のとおりである．ただし，Q 統計量は正規近似のための変換 ((12.6) 式) を行う．変換後は通常の 3 シグマ限界によって管理限界線を求める．

$$\mathrm{UCL}_\alpha = \frac{m(n+1)(n-1)}{n(n-m)} F_\alpha(m, n-m),\ ^{2)}$$

$$\mathrm{CL} = \frac{m(n+1)(n-1)}{n(n-m-2)},$$

$$c = \frac{\theta_1[(Q/\theta_1)^{h_0} - 1 - \{\theta_2 h_0(h_0 - 1)/\theta_1^2\}]}{\sqrt{2\theta_2 h_0^2}}, \tag{12.6}$$

$$\text{ただし，} \quad \theta_i = \sum_{r=m+1}^{p} \lambda_r^i \ \ (i = 1, 2, 3), \quad h_0 = 1 - \frac{2\theta_1\theta_3}{3\theta_2^2}$$

12.3.3 系統変動を利用した管理図管理

$T^2 - Q$ 管理図の実用上の問題は，どこで T^2 統計量と Q 統計量を分解するかである．すなわち，(12.5) 式の m の決定である．本事例では T^2 統計量が部品劣化の代用特性である稼働時間とプラズマ発光強度との因果をモニタリングし，Q 統計量がその因果からの乖離をモニタリングする役割分担がある．したがって，稼働時間を変数に加え主成分分析を行い，その因子負荷量から m を決定した．

フェーズ I に相当するデータ (STEP3, 6, 8, 10, 13, 14, 17, 18 のプラズマ発光度と直近のメンテナンスからの稼働時間) に対して主成分分析を行った結果 (因子負荷量) を表 12.1 に示す．稼働時間の因子負荷量に着目すると第 5 主成分以降の因子負荷量の絶対値が極端に小さくなっていることが読み取れる．第 4 主成分までが部品の劣化による工程の変動をとらえていると判断し $m = 4$ とした．

図 12.8 に $T^2 - Q$ 管理図 (ただし，Q 統計量は (12.6) 式のよって c 統計量に変換) を示す．メンテナンス前がフェーズ I で，メンテナンス後がフェーズ II である．管理限界線はフェーズ I のものを延長している．ただし，メンテナンスの効果によるバイアスをまえもって調整しておく．そのためにフェーズ II のデータを中心化しておく．交換対象となる部品によるメンテナンスの効果はあらかじめ予測できる．

図 12.8 のフェーズ II の最初に T^2 管理図に異常がみられる．これはメンテナンス直後に部品劣化の速度が異常に速かったことによる．Q 管理図が管理状態を示していることから，因果関係が崩れているわけではない．

---

2) 式中の α は確率限界法による有意水準を意味する．$\alpha = 0.00135$ とすれば名義上の 3 シグマルールの有意水準と同等になる．

表 12.1 フェーズ I のデータの主成分分析の結果 (因子負荷量)

因子負荷量		主成分 1	主成分 2	主成分 3	主成分 4	主成分 5	主成分 6	主成分 7	主成分 8	主成分 9
プラズマ発光強度	3	0.194	0.724	−0.396	0.235	−0.182	−0.143	0.335	0.241	−0.040
プラズマ発光強度	6	0.745	−0.086	0.183	−0.371	0.397	−0.172	−0.013	0.277	−0.047
プラズマ発光強度	8	0.377	0.778	−0.017	−0.227	0.068	−0.288	0.021	−0.312	0.124
プラズマ発光強度	10	0.262	0.698	0.032	0.427	0.352	0.249	−0.272	0.003	−0.031
プラズマ発光強度	13	0.651	0.095	0.432	0.084	−0.512	−0.123	−0.293	0.102	0.011
プラズマ発光強度	14	−0.681	0.523	0.190	−0.286	−0.044	0.227	−0.056	0.240	0.178
プラズマ発光強度	17	0.749	0.093	0.191	−0.193	−0.127	0.517	0.247	−0.105	−0.027
プラズマ発光強度	18	−0.093	−0.132	0.861	0.343	0.143	−0.117	0.272	−0.001	0.080
メンテからの加工時間		**0.615**	**−0.554**	**−0.450**	**0.215**	0.055	0.058	0.000	0.064	0.236
寄　与　率		0.293	0.249	0.155	0.080	0.069	0.061	0.046	0.035	0.013

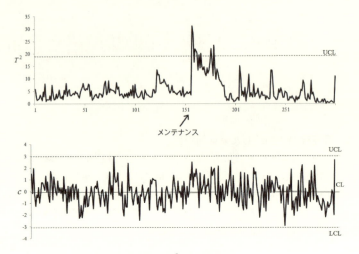

図 12.8　$T^2 - Q$ 管理図

演習問題

フィードバック制御は介入であり，介入結果との因果をモニタリングすることによる加工プロセスの管理図管理が事例 12–1 である．まさに，フィードバック制御はプロセスの管理にとって"渡りに船"である (仁科 (2009))．フィードバック制御が操作変数を"変える"のに対して，部品の劣化は要因系の条件が"変わった"ことを意味する．これも一種の"介入"であり，そこに因果が生じる．これをモニタリングするのが事例 12–2 である．以下の問いを議論することによって管理図管理の不易流行を理解したい．

12.1 どのような介入行為が工程ではなされているかを議論せよ．

12.2 管理図管理において因果をモニタリングする意義について議論せよ．

12.3 従来の結果系データのみのモニタリングが不適切な事例をあげよ．

12.4 T^2 統計量と Q 統計量を分解する方法について議論せよ．

12.5 $T^2 - Q$ 管理図における T^2 統計量と Q 統計量にそれぞれどのような役割をも

12.3 [事例 12–2] 系統変動をもつ工程の管理図管理 209

たせると効果的かを議論せよ.

12.6 「フィードバック制御は管理図によるプロセスの管理にとって"渡りに船"である.」この文章が意味することを考えよ.

12.7 事例 12–1 におけるデポレートのように,モニタリングとして効果的であると考えられる出力／入力の管理特性をあげよ.

12.8 製造工程の時系列データが自己相関をもつ例をあげよ.

参 考 文 献

- Nishina, K., Higashide, M., Kawamura, H. and Ishii, N. (2012) : On the Integration of SPC and APC: APC can be a convenient support for SPC, *Frontiers in Statistical Quality Control*, Vol.10, 109–119.
- 川村大伸,仁科健,東出政信,嶋津康治 (2008) : 半導体ウエーハ処理工程における SPC と APC の融合,品質,Vol.38, No.3, 99–107.
- Takahashi1, T., Sato, T., Nishina, K., Higashide, M. and Matsumura, H. (2013) : Monitoring process by choosing the causality among process parameters as the characteristic: a case study in the semi-conductor manufacturing process, *Proceedings of Asian Network for Quality Congress 2013 BANGKOK*, CD.
- Kawamura, H., Nishina, K. and Higashide, M. (2008) : Discount factors and control characteristics in the semiconductor manufacturing process, *Proceedings of the 6th Asian Network for Quality*, CD.
- Kawamura, H., Nishina, K., Higashide, M. and Suzuki, T. (2012) : Control Characteristics: a case study on semiconductor manufacturing, *Asian Journal on Quality*, Vol.13, No.1, 37–52.
- 東出政信,仁科健,三木周平,川村大伸,葛谷和義 (2009) : 統計的工程管理からみたチューニングとメンテナンス,第 86 回日本品質管理学会研究発表会研究発表要旨集,143–146.
- Montgomery, D.C. and Mastrangelo, C.M. (1991) : Some Statistical Process Control Methods for Autocorrelated Data. *Journal of Quality Technology*, Vol.23, 179–193.
- Montgomery, D.C. (2001) : *Introduction to Statistical Quality Control*, John Wiley& Sons, Inc., New York, NY.
- 仁科健 (2009) : 統計的工程管理,朝倉書店.
- Jackson, J.E. and Mudholkar, G.S. (1979) : Control Procedures for Residuals Associated With Principal Component Analysis, *Technometrics*, Vol.21, No.3, 341–349.

索　引

欧文・記号

2S (整理・整頓), 3
2 ステップ法, 33, 167
3 シグマ法, 74, 190
3 シグマルール, 74, 192
c 管理図, 195
χ^2 分布, 69
EWMA, 203
Fisher の三原則, 84
F 値, 59, 182
F 分布, 89
INDSCAL, 56, 149
IoT, 15, 34
ISO 9000 シリーズ, 4
L_8 直交表, 96
L_{18} 直交表, 100, 169
L_{27} 直交表, 99
Model-Based アプローチ, 205
P 値, 69
PDCA, 3
QC ストーリー, 32
QC 七つ道具, 8
QCD, 4
Resolution IV, 98
Semantic Differential 法 (SD 法), 151
SQC, 8
Statistical Quality Control, 8
$T^2 - Q$ 管理図, 206
TQM, 3
validation, 167
verification, 167

$\bar{X} - R$ 管理図, 72

あ　行

当たり前品質, 108
後工程はお客様, 2
アブダクション, 27
合わせ込み, 166
異常, 12
異常原因, 72
異常判定ルール, 192
異常変動, 72
一元的品質, 108
一部実施法, 86, 96
一対比較, 56
一対比較法, 138
イメージレベル, 147, 153
因果関係, 9, 15
因果ダイアグラム, 45, 148
因果の方向, 66
因果分析, 46, 128, 182
因子, 26
因子負荷量, 49
上側管理限界線, 74
内側配置, 101, 158
浦の変法, 138
エコロジー意識, 110, 111
エコロジー関心度, 110
エコロジー関与度, 111
エコロジー行動実践度, 110, 112
エゴエコ, 110
応答, 85

応答曲面, 86, 162
重み係数, 48

か 行

回帰によって説明できる平方和, 58
回帰診断, 62
回帰モデル, 57
外生変数, 133
介入, 35, 65, 80
介入効果, 64
確率限界法, 76, 190
仮説検証, 24, 26
仮説生成, 24, 25
狩野モデル, 6, 108
加法性, 90
観察データ, 24
感性, 136
感性データ, 136
感性品質, 136
間接効果, 46
完備型実験, 85
ガンマ分布, 196
管理限界線, 196
管理特性, 72
管理外れ, 74, 193
機械能力, 21, 172, 173
機械能力指数, 173
擬似効果, 46
記述統計, 71
規準化, 44
帰無仮説, 68
逆品質, 109
行中心化, 42
共分散, 45
共変量, 65, 79
局所管理, 84
寄与率, 49, 58

区間推定, 70
偶然原因, 72, 191
偶然変動, 72, 191
グラフィカルモデリング, 153
グリーンコンシューマ, 110
群間変動, 194
群内変動, 191
経営品質向上プログラム, 124
警戒限界線, 192
計画データ, 24
検証因子, 167
検定, 68
交互作用, 28, 90
構想設計, 156
工程の 5M1E, 5
工程能力, 41, 71
工程能力指数, 71
工程変動, 41, 71
工程変動指数, 72
購入重視度, 116, 119
交絡, 91, 96
合理的な群, 72, 191
顧客満足, 123
顧客満足度, 124
誤差因子, 29
コード化, 102, 159
固有値, 48
固有ベクトル, 48

さ 行

サイコグラフィック属性, 110
最小二乗法, 57
再発防止, 12
サービス・プロフィット・チェーン, 123
残差, 57, 58
残差管理図, 205
残差分析, 62

索　　引　　　　　　　　　　　　　　213

残差平方和, 58
散布図行列, 43
試験流動期, 22
自己相関, 204
事実による管理, 8
市場での満足感のばらつき, 5
市場に出てからのばらつき, 5
市場に出るまでのばらつき, 5
下側管理限界線, 74
実機実験, 166
実験の繰り返し, 84
質的データ, 52
シミュレーション実験, 85, 167
従業員満足, 123
従業員満足度, 124
自由度, 43, 59
周辺度数, 53
主効果, 26, 86, 87
主成分スコア, 48, 146, 206
主成分分析, 47
重点指向, 30
シューハート管理図, 72
順序効果, 138
仕様因子, 157
詳細設計, 156
詳細設計段階, 157
初期流動期, 22
親近性データ, 56, 148
信号因子, 101
水準, 26
推測統計, 67
推定, 68
推定量, 71
数値実験, 85
スクリープロット, 146
ステップワイズ法, 60, 130
成果生成プロセス, 123, 125

正規分布, 67
制御因子, 29
摂動, 158
説明変数, 57
尖度, 43
相関係数, 43–45
相関の分解, 46
操作変数, 10, 29
操作変数法, 81
総平均, 42
　　　──へのしわよせ, 87
層別, 19, 40, 108
外側配置, 101, 158

た　行

対応分析, 52
対比, 104
タグチメソッド, 15, 167
多項式モデル, 94
多次元尺度構成法, 56, 149
多重クロス表, 52
多目的最適化, 162
逐次モデル, 130
中心線, 74, 196
中心複合計画, 86
直積実験, 101
直接効果, 46
直交対比, 104
適応的未然防止, 14
適合, 156
デザイン行列, 57
デザインレビュー, 156
デモグラフィック属性, 111
点推定, 70
統計的管理状態, 72
統計的工程管理, 21
統計的品質管理, 8

統計量, 59
独立性の検定, 68

な　行

内生変数, 133
中屋の変法, 138
二元分割表, 54, 117
二項分布, 67
二重中心化, 42
日常管理, 25
ネイマン・ピアソンの仮説検定, 189
ネック工程, 180
ノンエコ, 110

は　行

バイプロット, 49
パス解析, 135
パート表, 52
非親近性データ, 56, 148
ヒストグラム, 43
評価レベル, 137
標示因子, 29
標準化, 3
標準偏差, 42
品質, 2
　　──の根源性, 4
　　──の成熟化, 110, 111
　　──は工程でつくり込め, 3
品質管理, 2
品質機能展開, 18
品質表, 18
フェーズ I, 76, 188, 193
フェーズ II, 76, 188, 193
負荷量, 146
不完備型実験, 85
負の二項分布, 196
ブラインドタッチ, 139
プリエコ, 110

不良, 12
ブロック, 84, 191
ブロック因子, 82
分散, 42
分散分析表, 88
分類, 30
平均平方, 59, 89
平方和, 43
ベータ二項分布, 197
偏回帰変数, 57
変化点管理, 178, 200
偏差平方和, 43
変数選択, 59, 131
変量因子, 86
ポアソン分布, 196
方針管理, 25
母集団, 67
母数因子, 86
母数化, 84
母比率, 70
母分散, 67
母平均, 67
本流動期, 22

ま　行

マハラノビス距離, 206
マルコム・ボルドリッジ国家品質賞, 124
満足度関数, 162
未然防止, 13, 16
魅力的品質, 108
無関心品質, 109
無作為化, 84
目的変数, 57

や　行

有意水準, 69
要因効果, 84
要因実験, 26, 85

索　引

要素工程, 180
予測値, 62
予測適応的未然防止, 36

ら　行

流出防止, 10
流動準備期, 21

列中心化, 42
連のルール, 192
ロジスティック回帰モデル, 95
ロバスト設計, 15, 84

わ

歪度, 43

著者紹介

仁 科　　健
にしな　　けん

1977 年　名古屋工業大学大学院工学研究科
　　　　修士課程経営工学専攻修了
　　　　名古屋工業大学助手，講師，助教授
　　　　を経て
現　　在　名古屋工業大学大学院教授
　　　　工学博士（東京工業大学）
専門：品質管理

川 村 大 伸
かわ　むら　ひろ　のぶ

2009 年　名古屋工業大学大学院工学研究科
　　　　社会工学専攻博士後期課程修了
　　　　東京理科大学助教，筑波大学助教
　　　　を経て
現　　在　名古屋工業大学大学院准教授
　　　　博士（工学）（名古屋工業大学）
専門：統計的品質管理，サービスマネジ
　　　メント

石 井　　成
いし　い　　なる

1999 年　早稲田大学大学院理工学研究科
　　　　機械工学専攻経営システム工学
　　　　専門分野修士課程修了
　　　　早稲田大学助手，名古屋工業大
　　　　学助手を経て
現　　在　名古屋工業大学助教
　　　　博士（工学）（早稲田大学）
専門：統計的品質管理

Ⓒ　仁科 健・川村大伸・石井 成　2018

2018 年 3 月 16 日　初 版 発 行

スタンダード
品 質 管 理

著　者　仁 科　　健
　　　　川 村 大 伸
　　　　石 井　　成
発行者　山 本　　格

発行所　株式会社　培 風 館
東京都千代田区九段南 4-3-12・郵便番号 102-8260
電 話 (03)3262-5256（代表）・ 振 替 00140-7-44725

三美印刷・牧 製本

PRINTED IN JAPAN

ISBN 978-4-563-00938-0　C3034